Tadao Ando

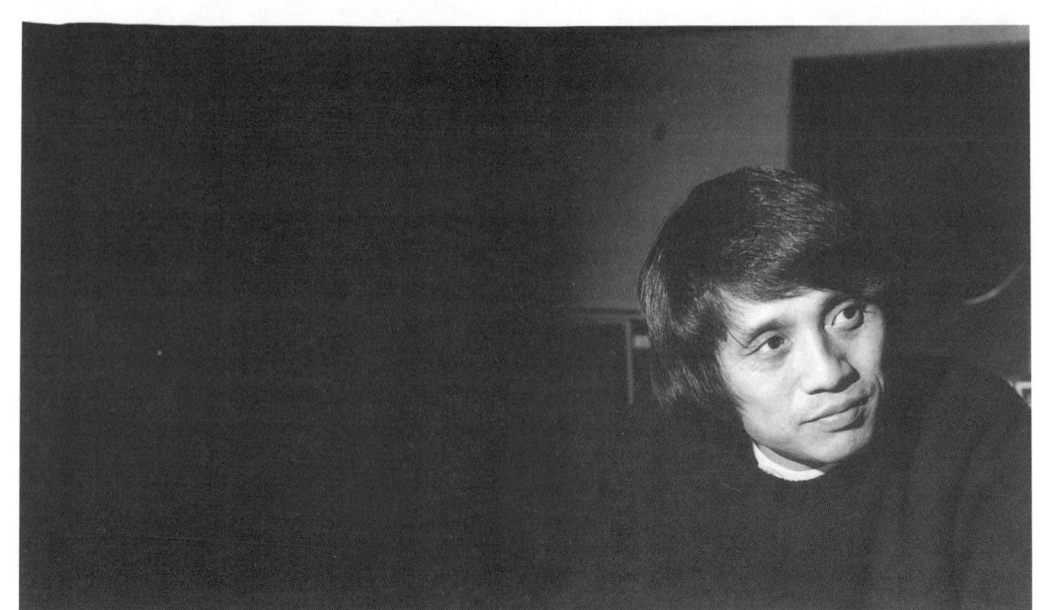

安藤 忠雄

Ando

Tadao Ando

Masao Furuyama

Tradução **Lenita Maria Rímoli Esteves**

Martins Fontes
São Paulo 2005

*Esta obra foi publicada originalmente em inglês com o título
TADAO ANDO por Birkhäuser Verlag-AG, Basiléia, em 1995.
Copyright © 1995, Birkhäuser Verlag-AG, Basel.
Copyright © 1997, Livraria Martins Fontes Editora Ltda.,
São Paulo, para a presente edição.*

1ª edição
março de 1997
2ª tiragem
fevereiro de 2005

Tradução
LENITA MARIA R. ESTEVES

Revisão da tradução
Carlos S. Mendes Rosa
Revisões gráficas
Sandra Brazil
Célia Regina Rodrigues de Lima
Produção gráfica
Geraldo Alves
Paginação
Moacir Katsumi Matsusaki

**Dados Internacionais de Catalogação na Publicação (CIP)
(Câmara Brasileira do Livro, SP, Brasil)**

Furuyama, Masao
  Tadao Ando / Masao Furuyama ; [tradução Lenita Maria R. Esteves]. – São Paulo : Martins Fontes, 1997. – (Coleção Arquitetos)

  Título original: Tadao Ando.
  Bibliografia.
  ISBN 85-336-0593-5

  1. Ando, Tadao 2. Arquitetos – Japão 3. Arquitetura – Japão I. Título. II. Série.

97-0991   CDD-720.10952

Índices para catálogo sistemático:
  1. Japão : Arquitetura : Arte e técnica   720.10952

Todos os direitos desta edição para a língua portuguesa reservados à
Livraria Martins Fontes Editora Ltda.
Rua Conselheiro Ramalho, 330 01325-000 São Paulo SP Brasil
Tel. (11) 3241.3677 Fax (11) 3101.1042
e-mail: info@martinsfontes.com.br http://www.martinsfontes.com.br

Sumário

9   A arquitetura de Tadao Ando

Residências

30   Casa Tomishima, Osaka
31   Casa Geminada, em Sumiyoshi (Casa Azuma), Osaka
34   Soseikan (Casa Yamaguchi), Hyogo
36   Casa Hirabayashi, Osaka
37   Casa Bansho, Aichi
38   Casa Tezukayama (Casa Manabe), Osaka
39   Casa de Paredes (Casa Matsumoto), Hyogo
40   Conjunto Residencial Okamoto, Kobe
42   Casa de Blocos de Vidro (Casa Ishihara), Osaka
44   Casa Okusu, Tóquio
46   Casa Horiuchi, Osaka
47   Casa Onishi, Osaka
48   Casa Matsumoto, Wakayama
50   Casa Matsutani, Kyoto
52   Casa Ueda, Okayama
53   Casa Fuku, Wakayama
54   Casa Koshino, Hyogo
57   Conjunto Residencial Kojima, Okayama
58   Casa Ishii, Shizuoka
59   Conjunto Residencial Rokko I, Kobe
65   Casa Urbana, Kujo (Casa Izutsu), Osaka
66   Casa Umemiya, Kobe
67   Casa Akabane, Tóquio
68   Casa Kaneko, Tóquio
69   Casa Iwasa, Hyogo
70   Casa Hata, Hyogo
73   Casa Nakayama, Nara
74   Casa Hattori, Osaka
75   Casa Sasaki, Tóquio
76   Casa Kidosaki, Tóquio
79   Casa Ogura, Nagoya
80   Casa I, Hyogo
82   Casa Ito, Tóquio
83   Conjunto Residencial Rokko II, Kobe

87 Casa Lee, Tóquio
89 Casa em Nihonbashi (Casa Kanamori), Osaka
91 Conjunto Residencial Rokko III, Kobe

Escritórios

94   Ateliê em Oyodo, Osaka
98   Ateliê BIGI, Tóquio
99   Ateliê Yoshie Inaba, Tóquio
100 Edifício JUN Port Island, Kobe
102 Edifício da Matriz da Taiyo Cement, Osaka
104 Clínica Fukuhara, Tóquio
105 Edifício TS, Osaka
106 Edifício da Matriz da RAIKA, Osaka
111 FABRICA (Centro de Pesquisas Benetton), Treviso

Edifícios comerciais

116 Tezukayama Tower Plaza, Osaka
117 "Rose Garden", Kobe
118 "Kitano Alley", Kobe
119 STEP, Takamatsu
120 "Festival", Naha
123 TIME'S I, Kyoto
124 TIME'S II, Kyoto
126 "Mon-petit-chou", Kyoto
127 "BIGI 3rd", Osaka
128 "VELHO/NOVO Rokko", Kobe
129 "OXY Unagidani", Osaka
130 GALLERIA (akka), Osaka
132 COLLEZIONE, Tóquio

Edifícios culturais

136 Capela do Monte Rokko, Kobe
138 Igreja na Água, Hokkaido
140 Cadeira de Aço
141 Cadeira de Madeira
142 Igreja da Luz, Osaka
145 Memorial Natsukawa, Shiga
146 Templo da Água, Ilha Awaji
150 Centro de Artes Otemae, Hyogo
153 Museu Naoshima de Arte Contemporânea, Okayama
156 Centro Estudantil da Universidade Konan, Kobe
157 Pavilhão de Conferências VITRA, Weil am Rhein

160 Museu Suntory, Osaka
164 Museu Naoshima de Arte Contemporânea, Anexo, Kagawa
167 Espaço para Meditação, Unesco, Paris
169 Museu *Villa* Oyamazaki, Kyoto

Edifícios públicos

172 Museu das Crianças, Hyogo
176 Museu de Literatura, Himeji
178 Centro de Formação de Crianças, Himeji
179 Galeria no Art Institute of Chicago
180 Museu Floresta dos Túmulos, Kumamoto
182 Museu Histórico Chikatsu-Asuka, Osaka
185 Jardim da Belas Artes, Kyoto
187 Museu de Madeira, Mikata-gun
191 Museu Nariwa, Nariwa
194 Museu de Cultura Gojyo, Gojyo
196 Museu de Literatura II, Himeji
198 Projeto (Ilha Awaji) Awajishima, Hyogo

Edificações temporárias

200 Fashion Live Theatre, Kobe
201 Casa de Chá em Oyodo (Casa de Chá de Blocos), Osaka
202 Casa de Chá em Oyodo (Casa de Chá com Folheado de Tília), Osaka
204 Teatro Kara-za
206 Teatro Temporário para Bishin Jumonji, Tóquio
207 Jardim de Belas-Artes, Osaka
210 Pavilhão do Japão, Expo '92, Sevilha

Projetos não-realizados

214 Complexo Galeria de Arte, Tóquio
215 Projeto Nakanoshima I, Osaka
216 Projeto Shibuya, Tóquio
217 Teatro na Água, Hokkaido
220 Projeto Nakanoshima II: Estratos Espaciais, Osaka
221 Projeto Nakanoshima II: Ovo Urbano, Osaka
222 I - Projeto, Izu
224 Conjunto Residencial Ito, Ito
225 Casa de Bonecas, Grã-Bretanha
226 Reconstrução da Estação Ferroviária de Kyoto
230 Centro de Convenções Nara
232 Museu de Arte Contemporânea e Museu de Arquitetura, Estocolmo
234 Tate Gallery – Galeria de Arte Moderna, Londres

237 **Biografia**
239 **Cronologia da obra**
243 **Bibliografia selecionada**
246 **Colaboradores**
247 **Créditos das ilustrações**

A arquitetura de Tadao Ando

Classificação e análise

Tadao Ando criou cento e cinqüenta obras de arquitetura nos últimos vinte anos. O exame e a análise dessas obras nos revelam suas características distintivas. Usando essas características como roteiro, podemos classificar as obras de Ando em três categorias.

Roteiro e características distintivas

A arquitetura diz respeito a um espaço circunscrito cuja criação tem dois objetivos.
Um objetivo é um ideal; o outro, uma ambição.
O ideal da arquitetura é formar um modelo do mundo. Sua ambição é despertar as sensibilidades humanas.

O objetivo primordial da arquitetura é estabelecer um modelo espacial do mundo: organizar o espaço vazio. Organizar o espaço significa empregar a forma para derivar do espaço as relações invisíveis que constituirão uma ordem transparente.

Para fazer isso, a arquitetura precisa da geometria. A geometria, portanto, é a ciência que produz ordem intelectual, lógica, a partir das relações entre as formas e entre forma e espaço. No entanto, a geometria toma estritamente como seu material a forma ideal – a forma enquanto idéia, enquanto representação visível de um conceito – e como seu palco o espaço abstrato. E, acima de tudo, a geometria considera relações puramente lógicas. Portanto, ela abstrai significados e valores sociais, construindo um mundo de lógica transparente. Em suma, o único objeto da geometria é a consistência lógica. De toda a sua formalização lógica, só resta a consistência; valores como o verdadeiro, o bom e o belo são considerados secundários. Uma lógica tão completa e perfeita a ponto de expulsar o sentimento só pode, portanto, falar-nos pragmaticamente. A arquitetura, embora tendo sempre ansiado pela ordem intelectual inspirada por uma tal geometria, não é no fim das contas redutível à geometria – devido à força da gravidade.

Ao contrário da geometria, a arquitetura não pode nascer num espaço absolutamente homogêneo. Na terra, a gravidade impõe à arquitetura ordens diferentes, horizontais e verticais, e exige geometrias diferentes para seus eixos vertical e horizontal.

A arquitetura é, além disso, um modelo inerentemente móvel. Claro, um prédio não se move; sua figura é colocada em movimento quando as pessoas caminham por ele. Conforme as pessoas se movimentam, sua relação posicional com o prédio muda, à medida que avançam. Movendo-se e mudando de ponto de vista, as pessoas constroem na mente a figura arquitetônica total.

Podemos visualizar a totalidade de uma ordem geométrica. Entretanto, de um único ponto não podemos visualizar uma figura arquitetônica total. A arquitetura é a geometria que as pessoas colocam em movimento: um modelo dinâmico do mundo, derivado geometricamente do espaço perpetuamente submetido à força da gravidade, que experimentamos com nossa existência.

O segundo objetivo da arquitetura é despertar as sensibilidades humanas.

A geometria compõe uma ordem espacial tendo como único objetivo a consistência lógica. Como, então, a consistência lógica nos conduz à experiência emocional da arquitetura? Essa consistência, por si só, permitirá que percebamos uma ordem clara num conjunto de formas? Seu resultado não seria a monotonia? O espaço não precisaria escapar à consistência da lógica geométrica a fim de passar por uma transformação contínua e fluida? A forma e o espaço deveriam seguir a mesma lógica, a mesma geometria?

Aplicada a um grupo de formas, a consistência geométrica confere uma organização ao seu arranjo. Quando essa consistência informa o conjunto de elementos arquitetônicos, como coluna, parede, piso e teto, percebemos uma ordem nesse conjunto. Se esses elementos exibem de maneira precisa uma proporção matemática em suas dimensões, percebemos um sistema intelectual. A proporção e a geometria transformam um grupo de coisas num sistema visual claro. Não obstante, embora obtendo uma ordem extremamente transparente, pode um sistema de coisas tão evidente produzir um espaço que transcenda o meramente bem-feito e organizado? Afinal, não seria um sistema harmonioso e racional uma ordem regida pela monotonia? Quando a consistência lógica rege a forma e estende essa regra ao espaço, este será sufocado pela tirania daquela. A arquitetura exige de fato uma ordem geométrica, mas a consistência lógica pode vir a suprimir a capacidade que a arquitetura tem de inspirar. Em outras palavras, a arquitetura não pode evocar nossa reação emocional valendo-se apenas da consistência lógica.

Para que a geometria desperte nossas emoções, é necessário um tipo de dinamismo que possa destruir a consistência lógica. Para conquistar nossa empatia, a consistência lógica ou a ordem geométrica exigem o drama da diversidade ou do conflito. O drama ocorre na arquitetura com o despertar do conflito entre formas ou entre a forma e o espaço, pois apenas o aparecimento do conflito pode detonar nossa reação. É precisamente a discordância entre o espaço geométrico e o espaço percebido que pode ser a fonte de força emotiva.

A arquitetura deve chamar as pessoas à mediação, a fim de transformar a ordem espacial num fenômeno consciente. É "você" quem faz a mediação entre a ordem e os fenômenos ao se entregar à experiência da arquitetura – é "você" quem sente uma reação interna crescer lentamente quando uma ordem geométrica estática adquire uma presença dinâmica em sua consciência. Dessa maneira, são as pessoas que colocam em ação o mecanismo da arquitetura que desperta emoções. Em nossa experiência de uma ordem arquitetônica abstrata como um fenômeno consciente, chegamos a ser verdadeiramente inspirados pela arquitetura.

Falando de modo preciso, despertar emoções não é um "objetivo" verdadeiro da arquitetura. É puramente um resultado. O arquiteto não pode calcular nossa reação emocional; o poder que um prédio tem de inspirar deve permanecer como um resultado imprevisível de seu processo de concepção. O uso de estratagemas para evocar nossa reação é tão claramente suspeito em arquitetura quanto um truque de prestidigitação, e tão irreal quanto uma peça de teatro. A arquitetura inspiradora não pode ser planejada, só pode ser perseguida, e continuar criando arquitetura é continuar apostando.

A partir do postulado que apresentei a respeito da natureza da arquitetura, podemos extrair três elementos para usar no exame, na análise e na classificação da arquitetura de Tadao Ando. Esses elementos são a ordem, as pessoas e a força emotiva. Baseando-nos nas relações que ele estabelece entre esses três elementos, talvez possamos classificar sua arquitetura de acordo com sua capacidade de inspirar. Em outras palavras, Ando coloca vários elementos em confronto – forma *versus* forma, forma *versus* espaço, interior *versus* exterior e natureza *versus* geometria – e o conflito resultante decide a composição de sua arquitetura. Na verdade, a arquitetura de Ando é análoga a uma contenda esportiva, cujo conflito crescente alimenta nossa reação emocional. Para examinar o caráter que sua arquitetura tem de mecanismo gerador de reação emocional, vamos dividir seu vasto conjunto de obras em três categorias – arquiteturas de monismo, dualismo e pluralismo – e considerar obras específicas dentro desses campos.

A arquitetura monística de Ando é caracterizada por formas puras, contornos nítidos e espaço forte. Essa categoria se refere principalmente às pequenas casas e igrejas da fase inicial de sua carreira. O caráter do espaço nessas obras é extremamente tranqüilo e faz lembrar, às vezes, o espaço de uma casa de chá japonesa. Chegando ao seu planejamento espacial através da divisão, essas obras são regidas por um ritmo unificador que procede do todo para as partes. Esse ritmo abrange até fenômenos naturais como luz e sombra, e podemos muito bem chamar essas obras de haicais espaciais, pois fazem lembrar a forma dos curtos poemas japoneses, com ritmo silábico cinco, sete e cinco.

Na arquitetura dualística de Ando, encontramos um território exclusivamente seu. Nenhuma arquitetura exemplifica verdadeiramente essa categoria; entretanto, sua evidência se encontra na forma ovóide enterrada, comum entre suas obras dos anos 80. O espaço, na arquitetura dualística, é regido pela força fluida gerada por dois pólos que se atraem e se repelem mutuamente. Em outras palavras, essa é uma arquitetura em que a forma e o espaço estabelecem uma luta que nenhum dos dois pode vencer. No dualismo, encontramos um aspecto da criatividade de Ando que nos traz à mente sua experiência passada como boxeador, o fato de ele ser gêmeo, assim como a força masculina e a delicadeza feminina que marcam sua personalidade.

A arquitetura do pluralismo marca as obras em grande escala que Ando criou desde 1985. Elas se distinguem pelas diversas formas que empregam e pela sugestão de um poderoso vetor orientado para o exterior. Aqui, a força por muito tempo reunida na arquitetura de Ando de repente se dispersou; encontramos uma mudança no sentido de uma iluminação, leveza e velocidade maiores. As formas são mais leves visualmente e mais dispersas no arranjo. Também, no planejamento espacial, a divisão abriu lugar para a composição. Podemos considerar essas obras como tentativas de Ando no sentido de transformar grandes configurações naturais de paisagens em contextos de arquitetura altamente diversificados.

Obras monísticas

Podemos definir as obras arquitetônicas monísticas de Ando como espaço puro envolvido por formas retangulares de concreto – espaço puro e forma simples. A surpresa causada por essas obras ao surgirem no espaço urbano japonês nos revela muito sobre a sociedade do Japão. Ando manifestou nelas uma vontade arquitetônica de perfurar a membrana moderna superficial que cobre a sociedade japonesa e declarou a resolução de um indivíduo de destruir o mito do grupo. Procurou criar uma arquitetura de protesto contra a ferramenta da economia e do conforto material em que se transformara a arquitetura moderna. A raiva e a tristeza são, nesse sentido, o tema da expressão arquitetônica de Ando. Sua arquitetura monística nasceu do espírito da crítica social e da emoção pessoal.

Por outro lado, a arquitetura de Ando exibe uma força primitiva e uma precisão de artífice. Fenômenos naturais surgindo dentro do espaço puro envolvido por suas belas paredes recebem substância concreta, estimulando e inspirando nossa consciência.

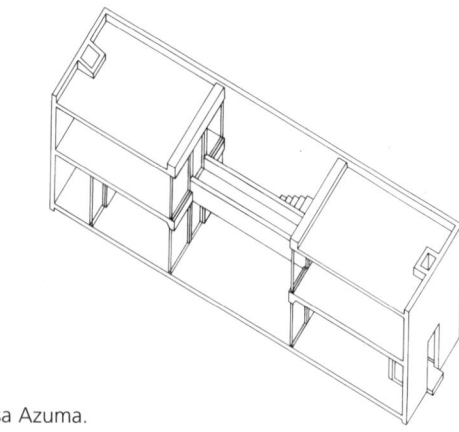

Casa Azuma.

Então, isto é espaço, ecoando ordem intelectual e sentimento poético, que de alguma forma nos faz lembrar espaços tradicionais japoneses como a casa de chá e a casa urbana de madeira. Consideremos o intelectualismo e o sentimento poético manifestados pela arquitetura monística de Ando e a diversidade de significados que suas formas simples produzem.

Os melhores exemplos da arquitetura monística de Ando são a Casa Geminada, em Sumiyoshi (Casa Azuma); a Igreja da Luz; a Capela do Monte Rokko e sua Casa de Chá para Soseikan (acréscimo à Casa Yamaguchi). Nesses prédios, o espaço tem propriedades tanto de tranqüilidade quanto de intensidade. A intensidade espacial significa o domínio da tensão e da força centrípeta sobre o espaço, além da profundidade visual e espiritual de um espaço. Como as formas simples de Ando podem produzir tal profundidade espacial? Que relações deve haver entre espaço, formas e materiais de construção? O exame da relação entre os motivos expressivos, os materiais e os espaços dessa arquitetura revelará que suas formas são simples, seus materiais homogêneos e, em conseqüência, sua cor é uniforme. A restrição no uso de materiais e a total simplicidade das formas produzem um ar austero e impregnam o espaço com uma tensão tranqüila. Então, de repente, surge a luz. Luz simbólica, luz corporificada. Luz que, num segundo, transforma o espaço puro em espaço dramático. Luz e sombra concedem movimento ao espaço, afrouxam a sua tensão e injetam corporalidade no espaço geométrico. Ainda assim, não podemos ignorar que a "lucidez" da arquitetura monística de Ando oculta um drama de conflito dualístico. De fato, o fascínio dessa arquitetura repousa em sua sugestão de que uma vontade poderosa rompeu a complexidade subjacente à sua simplicidade. Retornando aos elementos diversos e poderosos que atuam por trás da arquitetura monística, também veremos como Ando estendeu seu fascínio para as arquiteturas dualística e pluralística.

Na arquitetura monística de Ando podemos adivinhar uma história oculta de conflito entre forma e espaço. A intensidade e o silêncio de seu espaço apenas poderiam ser vestígios do cruel conflito travado com a forma. Na verdade, Ando realiza tal espaço forçando o dualismo de forma e espaço através de uma redução monística ao espaço puro. Ele produz espaço simplificando a forma. Forma e espaço são os dois elementos mais fundamentais da arquitetura. A forma, sempre prontamente identificada pelo olho, tem uma relação mais próxima com o sentido da visão do que o espaço. Buscar o fascínio da forma é buscar o que é visualmente interessante ou satisfatório – e, no entanto, o interesse visual atém-se ao estímulo da retina e raramente inspira o coração. A forma é concreta e se presta a ser significada e substituída por palavras. A forma tem um poder de circulação social

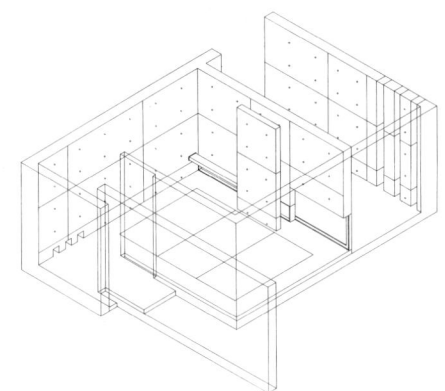

Casa de chá para Soseikan.

– e, no entanto, o fascínio da forma raramente está ligado a reações emocionais profundas. A forma, enquanto informação, tem poderes superlativos de difundir-se; porém, quanto ao alcance, sua difusão é ampla e rasa.

O espaço, ao contrário da forma, está relacionado não apenas à visão, à audição e a outros de nossos cinco sentidos, mas também a sensações imperceptíveis, como o senso de equilíbrio e a gravidade. Já que está relacionado, algumas vezes, ao movimento muscular, seu caráter escapa à descrição verbal. Precisamente por esta razão, porém, o espaço é o domínio privado de expressão da arquitetura, e podemos até ir mais longe, afirmando que o fascínio do espaço é o verdadeiro fascínio da arquitetura.

Ando negou o fascínio da forma a fim de enfatizar o fascínio do espaço. O que o moveu nessa direção foi seu descontentamento diante da impotência da forma em despertar emoções ou, poderíamos dizer, seu descontentamento diante do caráter difuso da forma, que obstrui e neutraliza o poder que tem o espaço de provocar reações profundas de afinidade. Reduzir o fascínio da arquitetura à forma significa garantir privilégio especial à visão, e só a ela, entre nossos cinco sentidos, e eliminar a profundidade espacial. A forma torna a arquitetura rala.

A negação da forma significa permitir à arquitetura apenas as formas mais simples. Também significa repudiar completamente a manipulação das formas e estar preparado para abandonar o caráter verdadeiramente arquitetônico. Negando, assim, as imagens visuais e não usando um padrão espacial, a própria atitude de negar a forma rompe o costume do arquiteto de entregar o caráter de um prédio a termos visuais através de imagem, modelo e projeto. Desse modo, uma atitude de rejeição de técnicas arquitetônicas comuns deve igualmente governar o projeto, a ordem espacial e a lógica.

Como resultado, os materiais recebem o mínimo de forma necessária – como a fachada da Casa Azuma confirma prontamente. A entrada, as junturas da construção, os relevos da superfície: essa parede é marcada apenas pelos vestígios de funções. Quase não há articulação das formas componentes – uma parede indiferenciada. Essa parede nos reporta a um mundo anterior à arquitetura: uma condição que não conhecia a ordem intelectual, um reino de força puramente não-requintada e de poder demoníaco. Ao mesmo tempo, devido à simplicidade formal do prédio, lemos imediatamente sua ordem geométrica no contorno de sua forma total. Em outras palavras, os materiais e as formas do prédio se desvanecem de nossa consciência, deixando aparecer apenas sua forma e unidade orgânica. Tão profunda é nossa impressão de ordem transparente e unidade orgânica, que as propriedades visuais dos materiais e das formas decantam diante dela. Assim, a negação da forma traz para a arquitetura o poder rude da arquitetura primitiva e a tranqüilidade que emana de uma ordem transparente.

Observemos a Igreja da Luz, para podermos analisar mais de perto o espaço interno da arquitetura monística de Ando. Esse prédio, uma capela, é simplesmente uma caixa de concreto vazada pela forma de uma cruz que a atravessa. A luz vinda da cruz penetra na escuridão lá dentro, e, nesse espaço interior cuja orientação centrípeta é tão forte, essa fenda tem a profundidade de um poço. O tema da construção é a profundidade espacial, e seu espaço nos diz que a arquitetura é o empreendimento de uma busca da verdade que habita as camadas mais profundas do espaço.

Ando reduziu a forma do prédio à máxima simplicidade, a fim de acentuar a pureza de seu espaço. Assim minimizada, essa forma nega qualquer relação abrangente que envolva as formas vizinhas, e vale por si só. Essa forma autônoma, minimizada, produz espaço puro – o que equivale a dizer que nossa visão, privada do prazer da interação entre as formas, ou do jogo das formas, só pode focalizar o espaço. Além disso, Ando restringiu os materiais e as cores da construção. Suprimindo, desse modo, qualquer privilégio dado à visão, ele traz à vida o espaço em nossa consciência. A arquitetura resultante pode ser decomposta em três elementos: espaço puro, uma ordem tranqüila nascida do contorno simples e materiais homogêneos. Em outras palavras, Ando dá destaque ao espaço puro através de uma tensão ascética, da força direcional expressa nos materiais e da luz simbólica.

Num espaço como esse, podemos apenas nos confrontar com as paredes de concreto, conscientes de sua pressão sobre nós. De que nos falam essas paredes? Em primeiro lugar, talvez nos sintamos fisicamente oprimidos pelo concreto bruto e por sua mensagem da força não-refinada das paredes nuas. Depois, gradualmente, notamos reflexos dúcteis de luz e sombra, a agitação da brisa ao longo da superfície de concreto, e as paredes começam a falar da tranqüilidade da existência. Da natureza suave, mas cruel, do tempo – conforme os anos vão passando, seu avô morre, depois sua avó, seu pai... o tempo, nivelando a todos com uma igualdade cruel. Num mundo onde nada é exato, apenas o tempo é preciso e regular, dispensando igual tratamento a todas as pessoas. Em algum ponto, as paredes rudes assumem uma existência abstrata e assimilam a nossa consciência. Diante dessas paredes, talvez nos surpreendamos parados, com a cabeça inclinada, concentrados para ouvir uma voz interior.

O espaço que essas paredes envolvem, por outro lado, evidencia uma poderosa direcionalidade. Quando se usa uma forma retangular, cúbica ou esférica, nasce um centro e um vetor centrípeto surge. Formas geométricas tão simples são ao mesmo tempo nítidas e monótonas. A fim de que a simplicidade não degenere em mediocridade, a direcionalidade de um espaço é vital: o espaço torna-se monótono se uma linha aerodinâmica e uma linha de força não são perceptíveis. Portanto, Ando emprega a "divisão" para converter a simplicidade em força e tensão.

Como método, a divisão contrasta radicalmente com a composição. Enquanto a composição se dá da parte para o todo, a divisão começa com o todo e extrai partes de dentro dele. Assim, uma obra monística baseia-se na divisão do todo, e uma obra pluralística, na composição das partes.

Dividamos uma forma retangular. Dividindo-a com planos horizontais e verticais, obtemos formas retangulares menores. Em outras palavras, chegamos a uma grande forma retangular contendo pequenas formas retangulares, como um conjunto de caixas, mas essas pequenas formas são reguladas pela forma total e são extremamente restritas.

A forma total controla os espaços das partes e encerra as partes dentro de si. Não importa como façamos a divisão da forma total em planos, as partes não podem escapar da regulação da forma total. O espaço interno é extremamente apertado e repleto de tensão. Dessa maneira, a divisão é um método pelo qual a forma total impede a liberdade de suas partes: a forma total reprime suas partes e impede sua desobediência. Ao contrário, a composição é um método de montagem, conexão e ligação de partes. As partes mantêm sua independência ao mesmo tempo em que constituem a forma total. A junção das partes requer um adesivo, e é como adesivo entre as partes que o espaço e os materiais funcionam. A divisão, por outro lado, não requer adesivo, pois prende as partes diretamente à forma total.

Uma vez que os espaços, cristalinos, gerados dentro da forma total por meio da divisão, são tão estreitamente ligados, a pressão da parede externa se estende profundamente ao interior. Com a subdivisão da borda de contorno, a força da linha de forma externa se comunica com o interior. No final, o processo de divisão produz um eixo horizontal ou um ponto central imaginário e condensa a forma total nesse único eixo. Esse centro de força centrípeta se torna o ponto de acumulação de energia e a fonte da intensidade do espaço. A arquitetura monística de Ando, como um instrumento para projetar em nossa consciência esse vetor orientado para um centro imaginário de força centrípeta, usa a direção da luz, o trajeto do vento, o ponto de fuga da perspectiva e a linha de tráfego. Cada uma de sua Trindade de Capelas cristãs – a Igreja da Luz, a Capela do Monte Rokko e a Igreja na Água – incorpora uma jornada a esse centro de força centrípeta, e sua abordagem do espaço é, da mesma forma, única.

O fascínio da arquitetura monística encontra-se em sua intensidade silenciosa. A tranqüilidade espacial e a intensidade espacial são os frutos simultâneos da divisão.

Obras dualísticas

A arquitetura dualística de Ando compreende um território da arquitetura contemporânea inteiramente seu. Como exemplos, podemos citar a Casa Koshino, Time's I & II, o Projeto Nakanoshima II (Ovo Urbano) e seu projeto para o Concurso Internacional de Projetos para o Centro de Convenções Nara. Superficialmente, a arquitetura de Ando poderia parecer uma arquitetura de harmonia tranqüila fundada na ordem intelectual. Não obstante, por trás disso se dissimula o seu próprio esforço de destruir essa ordem intelectual. Tendo procurado, em suas obras monísticas, forçosamente reduzir a oposição diametral ao monismo, Ando, em suas obras dualísticas, expressa o conflito e a contradição não resolvidos de dois termos numa afirmação visível, arquitetônica.

No Projeto Nakanoshima II, por exemplo, Ando instalou uma nova estrutura ovóide de construção em concha num auditório histórico-cívico. Aqui temos uma arquitetura que contrasta a forma e a tecnologia para dar forma visual ao tema da coexistência da velha arquitetura com a nova. Esse dualismo do velho e novo é expresso em contrastes de formas de caixa e superfícies curvas, linha reta e linha curva, tijolo e concha e invólucros internos e externos. Depois, no Time's, um prédio às margens do rio Takase, na antiga cidade de Kyoto, temos mais uma vez o motivo de coexistência do velho e do novo, afirmado em termos arquitetônicos com uma técnica apurada. Ando captou a atmosfera de intimidade do espaço da tradicional *roji* (alameda estreita) de Kyoto entre paredes feitas de blocos de concreto, e tanto a forma quanto o espaço cantam o dualismo velho-novo. No exterior e no interior, na forma e no espaço, ele entreteceu complexamente fios de velho e de novo para produzir um tecido arquitetônico que tem a transparência da seda.

A fim de trazer a luz da lógica para esclarecer o caráter da arquitetura dualística, façamos comparações próximas entre o dualismo e o monismo, e entre o dualismo e o triadismo.

Ando concebeu sua arquitetura dualística como uma alegoria baseada na geometria da elipse, uma forma que, de fato, freqüentemente tem aparecido em seus prédios desde

1980. Em compensação, suas obras monísticas encontram expressão em alegorias baseadas no círculo ou na esfera, isto é, elas condensam a forma externa simples em um ponto central imaginário e, como resultado, um ponto de acumulação de força ou um eixo de força surge dentro delas. Arquiteturas de dualismo, por outro lado, dividem claramente o centro das obras monísticas e lutam para instituir a perda do centro através da polaridade. O resultado é espaço fluido gerado perpetuamente por dois pólos, que se atraem e se repelem, que se afirmam e se negam mutuamente.

Podemos considerar este fenômeno mais concretamente comparando a Casa Geminada, em Sumiyoshi (Casa Azuma), com o Time's. Em termos de forma, a Casa Azuma é uma caixa fechada, enquanto o Time's é uma caixa semifechada. Em outras palavras, o Time's é uma caixa que foi aberta, uma Casa Azuma descentralizada. A Casa Azuma não expressa interesse pelo exterior: regula a comunicação entre exterior e interior e restringe nossa linha de visão e percurso de movimento ao interior. No Time's, entretanto, as paredes foram abertas, o interior e o exterior se comunicam livremente e o cenário externo se mistura às profundezas do espaço interno. Vagando à direita e à esquerda, para cima e para baixo, para dentro e para fora do prédio, experimentamos um cenário que é um entretecer de interior e exterior. O espaço do prédio é verdadeiramente um labirinto. Nossa linha de visão não consegue selecionar um foco particular. Nosso deslocamento, incapaz de se acomodar num eixo específico, consiste em repetidas paradas e avanços. No Time's, encontramos espaço que contém uma profusão de linhas de visão e percursos de movimento. Podemos dizer que o Time's quebra o forte eixo único da Casa Azuma em eixos plurais, para se transformar numa arquitetura de descentralização.

No espaço monístico, nossa consciência é atraída por um eixo em direção a um ponto central. O espaço dualístico, entretanto, divide esse ponto central em dois pólos, num esforço para produzir espaço instável e fluido. Retirando força de ambos os pólos, nosso deslocamento se converte num movimento perpétuo numa órbita elíptica.

O triadismo, por sua vez, estabelece um terceiro termo para introduzir a estabilidade na condição instável do dualismo. Exemplos disto são os elementos de tese-antítese-síntese na dialética hegeliana, os da Santíssima Trindade no cristianismo, ou a temática dos valores sociais da Revolução Francesa: liberdade, igualdade e fraternidade. No Pensamento Oriental, isto se exemplifica por *ten-chi-hito* (céu-terra-homem). Como sugerem esses exemplos, o triadismo atuou como um modelo do mundo desde os tempos antigos, e ganha naturalmente esse papel. Se a arquitetura toma como objetivo a criação de um modelo espacial do

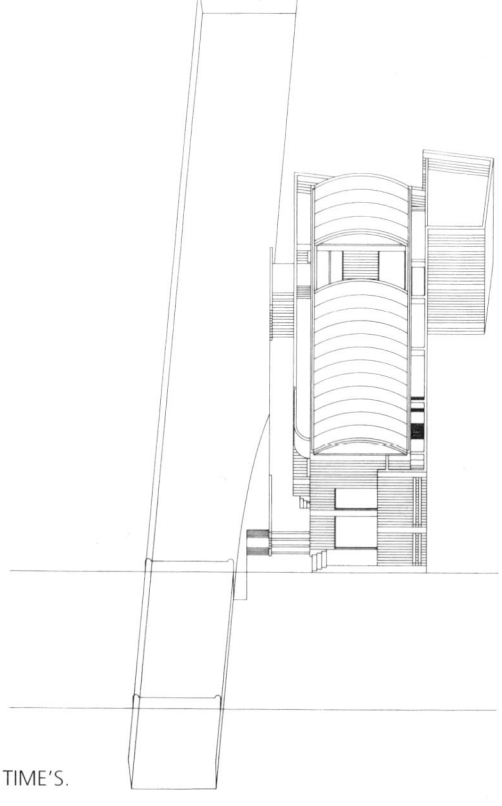

TIME'S.

mundo, então o triadismo é um método extremamente eficaz e tradicional. De fato, a arquitetura clássica articula o espaço verticalmente em três partes: fundação, piso e cobertura. Encontramos outros exemplos de triadismo arquitetônico nos *pilotis*, pisos e solários de Le Corbusier, ou ainda no Danteum, de Teragni, com seu Inferno, Purgatório e Paraíso. Assim, o triadismo, ocorrendo verticalmente, confere ordem à arquitetura em função dos três elementos principais – deus, o homem e a natureza – e, além disso, no sentido dos três elementos na dialética da transformação desenvolvimentista.

No entanto, não se poderia dizer que o triadismo meramente acrescenta um terceiro termo que dissolve a estrutura da oposição diametral e da antinomia? Procurando resolver o conflito de dois termos, o triadismo acrescenta um termo e alcança uma estrutura estável através da conciliação. Nesse sentido, o triadismo oculta a tensão da oposição diametral.

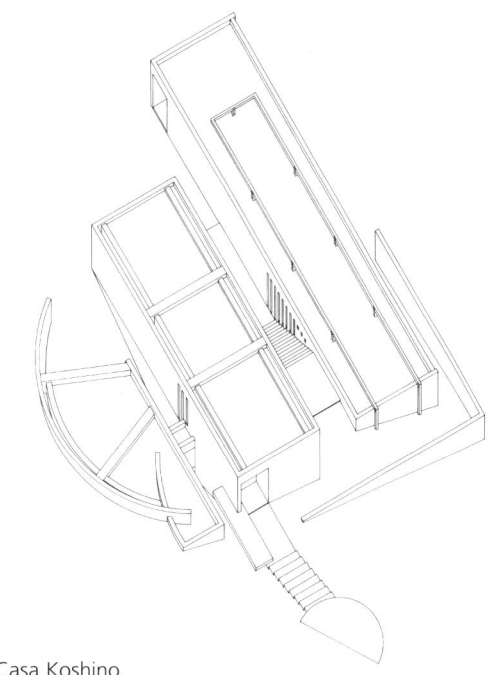

Casa Koshino.

Ando nega em sua arquitetura a introdução de um terceiro termo. Poderíamos, talvez, dizer que o homem pertence ao terceiro termo, mas, no que diz respeito à forma e ao espaço, ele não emprega terceiro termo algum como estabilizador. Um terceiro termo estabilizaria e, portanto, neutralizaria a tensão dualística, tornando-a ambígua e estragando o dinamismo do espaço. A harmonia através da conciliação não é um tema muito relevante em nossa época, e provavelmente, para Ando, a busca da tensão do dualismo é mais fiel à realidade. Ele sempre esteve na posição de começar do dualismo e reconhecer seu conflito sem procurar uma solução fácil. Desse modo, sua arquitetura é essencialmente dualística. Podemos confirmar isto comparando um corte de Ando à arquetípica projeção clássica.

Imaginemos uma estrutura clássica em projeção. Podemos prontamente construir algo semelhante à arquitetura clássica com os três elementos – fundação, coluna e frontão. Nossa primeira linha, a fundação, anuncia que uma estrutura artificial será erigida sobre ela. A fundação representa o início da arquitetura e articula a arquitetura a partir da natureza. As colunas, erigidas sobre a fundação, são o elemento mais vital da arquitetura e aquele que expressa o intelecto humano. Uma coluna é composta de três partes – base, fuste e capitel – mas o mais importante é a proporção entre o raio de uma coluna e a sua altura. Chamada de "ordem" da coluna, essa razão governa o proporcionamento das partes constituintes da arquitetura, até os mínimos detalhes. A coluna, erigida numa fundação artificial, é o protótipo da ordem intelectual. O frontão triangular, então, representa fisicamente a linha divisória entre a ordem humana e o mundo celestial, que é simbolizado pelo teto. Dessa forma, a arquitetura clássica desenha em sua fachada o diagrama do princípio de uma ordem fundada no triadismo dos mundos terrestre, humano e celeste. Essa divisão tripartite do espaço numa direção vertical é a fundação da ordem na arquitetura e a base a partir da qual todas as variações e modos são derivados.

Consideremos um corte de Ando em contraste com isso. Um corte e uma planta são inerentemente diferentes em caráter e, em si mesmos, compõem um dualismo: em outras palavras, um dualismo da abstração da planta e da concretude do corte, a geometria da planta e a curva natural do corte, ou a abertura difusa da planta e o caráter compacto e medido do corte. Enquanto a geometria abstrata reivindica o papel principal para a planta, um corte tem uma escala humana e reflete o caráter da vida diária e concreta.

No corte de Ando, parede e coluna perfuram diretamente o chão. Não havendo um elemento isolador na forma de solo ou de fundação, a natureza invade o espaço do corte: a geometria flutua sobre as curvas da natureza. Apesar disso, através do corte, a natureza também erode a ordem produzida pela planta e instila nela a mesma corporeidade e concretude pertencentes ao corte. Particularmente, quando Ando instala uma arquitetura sob o solo, a natureza e a geometria se misturam diretamente, e o solo avança direto para o pátio aberto no teto. Em seus projetos para o Centro de Convenções Nara, para o Museu Floresta dos Túmulos, em Kumamoto, e para o Museu Histórico Chikatsu-Asuka, em Osaka, o solo é contínuo com a arquitetura e ascende até o pátio do teto, enterrando assim, inteiramente, a arquitetura. A natureza subjuga a arquitetura tanto acima como abaixo do solo, transformando essencialmente o corte em espaço interior. O dualismo de corte e planta produz, assim, uma história de conflito entre natureza e geometria.

Esse dualismo de planta e corte se traduz, por meio de coluna e parede, no contexto de construção e composição. A construção denota o desenvolvimento vertical de uma ordem resistente à gravidade, ao passo que a composição denota um desenvolvimento horizontal da geometria. Convertendo a "arquitetura de coluna" numa "arquitetura de paredes", Ando converteu a força visual da construção resistente à gravidade na aceleração horizontal da composição das paredes. Além disso, em termos de forma, uma vez que as colunas têm uma direcionalidade vertical e as paredes uma direcionalidade horizontal, Ando fez a mudança de coluna para parede com o intuito de reverter a ordem arquitetônica de um eixo vertical para um eixo horizontal. A ordem vertical, exemplificada pela arquitetura clássica, representa a realização feita pelo homem de uma estrutura estável e resistente à gravidade, e encarna a essência da construção. Em seu corte, Ando desmontou a tradicional construção tripartite para dar-lhe uma composição de duas partes, gerando assim um espaço fluido de corte. Ao fazer isso, Ando claramente lançou um desafio à arquitetura clássica e empenhou-se na desconstrução da arquitetura.

Obras pluralísticas

Exemplos da arquitetura pluralística de Ando podem ser encontrados no Museu Naoshima de Arte Contemporânea; no Museu das Crianças, em Hyogo; no Projeto Nakanoshima II (Estratos Espaciais). Nesses projetos, tipicamente situados em terrenos vastos, o arranjo arquitetônico tem uma configuração impetuosa, que às vezes se eleva para surpreender as cercanias enquanto, em outros pontos, se afunda em vegetação viçosa. Embora no geral seja de baixa densidade, a arquitetura instala pontos de tensão pungente e inscreve órbitas de difusão e acumulação orquestradas para arrastar nossa consciência a um cenário tranqüilo. Desde 1985 Ando vem produzindo esses trabalhos, caracterizados na planta por múltiplos pólos que ele espalha e conecta com longos corredores. Vamos examinar seu caráter e seu significado.

O tema do pluralismo é fugir do dualismo – libertar a arquitetura da tirania do movimento perpétuo imposta pelo dualismo, de sua ilusão elíptica e das forças de atração que atuam simultaneamente em seus dois pólos. Na arquitetura monística, o espaço é governado por uma força centrípeta, dirigida a um ponto central. A arquitetura dualística converte essa orientação unipolar em descentralização pela divisão em dois pólos. Como resultado, as forças centrífuga e de atração se equilibram e nos encerram no movimento perpétuo de uma órbita fechada. A arquitetura pluralística, por sua vez, produz um espaço governado não por forças de atração, como no monismo ou no dualismo, mas por uma força centrífuga. Dessa forma, é uma arquitetura de difusão, escape, fuga e libertação – libertação da ordem ou da norma que controlam o monismo e o dualismo.

A arquitetura pluralística é iluminada, leve e ligeira. Distingue-se pelo uso freqüente de curvas e pela variedade de ângulos que se interseccionam. Diplomática, assentada, cômica e otimista, essa arquitetura sugere que a qualidade trágica, sombria, que marca o monismo, foi subtituída por uma nova alegria da libertação do ser. A arquitetura pluralística se libera da força restritiva intrínseca a uma norma de ordem espacial e persegue a liberdade. Como resultado, os elementos arquitetônicos suprimidos no monismo ou no dualismo são reabilitados, e a arquitetura se move, quanto ao caráter, do espaço para a forma, do interior para o exterior, e da cela da prisão para o espaço festivo. Quanto ao método, a livre associação das partes substitui a regra da forma total por uma norma interior de ordem espacial. Nisso podemos confirmar o abandono, por Ando, de uma metodologia da divisão do todo em favor de uma acumulação das partes.

Se fizermos uma analogia do monismo, do dualismo e do pluralismo com alegorias baseadas em curvas quadráticas, teremos que, enquanto o monismo corresponde a um círculo ou a uma linha reta e o dualismo a uma elipse, o pluralismo corresponde a uma hipérbole, se não a uma parábola. Essas curvas quadráticas dão uma demonstração clara das diferenças e semelhanças entre essas arquiteturas. Em outras palavras, cada linha curva pode ser expressa como a seção de um cone por um plano. Todas são, nesse sentido, aparentadas. Quanto às características espaciais, um círculo representa o caráter centrípeto do monismo, e uma elipse, a ação rotatória do dualismo. Ambos, círculo e elipse, expressam a ação de uma força introvertida ou fechada. Uma hipérbole, por outro lado, expressa o movimento para fora de uma força centrífuga; e esta força, que vem do infinito para retornar ao infinito, expressa bem o caráter do espaço pluralístico. Excetuando-se suas diferenças visuais – curva fechada e curva aberta, interior e exterior –, círculo, elipse e hipérbole têm no entanto caráter semelhante. Isso quer dizer que essas seções cônicas compartilham um caráter geometricamente simples. Um círculo (círculo de Apolônio) é a órbita de um ponto que se move de tal modo que a razão de suas distâncias em relação a dois pontos fixos é uma constante, ao passo que na elipse o ponto se move de tal modo que as somas de suas distâncias em relação a dois pontos fixos é uma constante. Uma hipérbole, por sua vez, é definida como a órbita de um ponto que se move de tal modo que a diferença de suas distâncias em relação a dois pontos fixos é uma constante. Assim, dois pontos fixos estão sempre dissimulados em cada uma dessas seções cônicas.

Esses dois pontos fixos podem ser comparados aos dois elementos fundamentais da arquitetura, forma e espaço, para que depois se demonstrem as características das arquiteturas monística, dualística e pluralística. Na arquitetura monística, o espaço assume o papel principal, e a forma tem função limitada, servindo como um mero recipiente para conter o excesso de espaço. Carregando-se a forma tão densamente com um excesso de espaço tão opressivo, a relação bipolar forma-espaço fica monisticamente reduzida ao espaço. Na arquitetura dualística, a soma de forma e espaço é uma constante, e, embora obras específicas possam variar em relação a isso, forma e espaço estão unidos num contínuo conflito e, como resultado, alcançam uma condição de equilíbrio. Em contrapartida, a arquitetura pluralística distingue-se pelo excesso de forma; a forma recupera sua liberdade em relação à função e ao espaço. Não havendo mais necessidade de preencher a forma com significado ou função, a forma obtém dispensa do seu ofício de servir como um recipiente para o significado = espaço, torna-se um signo vazio = forma, e cria um mundo puramente de formas. A liberação da forma significa libertá-la para que se mova e busque sua própria diversão, e portanto significa uma mudança do tema da arquitetura, das relações entre forma e espaço para as relações entre forma e forma. Conseqüentemente, o espaço se torna um produto secundário do conflito formal e dele se espera que apenas cubra as lacunas entre as formas.

Na arquitetura monística, a convicção de que a arquitetura – enquanto verdade – oculta-se dentro do espaço condensa o significado do espaço em torno de um centro. Na arquitetura dualística, o ideal de se encontrar a verdade na conciliação entre forma e espaço é imaginado como o valor limite do conflito interminável entre forma e espaço. Na arquitetura pluralística, então, o conflito ou o jogo de formas nega o estabelecimento de um centro de significado dentro de um espaço, de modo que o centramento do espaço é indefinidamente postergado.

A arquitetura pluralística é uma arquitetura que usa a significação das formas e o emprego do caráter não-ortogonal para expressar velocidade. Ela é guiada por um desejo consciente de descobrir a paisagem exterior. A arquitetura pluralística liberta a forma do significado, intersecciona livremente linhas retas e curvas e cruza percursos, engendrando uma experiência espacial em que a intersecção das formas enfatiza um mundo de forma.

Atualmente, Ando vem tentando continuamente extrair o movimento variado a partir da locação como um todo, e emprega um arsenal de elementos para fazer isso: espaço, formato, unidade orgânica, experiência, lugar, orquestração, o espaço solene, o conflito de formas e a acumulação de partes. Seu objetivo é liberar a arquitetura de sua função de ferramenta na busca do universal, e poderíamos dizer que ele faz uma distinção clara entre o ideal lingüístico e o ideal arquitetônico. O ideal lingüístico significa a busca da verdade através da razão – o que, traduzido para a arquitetura, poderia significar a busca da verdade do mundo na unidade da forma e espaço. Entretanto, tal tradução torna-se impossível pela natureza da arquitetura, que desafia o *logos* (palavras). Na arquitetura do pluralismo podemos seguir o *locus* do esforço que Ando faz para dispersar e libertar a arquitetura.

Locus

A essência da arquitetura de Tadao Ando – tom neutro, forma simples, espaço puro

Aparentemente uma inalterável caixa de concreto, a arquitetura de Ando pode não revelar à observação casual evidência alguma de ter mudado em vinte anos. Mas, olhando mais de perto, atentos à ordem cronológica, tenderemos a encontrar o padrão da mudança que a marca. Na verdade, a obra de Ando registrou uma mudança fundamental em intervalos regulares de cinco anos desde 1975, como confirmam suas quatro construções mais representativas, considerando-se as datas em que foram terminadas – Casa Geminada, em Sumiyoshi (Casa Azuma): 1975; Casa Koshino: 1980; Time's I: 1985; e Museu das Crianças, em Hyogo: 1990.

Comparando esses quatro projetos, por foto e desenho, veremos os cantos da caixa de concreto se abrindo, e a caixa sendo lentamente desmontada até se tornar uma composição de planos isolados. A qualidade do espaço também muda gradualmente, do escuro para o iluminado e do pesado para o leve. Percebemos que a arquitetura de Ando está continuamente em mudança, mesmo que seja num ritmo gradual. Mesmo assim, esses são apenas os sinais visíveis de mudança; por trás deles, na verdade, um diastrofismo maior está acontecendo.

Um exame de todo o seu conjunto de obras, de 1970 até 1992, revelará uma mudança abrupta e completa de direção em 1985. Essa mudança representa uma alteração de "dentro" para "fora" ou, mais especificamente, uma mudança de espaço de vetor centrípeto para espaço de vetor centrífugo e, podemos dizer, uma mudança da posição de Ando, da "arquitetura da negação" para a "arquitetura da negação da negação". A viagem de Ando pela arquitetura alterou seu curso drasticamente nos últimos anos, indo da introversão para a extroversão, da camada profunda para a superficial. Seguindo o *locus* dessa jornada, consideremos este novo trajeto e aonde ele nos conduzirá no futuro.

A viagem para dentro (-1985)

A arquitetura de Ando é arquitetura de negação. A negação foi uma descoberta de Ando – foi a negação que ele escolheu como seu método de obter intensidade espacial e realizar sua arquitetura singular. Isso não significa que ele goste da negação; melhor dizendo, ele odeia a conciliação. A conciliação introduz a impureza na arquitetura e estraga a pureza do espaço.

Seja como for, as relações humanas entre os japoneses são tipicamente emocionais, e não lógicas, e celebrar a negação na sociedade japonesa, portanto, requer enorme coragem. Não obstante, Ando descobriu que apenas dizendo "não" conseguiria dar a si coragem e, à sua arquitetura, intensidade. Também descobriu que o ato de negar envolve uma complexidade de lógica e emoções como a raiva e a mágoa. Negar significa afirmar socialmente a própria independência e recuperar o eu que foi enterrado na monotonia banal. Um gesto de negação, em outras palavras, requer da pessoa a vontade de viver como um indivíduo.

Estar continuamente projetando arquitetura exige que se façam escolhas. E escolher uma coisa significa negar decididamente todas as outras. Dessa forma, o projeto é ao mesmo tempo uma série de escolhas e uma série de negações, e uma obra de arquitetura é um monumento à glória de tudo o que foi escolhido. Ao mesmo tempo, por trás de uma obra arquitetônica dissimula-se ressentimento do que não foi escolhido, a mágoa do que foi negado. Psicologicamente, negar exige mais energia do que afirmar.

Algumas vezes, Ando negou, sem arrependimento, até mesmo o afortunado e o belo, coisas a que geralmente é atribuído valor positivo. Que tipo de qualidade tem, então, um espaço arquitetônico produzido por este método de negação? O que Ando obtém através da negação? Enumerando as coisas que ele negou, consideremos por que elas foram negadas e de que modo isso contribuiu para a formação de seu espaço arquitetônico.

A primeira coisa negada por Ando foi a corrupta sociedade moderna e seus valores. A comodidade, por exemplo. Ando nega a comodidade e, ao fazê-lo, tenta restaurar a relação física dinâmica do indivíduo com o mundo e aumentar nossos poderes de percepção. A comodidade, afinal, é responsável pelo enfraquecimento do homem, no corpo e nos poderes de percepção. De modo similar, Ando nega padrões sociais modernos tais como a eficiência e o conforto material. Nega-os porque são padrões sociais e econômicos gerais, mais do que valores essenciais à arquitetura. De fato, padrões como a eficiência e o conforto material são os criminosos que despiram a arquitetura de sua nobreza e emoção artística. Ando expulsa a eficiência e o conforto material de sua arquitetura, restabelecendo, em seu lugar, a natureza e o ente físico do homem, o corpo. O resultado é um espaço arquitetônico que o corpo percebe imediatamente.

Dessa maneira, Ando negou o ser humano mediano e sem rosto, e o *ethos* de uma arquitetura comodista, para não mencionar a parceria irresponsável entre eles. Seu objetivo, então, foi uma relação natural entre pessoas autênticas e o espaço arquitetônico puro. Em suma, ele está mais preocupado com o aspecto qualitativo do espaço arquitetônico do que com o aspecto quantitativo. *Quantitativo* denota atenção à outra pessoa, à voz externa, enquanto *qualitativo* denota uma atenção à voz interior. Assim, podemos dizer que a arquitetura de Ando deriva do estabelecimento do "dentro" por meio da negação do "fora". Em outras palavras, Ando focalizou mais sua atenção no espaço da arquitetura do que em sua forma. E esta, precisamente, foi sua grande descoberta: a geração de espaço por meio da negação da forma, porque a forma geralmente é considerada o elemento mais essencial da arquitetura. Aqui, Ando desenvolveu uma linha de raciocínio à Copérnico. Há para a arquitetura algo mais vital do que a forma – o espaço.

Nesse sentido, um asceticismo guia a produção arquitetônica de Ando. Sua arquitetura busca a natureza espiritual, interior, do espaço, enquanto nega o jogo de figuras e a ostentação. Em outras palavras, não busca o prazer visual. A sua é uma arquitetura que enfatiza a profundidade interna acima da beleza externa.

A negação da forma empreendida por Ando exige que ele restrinja sua arquitetura à forma mais simples. O que é surpreendentemente difícil – nenhum arquiteto pode resistir por completo à tentação de moldar e desenhar. Não obstante, Ando negou completamente a manipulação de formas. E, reduzindo a arquitetura a simples forma geométrica, produziu uma arquitetura de poderoso impacto visual.

Quando a arquitetura tem apenas beleza, não tem força. Quando a arquitetura não tem força, não tem poder emotivo.

Nos anos 70, Ando negou o jogo de figuras, ou a manipulação de padrões e imagens, que na época prevaleciam. Ao abandonar a manipulação da forma, ele reduziu a arquitetura a espaço puro. E esforçou-se para descer até o "interior" das profundezas do espaço ocultas por trás da beleza visual. Buscou a profundidade do espaço puro através da negação da arquitetura de nível superficial.

Podemos resumir a trajetória de Ando até agora com a equação: "a descoberta da negação = vontade individual = descoberta da profundidade". Entretanto, mais uma descoberta foi exigida de Ando, ao dar expressão à arquitetura da negação – a descoberta das paredes. Negando as colunas, ele descobriu as paredes – de fato, a arquitetura de Ando é uma "arquitetura de parede".

Paredes autistas produzem espaço interior puro. Isolado do ruído externo pelas paredes que o envolvem, o espaço sucumbe à lei do silêncio, tornando-se um espaço no qual nossa voz interna, sozinha, ressoa. Aqui, os únicos visitantes são a luz, a sombra e o vento, e nosso único companheiro de conversa somos nós mesmos. As paredes refletem luz e sombra, a passagem do tempo e, ao que parece, nossa própria consciência.

A parede uniforme de concreto diante de nós reflete nossa consciência e projeta sua própria imagem em nossa tela mental. Ao confrontarmos essa parede, sentiremos nossas percepções aguçadas e nós mesmos, talvez, reduzidos a consciência pura.

Por meio de paredes Ando reduziu a arquitetura a espaço puro, a espaço que funciona quase como um instrumento para reduzir fenomenologicamente nossa consciência e convertê-la em consciência pura. Nesse sentido, experimentamos esse espaço como um microcosmo e, seja numa casa, seja num escritório, é essencialmente o espaço dos aposentos de um padre, de uma cela de prisão ou do quarto de um enfermo.

Uma parede é a manifestação física de uma fronteira, dividindo o espaço em dentro e fora. Se as paredes de Ando proporcionaram espaço puro ao interior da arquitetura, que influência estendem ao exterior?

As paredes alteram uma paisagem. O aparecimento de paredes numa paisagem familiar atua alterando essa paisagem e a traz para nossa atenção de maneira renovada. Em outras palavras, as paredes trazem à consciência a percepção do que sempre existiu, sem ser notado.

Tendo esse poder de alterar, as paredes também se comportam criticamente em relação à comunidade. Ao eliminar nossa afinidade natural com uma paisagem familiar, as paredes perturbam a relação profundamente subconsciente que nos liga à paisagem como membros de uma comunidade, trazendo essa relação de modo novo à nossa percepção. A Casa Azuma, por exemplo, revelou atitudes concernentes à comunicação e à privacidade num espaço comunitário tradicional do centro de Osaka. Enunciou as restrições doentias à privacidade e ao crescimento do ser engendradas pela íntima atmosfera tradicional e os vínculos inconscientes entre as pessoas. De modo semelhante, a Casa Azuma pode ser interpretada como uma declaração da impaciência de Ando diante da mentalidade superficial de Osaka. A arquitetura de parede atua como uma arquitetura crítica superlativa, e no Japão Ando introduziu a crítica ao "grupismo" característico dos japoneses, eliminando a afinidade que eles sentem com a paisagem.

Arquitetura de parede. Uma simples caixa cinza. Vista de fora, a casa urbana de concreto projetada por Ando é uma caixa sem significado. Mas é precisamente o vazio de suas paredes que desperta nosso interesse, a simplicidade da superfície de concreto que de certa maneira fala à nossa natureza interna. Nossa visão, longe de se desviar da fachada desta caixa de concreto, é absorvida por ela. Essas paredes nuas atuam, dentro ou fora, como uma tela sobre a qual projetamos nossa consciência. Produzem espaço interno e alteram a paisagem externa, tornando-os fenômenos simultâneos, paralelos. A relação entre essas paredes e a cidade é um drama de conflito entre nosso ego e a comunidade dócil, tranqüilizadora.

Simples, pura, limpa e plácida – esses termos resumem o caráter da obra inicial de Ando. Temos ainda de acrescentar a eles o fascínio da intensidade. Eu também enfatizaria que todas essas palavras se aplicam ao espaço, e não à forma.

A viagem para dentro é uma viagem para a profundidade – em busca da verdade arquitetônica oculta nas profundezas do espaço, um exercício ascético que tem por objetivo a descoberta da verdadeira arquitetura. Ando conseguiu, como resultado dessa viagem, incorporar à arquitetura a equação "descoberta das paredes = a descoberta da natureza interna". Não obstante, uma arquitetura como essa abriga um perigo potencial: a caixa pode trancar dentro de si a natureza interna, pode transformar-nos em prisioneiros de nossa própria consciência. Depois de 1985, a obra de Ando volta-se gradualmente para projetos maiores, à medida que suas encomendas se deslocam de casas particulares para arquitetura pública. Mudando nossa perspectiva do microscópico para o macroscópico, consideremos como essa mudança alterou o caráter de sua arquitetura e onde está seu novo foco de interesse pela arquitetura.

A viagem para fora (1985-)

A partir de 1985, a arquitetura de Ando se transformou de "arquitetura da negação" em "arquitetura da negação da negação". Essa mudança significa a reabilitação empreendida por Ando daquilo que havia negado e suprimido, e a restauração da liberdade por meio da negação de sua negação.

A negação implica uma precaução autodisciplinadora: proíbe-se algo a si mesmo. A negação impõe uma restrição interna. A arquitetura da negação, como tal, é uma arquitetura governada por uma norma interna cujo poder, no entanto, suprime a forma e aprisiona a consciência no espaço interior. Arrasta-nos forçosamente para o interior e nos suga em direção ao centro, para dentro de um buraco negro. No momento em que atingimos o centro de força centrípeta, então, ocorre o *Big Bang*. Todo o movimento em direção ao centro é revertido e foge para fora, espalhando-se em todas as direções.

A forma começa a comunicar, e o espaço de caráter centrípeto e fechado se converte em espaço de caráter centrífugo e liberto. As propriedades visuais da arquitetura mudam, com espaço de luz e sombra se transformando em espaço de iluminação pura, e o peso dá lugar à leveza. Ando agora está redirecionando o curso de sua viagem arquitetônica: está em vias de transformar a viagem para dentro em viagem para fora. Estaria ele tentando desmantelar o mito de Ando? Apresentemos a prova de mudança patente em sua arquitetura a partir de 1985 e consideremos o que pode significar essa mudança.

Em primeiro lugar, as condições externas dos trabalhos encomendados a ele mudaram drasticamente, em três aspectos. Os projetos de Ando passaram da pequena para a grande escala, em alguns casos aumentando mil vezes em área. Categoricamente, ele avançou de casas particulares para estabelecimentos culturais públicos. Em conseqüência, suas locações cada vez mais se deslocaram de ambientes urbanos para ambientes mais próximos da natureza. Estes novos contextos de projeto poderiam muito bem ter exercido sobre Ando

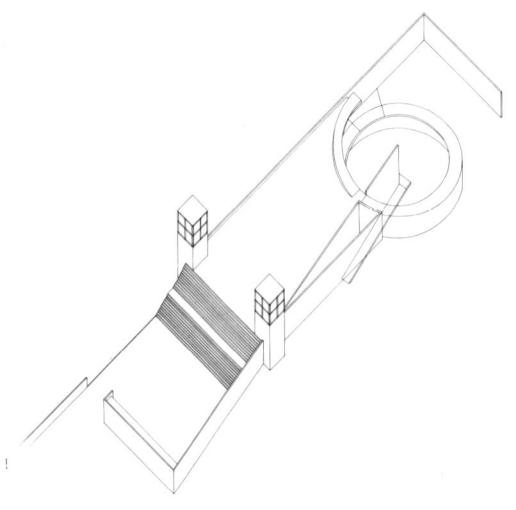

Museu Floresta dos Túmulos.

uma influência indireta, se não substancial, e provocado uma reviravolta em sua obra.

A mudança, qualquer que seja sua causa, é óbvia na impressão que seus prédios transmitem. Eles são mais iluminados. Seus volumes de luz expandiram-se para preencher os espaços interiores. Anteriormente, luz e sombra eram um par constante. A luz fazia expressar-se a escuridão e dava ritmo ao espaço. Agora, há menos conflito de luz e sombra, menos luz simbólica e escuridão dramática – como o obtido com um feixe de luz brilhante que traspassa um espaço de total escuridão – e mais imersão do espaço numa luz natural dúctil ou numa suave luz artificial. Se antes a luz tinha contorno e derivava da escuridão uma forma nítida, agora os limites entre luz e escuridão transformam-se em gradações ambíguas de iluminação. A mudança, no que se refere à luz, é aparente não apenas no grau de claridade, mas também no peso visual do espaço. Tornando-se iluminado, o espaço gradualmente adquiriu um poder de flutuação. Como resultado, a sensação de aceleração que governava o espaço desapareceu, e em seu lugar há uma sensação de velocidade.

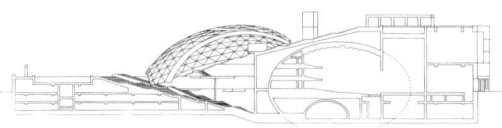

Centro de Convenções Nara.

As mudanças na iluminação surgem das mudanças nas aberturas. E, enquanto maiores fendas e aberturas nos cantos são diretamente responsáveis pela mudança para uma iluminação maior, mudanças desse nível estão intimamente ligadas a mudanças nas formas arquitetônicas. Há mais prédios com superfícies curvas – cilindros, esferas, ovóides e cones – instalados em posição central dentro deles, e as curvas aparecem com maior freqüência na planta. Ao mesmo tempo, a mudança do contexto urbano para o da natureza veio acompanhada pelo aparecimento de linhas de contorno e superfícies curvas dentro da locação. Anteriormente, o princípio governante era a intersecção ortogonal de linhas retas, mas agora ângulos agudos são empregados. São mudanças cujo *locus* é prontamente discernido em desenhos e fotografias.

Tais mudanças, portanto, são evidência clara da tendência de Ando a destruir as regras da negação, regras que suprimiam a forma, a concepção, a beleza visual, a imagem e o padrão. Ando está tentando cortar pela raiz a norma fundamental de concepção que originalmente derivou da negação; está restaurando o suprimido e negando o supressor. Restaurar a forma, por exemplo, significa negar aquilo que a suprimiu – o espaço.

Ando chegou à liberação da forma através da negação do caráter transcendental do espaço. Negar o espaço significa desmantelar o mito do espaço, anular a convicção de que a verdade arquitetônica se esconde em suas profundezas. Isso, então, é o abandono da viagem para dentro das profundezas do espaço e um retorno completo ao nível da superfície. Significa uma tentativa de libertar a natureza interna de dentro do espaço, onde ela foi trancada na equação do espaço ao espírito, e de criticar o espiritualismo arquitetônico. Representa o desejo de Ando de libertar o arquiteto por meio da destruição do espécime de caçador-de-arquitetura que os japoneses tenderam a favorecer, e, finalmente, vem em resposta prática às exigências da escala aumentada e do planejamento do espaço público.

Tendo passado por tal processo, a viagem de Ando coloca-o com a visão fixada no exterior. Seu primeiro encontro, aqui, é com a paisagem. E esta é decididamente uma paisagem real.

O sol da tarde, navios, o oceano, o verde das árvores, a neve. Desde cedo em sua carreira, Ando incorporou na arquitetura a relação singular entre homem e natureza, mas isto envolvia uma natureza simbolizada, ideológica. Ele reduzia a natureza a seus elementos – luz, água e céu – e processava-os em elementos arquitetônicos – o recorte de um trecho do céu, uma natureza abstrata, conceitual. Entretanto, uma paisagem é a incorporação concreta da natureza. Como muitos antes dele, na era moderna, Ando foi levado por um conceito abstrato à descoberta de sua forma concreta. E, assim como ele introduzia a natureza abstrata na arquitetura no desenvolvimento vertical, introduz a natureza concreta no desenvolvimento horizontal. Seja como for, como Ando chegou à sua descoberta da natureza concreta, e que influência ela vem tendo em sua arquitetura? Consideremos essas questões tomando como exemplos o Conjunto Residencial Rokko e o Museu Naoshima de Arte Contemporânea.

Museu das Crianças.

Característico desses dois projetos é o método empregado por Ando de cortar formas geométricas obliquamente. Uma malha de unidades cúbicas, retângulos e cilindros – essas formas são submersas, com porções de volume variável deixadas à mostra, numa locação abruptamente escarpada mas de um verde pujante. Através de sua interpenetração tridimensional com a natureza, essas formas simples produzem um cenário extremamente complexo. A inserção da arquitetura rompe a paisagem; conforme caminhamos pela edificação, tentamos recompor essa paisagem fendida pela geometria e captar sua complexidade. Em outras palavras, continuamente interpretamos nossa posição recompondo ou reportando-nos à paisagem – na verdade, somos forçados a nos reportar à paisagem a fim de reorganizar nossa experiência do espaço complexo da arquitetura. Assim, mantemos nossa visão dirigida para fora e, como resultado, a paisagem desmonta a caixa, desmonta a gaiola de nossa consciência e transforma uma arquitetura de monólogo numa arquitetura de diálogo.

Recentemente, Ando passou a empregar em terrenos planos esse conjunto de formas mescladas, resultande da mistura da forma geométrica com a topografia natural, ou melhor, resultante de sua discordância. Em conseqüência, suas formas se diversificam e se tornam mais ousadas em liberdade. Os métodos de lidar com as relações entre as formas também se diversificam, e permite-se que as formas se interseccionem em outros ângulos que não os retos. Esquecendo o significado, as formas se tornam ágeis e auto-ativadoras. Entre as formas não há nada: o governo de uma geometria estática foi usurpado pela mudança e pelo movimento. Assim, a descoberta feita por Ando da paisagem torna-se uma história rica e complexa do casamento da geometria com a natureza.

A natureza destrói a geometria, mas também a coloca em funcionamento, como se a geometria fosse uma máquina. A natureza fornece a energia necessária para fazer operar a geometria, enquanto lhe concede fluidez e erode a ordem estática.

A estrutura da geometria estática é universal, abstrata, independente de seu lugar. De fato, foram essas características que inspiraram o estilo internacionalista a dar atenção à geometria. Mas a arquitetura não é uma flor colhida: não pode ser colocada em qualquer lugar para que se obtenha o mesmo efeito. Irredutível à ordem geométrica abstrata, a arquitetura deve pertencer ao seu lugar. Ando descobriu a paisagem a partir de sua preocupação com esse lugar.

O ideal da arquitetura é realizar um modelo do mundo: um modelo tridimensional. A linguagem também pode criar um modelo do mundo, por meio de seus poderes descritivos extremamente precisos. A metafísica, de fato, usa palavras para criar um modelo do mundo, declarando: "O mundo é tal e tal". E a geometria? A geometria cria um modelo do mundo através da ordenação do espaço. A geometria e a linguagem são intelectuais, meios lógicos para se criar um modelo do mundo; apesar disso, por toda a sua precisão, os modelos que produzem são estáticos. E nada é mais perigoso do que a ordem estática. O ideal da arquitetura é criar um modelo dinâmico do mundo. Para realizar esse ideal, a arquitetura exige que a geometria seja sua norma na ordenação do espaço, mas deve ser uma geometria que funciona dinamicamente de acordo com o desejo humano. Ando encontrou na natureza a energia que podia instilar movimento dinâmico na geometria.

O espaço de Ando é puro, mas não homogêneo. O espaço da arquitetura modernista estende-se homogeneamente em todas as direções, mas o espaço de Ando tende para um centro. Como o contato direto com sua arquitetura tornará óbvio, ela é o espaço conduzido por um vetor centrípeto poderoso. Não pode, portanto, admitir que uma homogeneidade a penetre. Uma linha de força varre a edificação, como um vento poderoso soprando através da arquitetura, de modo que o espaço evidencia uma forte direcionalidade. Apesar da geometria simples das formas da arquitetura, por exemplo, o espaço e o tempo se expandem ou se contraem à medida que caminhamos, de um modo que faz lembrar a teoria da relatividade. É esse senso de propulsão que concede ao espaço de Ando sua intensidade, e à arquitetura de Ando seu fascínio.

Não obstante, essa poderosa força centrípeta captura nossa consciência e nosso movimento, trancando-nos na forma simples da arquitetura. Quando capturadas no espaço produzido pela arquitetura da negação, as pessoas se tornam prisioneiras de

Conjunto Residencial Rokko.

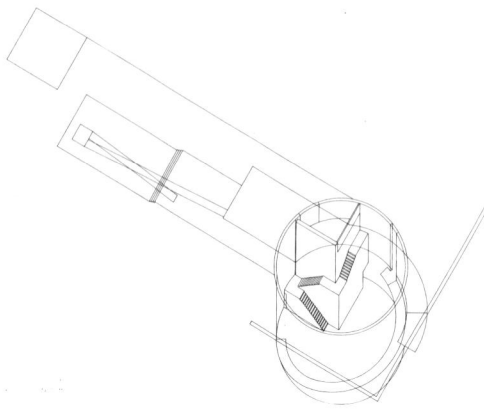

Museu Naoshima de Arte Contemporânea.

sua própria consciência. A arquitetura encerra a natureza interna e se transforma numa prisão. A fim de superar esse problema na prática, é necessário desmantelar o mito da profundidade, ou seja, abandonar a hipótese de que a verdade se oculta nas profundezas do espaço, e redirecionar o vetor da consciência para os extremos mais exteriores do espaço. Especificamente, isso significa estender o fascínio do "interior" para o exterior.

A viagem de Ando para o futuro significará um esforço de libertar para fora, para a vastidão aberta do mundo, as linhas de força que ele reuniu no interior da arquitetura.

Residências

Casa Tomishima   1972/73
Osaka

As aberturas desta casa são em número limitado – para iluminação, para luz solar direta e para ventilação. O que está em exame não é a quantidade de luz, mas sua qualidade. O espaço interno interage com o externo apenas através da luz que entra por uma clarabóia e ilumina cada nível da casa por meio do átrio central. Essa luz direta é suavizada à medida que desce pelos andares escalonados – que acomodam quarto, sala de estar e sala de jantar –, dando um ritmo natural à vida dentro do santuário das lisas paredes que envolvem o prédio.

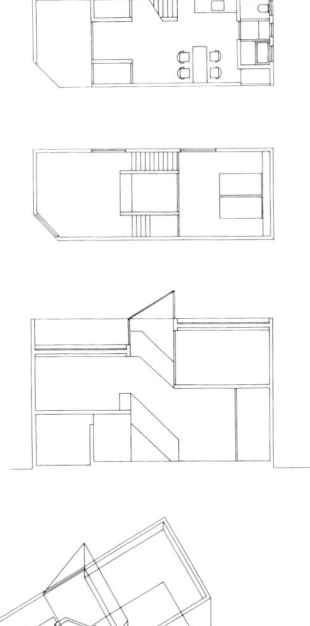

Plantas dos andares superior e inferior / Corte longitudinal / Vista axonométrica / Vista aérea.

Casa Geminada, em Sumiyoshi (Casa Azuma)   1975/76
Osaka

Substituindo uma de três casas geminadas de madeira anteriores à guerra, num quarteirão residencial central de Osaka, esta casa é uma caixa de concreto que ocupa sua locação. Centrípeto em sua organização do espaço, o prédio tem uma planta tripartite centrada num pátio aberto. Funcionando como o centro da vida cotidiana da casa, o pátio separa uma sala de estar, numa extremidade do andar térreo, de uma cozinha, uma sala de jantar e um banheiro na outra. No andar superior, do quarto das crianças é possível avistar, do outro lado do pátio, o aposento principal. O prédio apresenta uma face lisa para a rua. Uma reentrância na parede frontal, formando a entrada, é a única indicação da vida lá dentro.

Pátio visto do andar superior.

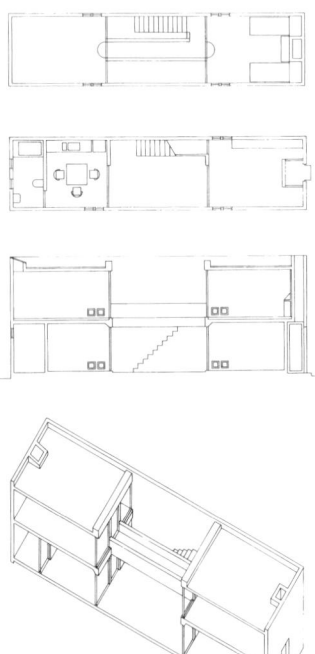

Vista do pátio. Plantas dos andares superior e inferior / Corte longitudinal / Vista axonométrica / Página da direita: fachada com entrada.

Soseikan (Casa Yamaguchi)   1974/75
Hyogo. Acréscimo 1981/82

Esta casa foi projetada para dois irmãos. Suas duas unidades – semelhantes no formato mas contrárias na posição – são conectadas por uma passagem externa que tem um caráter de espaço externo independente, comum às duas unidades. Os espaços interiores são encerrados dentro das paredes das duas unidades, cada uma delas tendo uma clarabóia abobadada, através da qual a luz penetra num átrio de três andares, iluminando cada nível. A luz do sol, forte e direta, suaviza-se à medida que alcança o andar térreo, onde se mistura com a luz do dia que entra pelas aberturas envidraçadas.

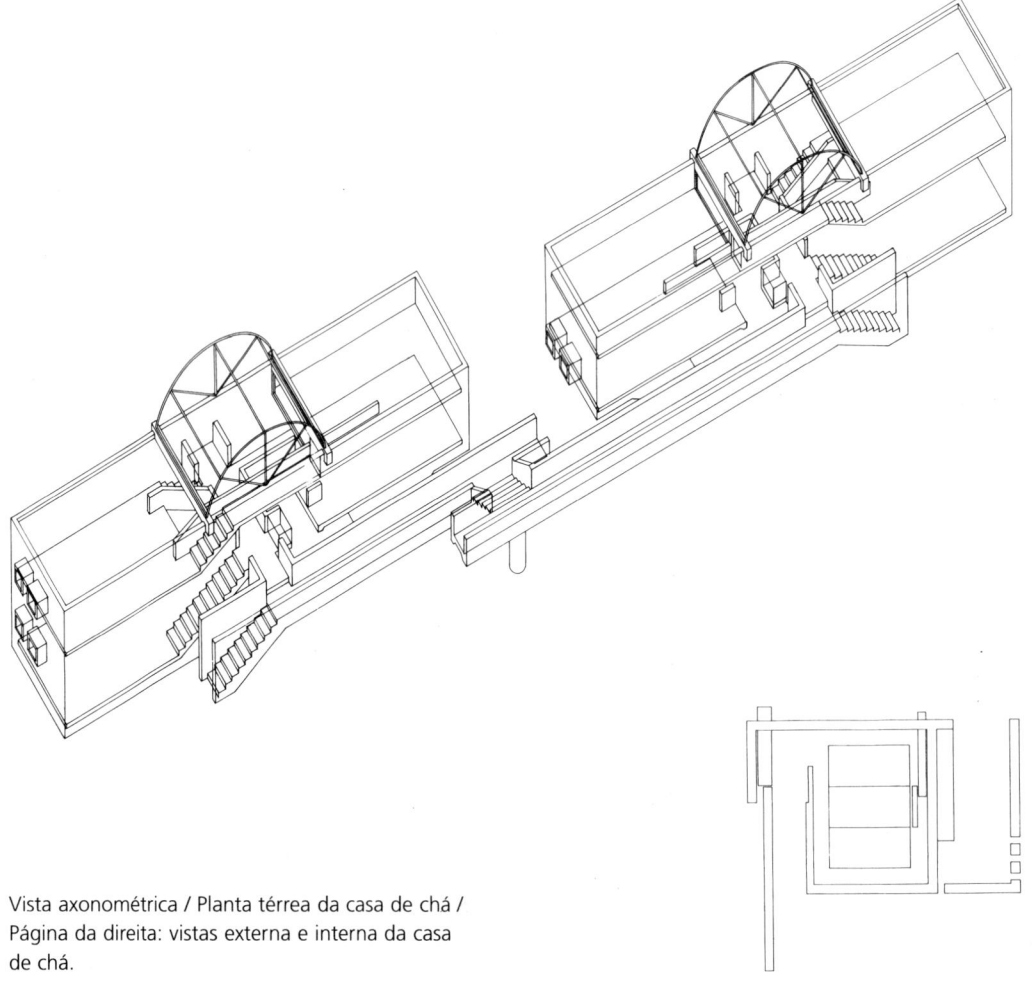

Vista axonométrica / Planta térrea da casa de chá /
Página da direita: vistas externa e interna da casa de chá.

35

Casa Hirabayashi 1975/76
Osaka

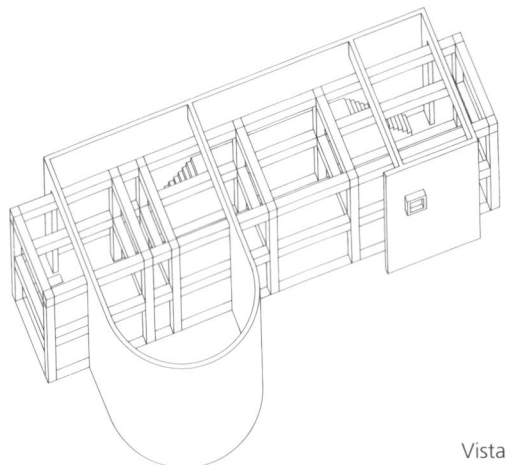

Vista axonométrica / Vista externa.

Casa Bansho   1975/76
Aichi. Acréscimo 1980/81

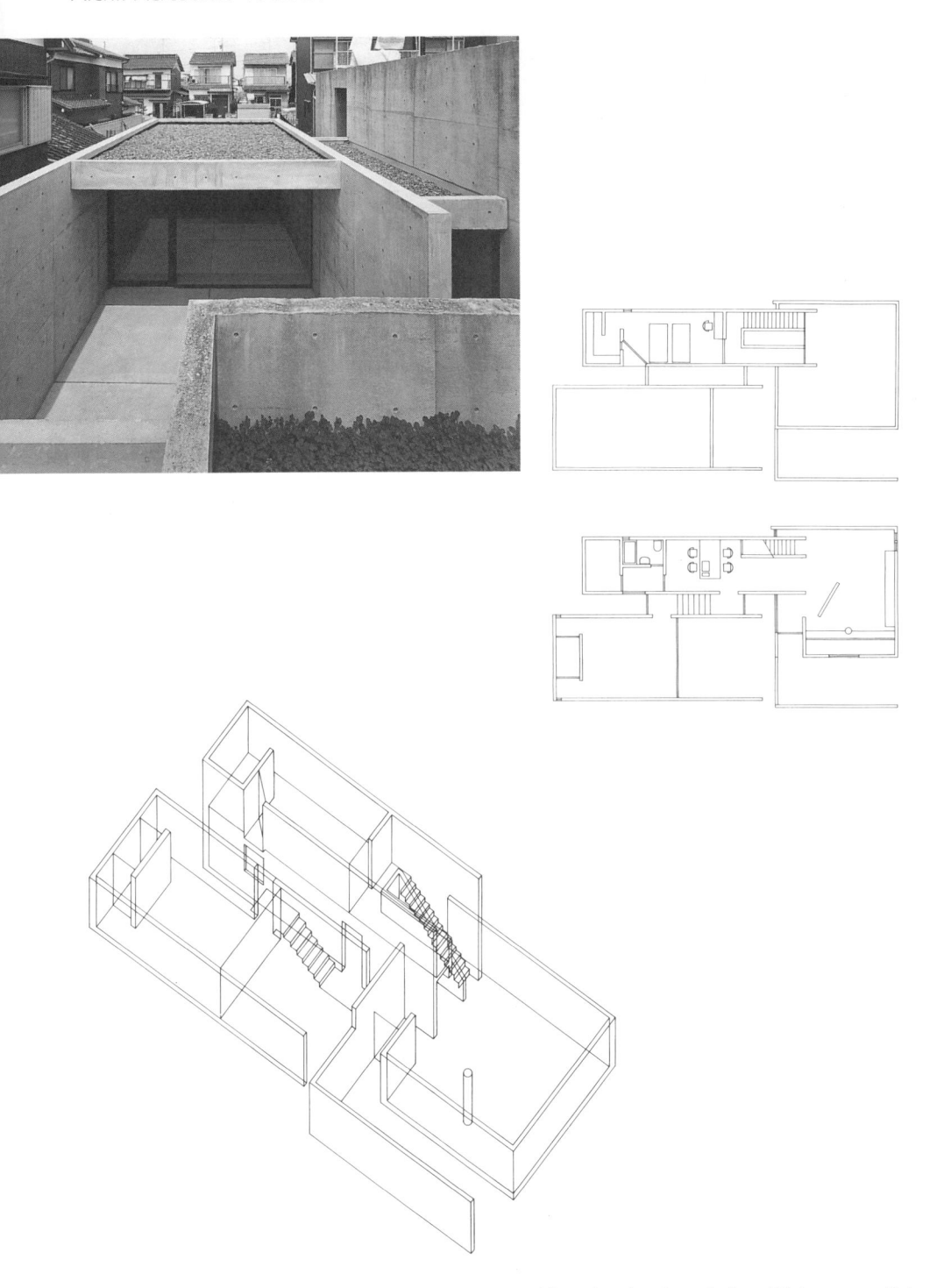

Vista do sul após acréscimo / Vista axonométrica após acréscimo / Plantas dos andares superior e térreo após acréscimo.

Casa Tezukayama (Casa Manabe)   1975-77
Osaka

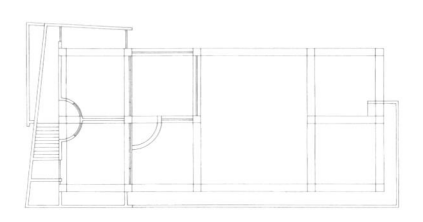

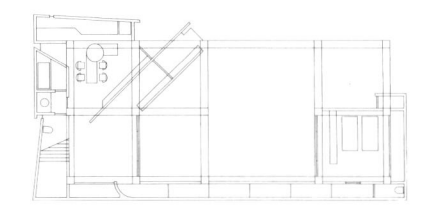

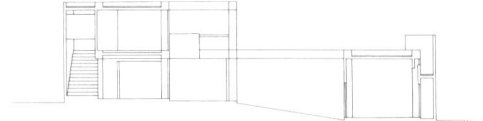

Pátio visto de dentro / Plantas dos andares superior e térreo / Corte longitudinal.

Casa de Paredes (Casa Matsumoto)   1976/77
Hyogo

Em terreno inclinado, rodeada por uma paisagem de floresta natural, esta casa é composta de uma estrutura geométrica linear, com duas paredes livres que reforçam seu eixo longitudinal. Os espaços funcionais da casa são acomodados dentro da estrutura. O prédio consiste de duas unidades – uma unidade principal, doméstica, ao sul, e um ateliê ao norte – com um pátio com degraus, que separa as duas unidades e, ao mesmo tempo, serve como seu espaço de ligação. Uma cobertura abobadada sobre cada unidade identifica cada uma como um volume independente. A luz, entrando pelas extremidades das duas abóbadas, cai sobre a estrutura em colunata e projeta sombras sobre as paredes – enfatizando o contraste entre as paredes e a estrutura e introduzindo um ritmo nos espaços interiores.

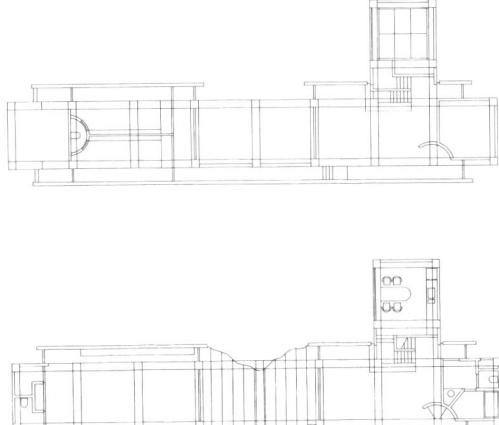

Fachada vista da rua / Plantas dos andares superior e térreo / Vista axonométrica.

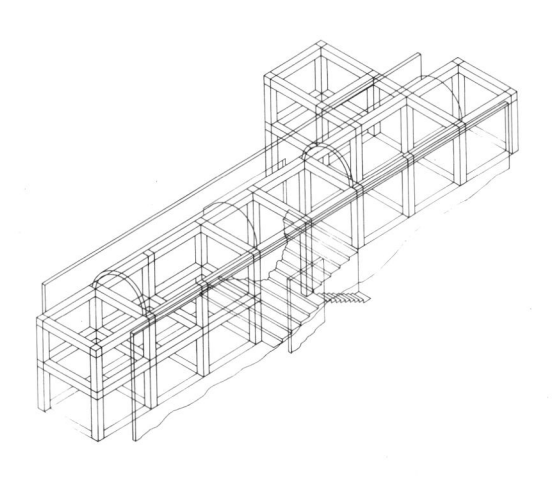

Conjunto Residencial Okamoto   1976
Kobe

Este projeto de conjunto residencial, compreendendo dezessete moradias, é baseado numa estrutura de cubos. Situado num declive voltado para o sul, que permite uma vista panorâmica, o projeto segue a topografia irregular do terreno, criando assimetrias entre os cubos sucessivos, que produzem vazios internos, coberturas ajardinadas e pátios com degraus. As moradias são basicamente *maisonnettes*, com muitas variações. Cada moradia ocupa dois ou três módulos – assegurando privacidade e vista para o mar. Uma grande estrutura reforçada de concreto sustenta cada aglomerado de moradias e integra a composição total.

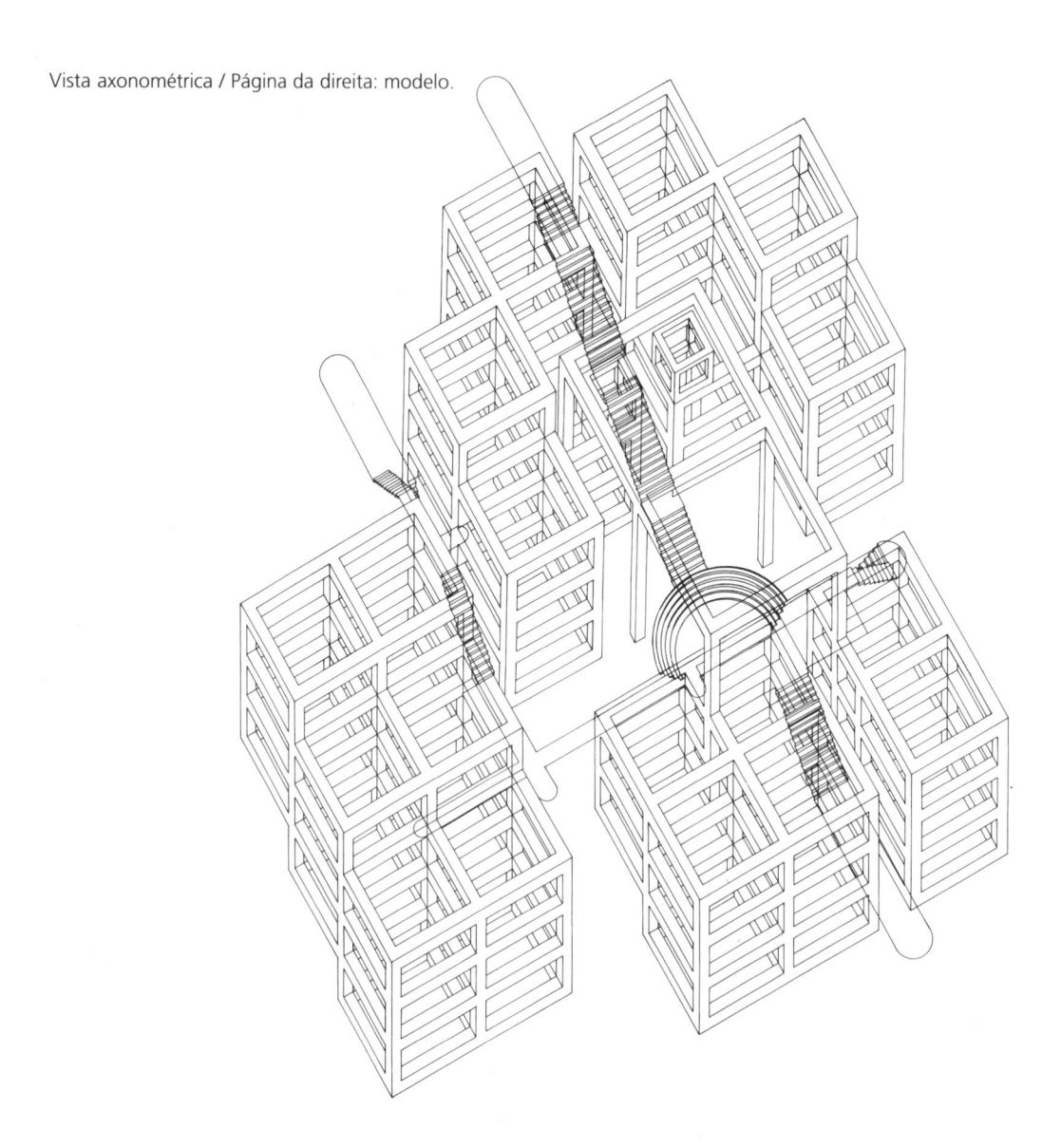

Vista axonométrica / Página da direita: modelo.

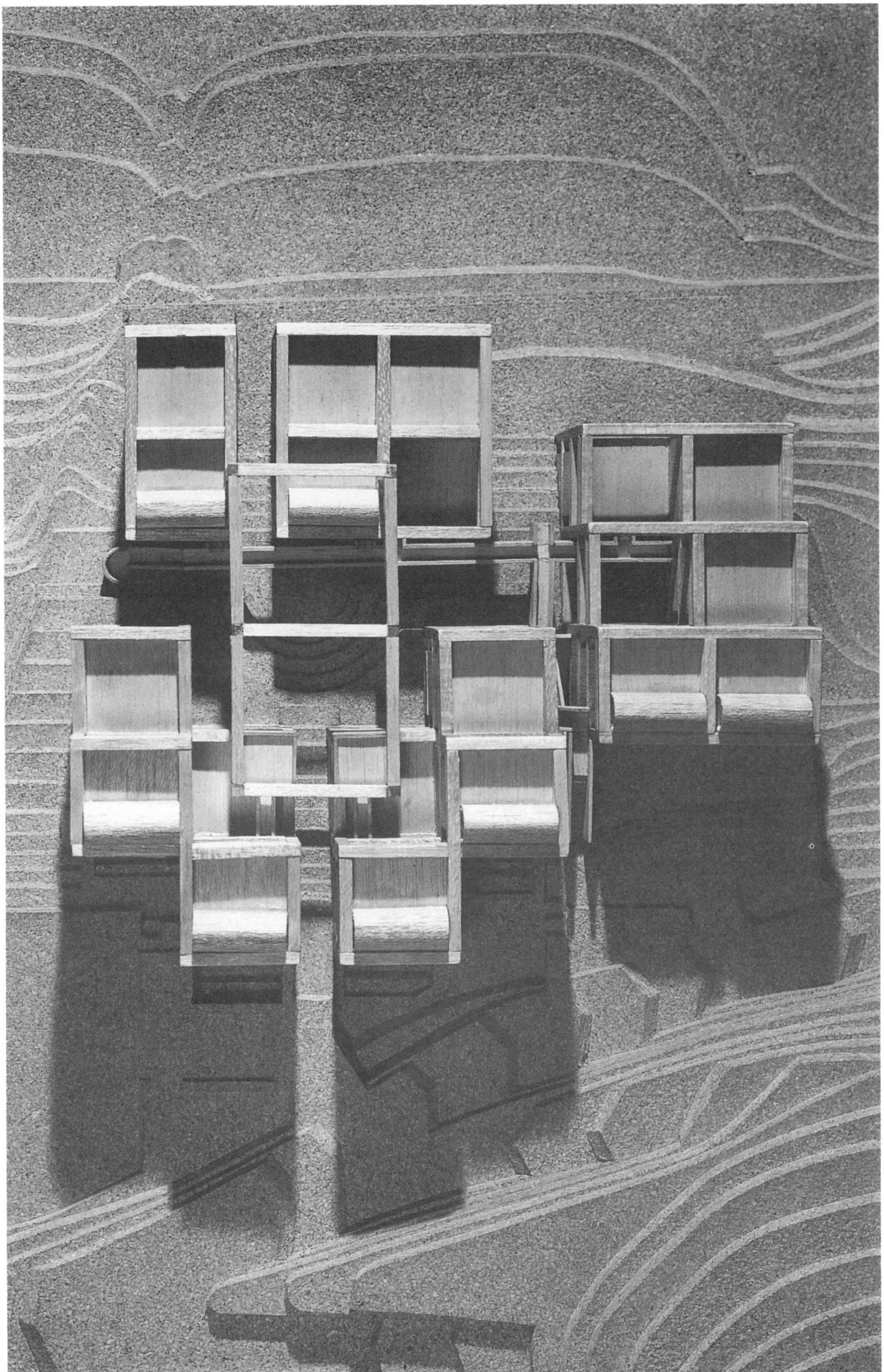

Casa de Blocos de Vidro (Casa Ishihara)   1977/78
Osaka

Situada numa paisagem urbana desordenada, típica das cidades japonesas, esta casa para duas famílias foi projetada para um casal e seus pais, e para abrigar o escritório da empresa de móveis do cliente. O prédio é um volume de três andares, isolado do exterior por paredes fechadas, e organizados ao redor de um poço central de luz revestido de blocos de vidro. Os blocos de vidro – ao mesmo tempo opacos e translúcidos – fornecem a cada cômodo uma iluminação suave e privacidade e facilitam uma clara articulação das zonas que caracterizam a composição. A planta bipartida reserva a metade do norte para o casal e a metade do sul para seus pais. As dependências sociais estão localizadas no andar inferior, destinando-se os andares superiores ao espaço doméstico privado.

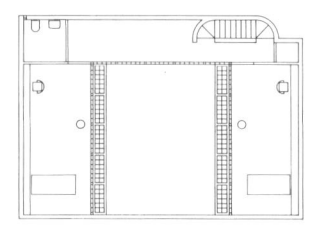

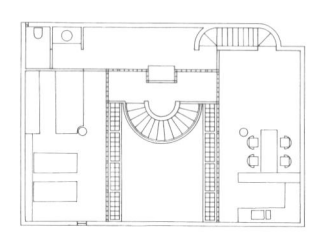

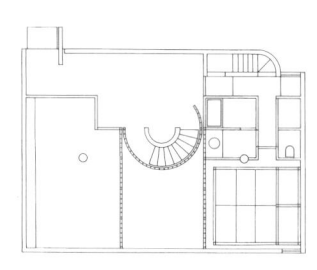

Plantas: segundo andar, primeiro andar e térreo /
Vista axonométrica / Página da direita: vista superior
do poço central.

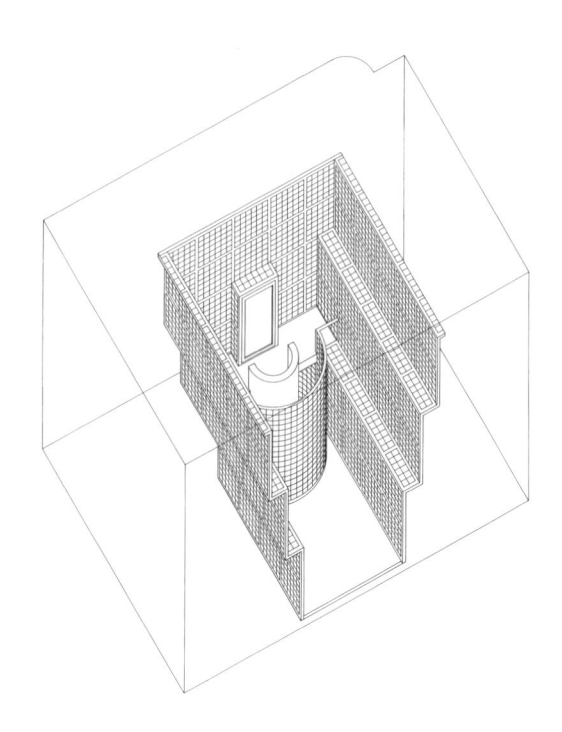

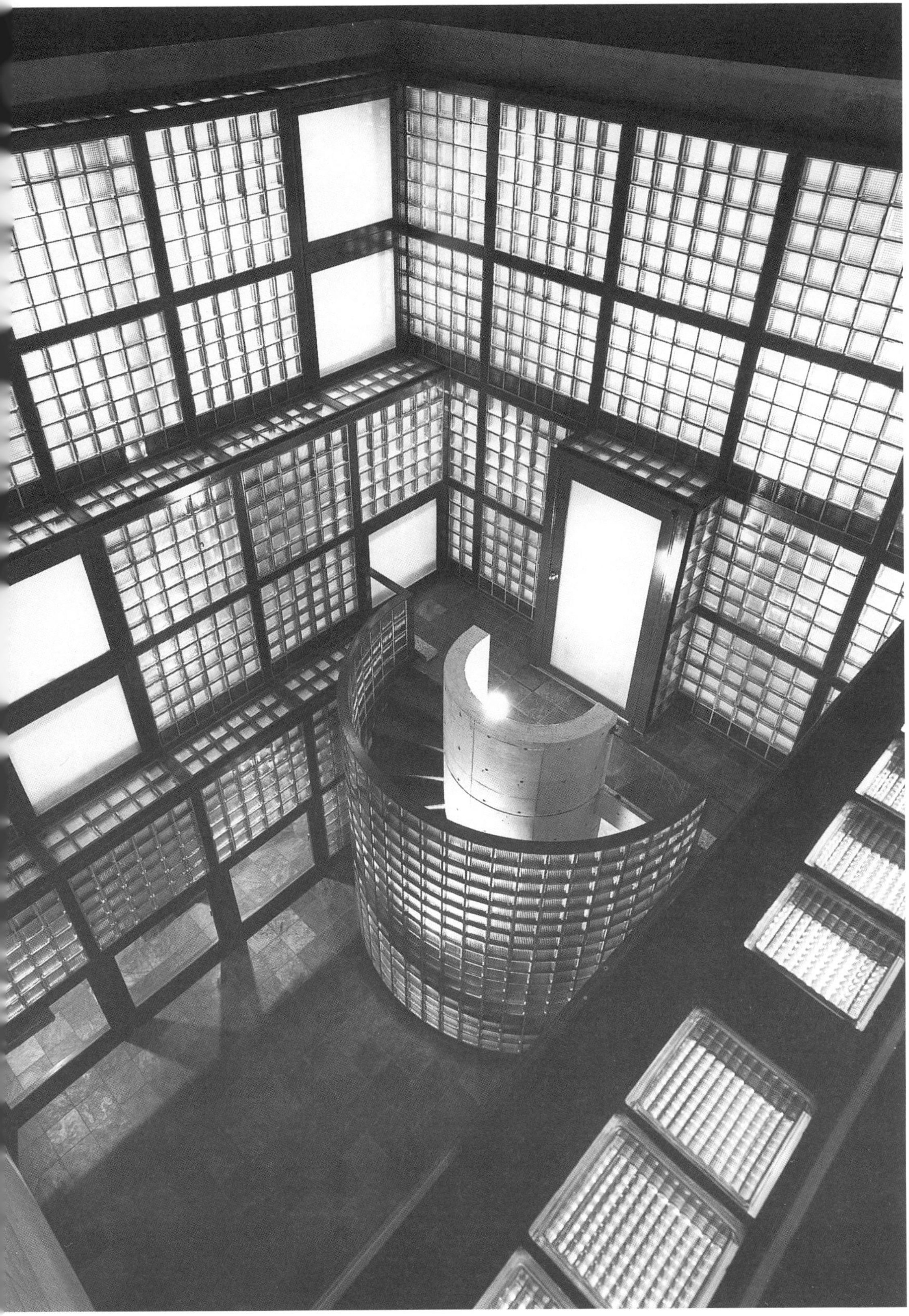

Casa Okusu 1977/78
Tóquio

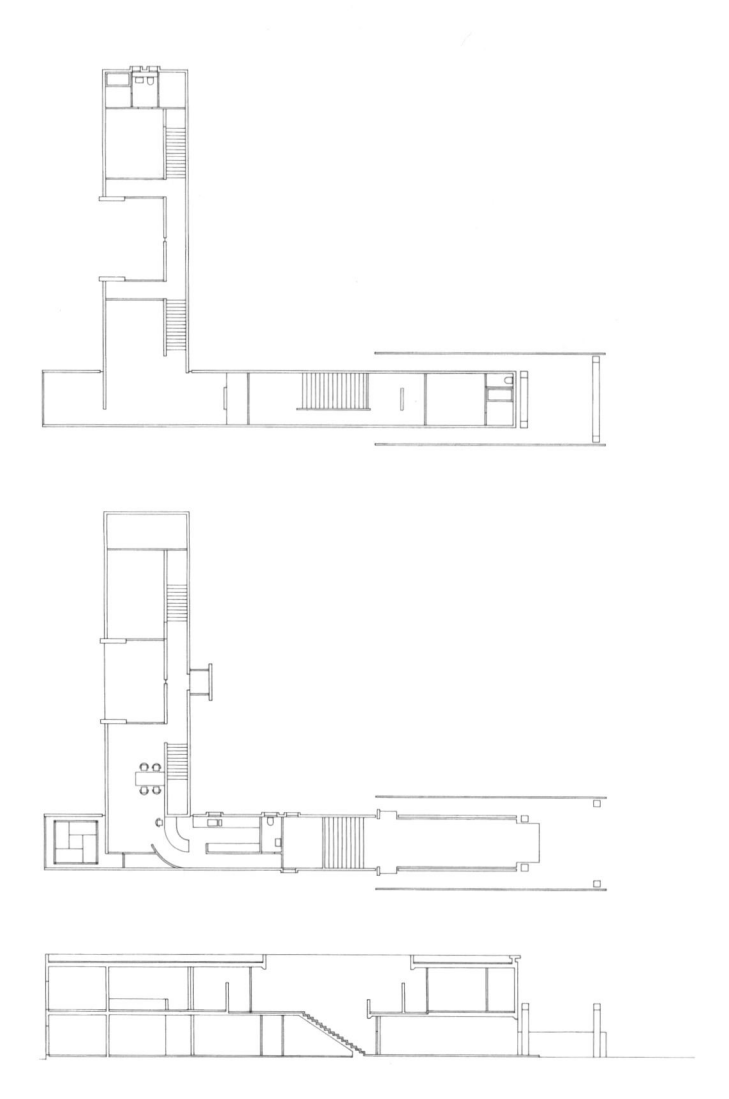

Planta dos andares superior e térreo / Corte / Página da direita: vista da escada.

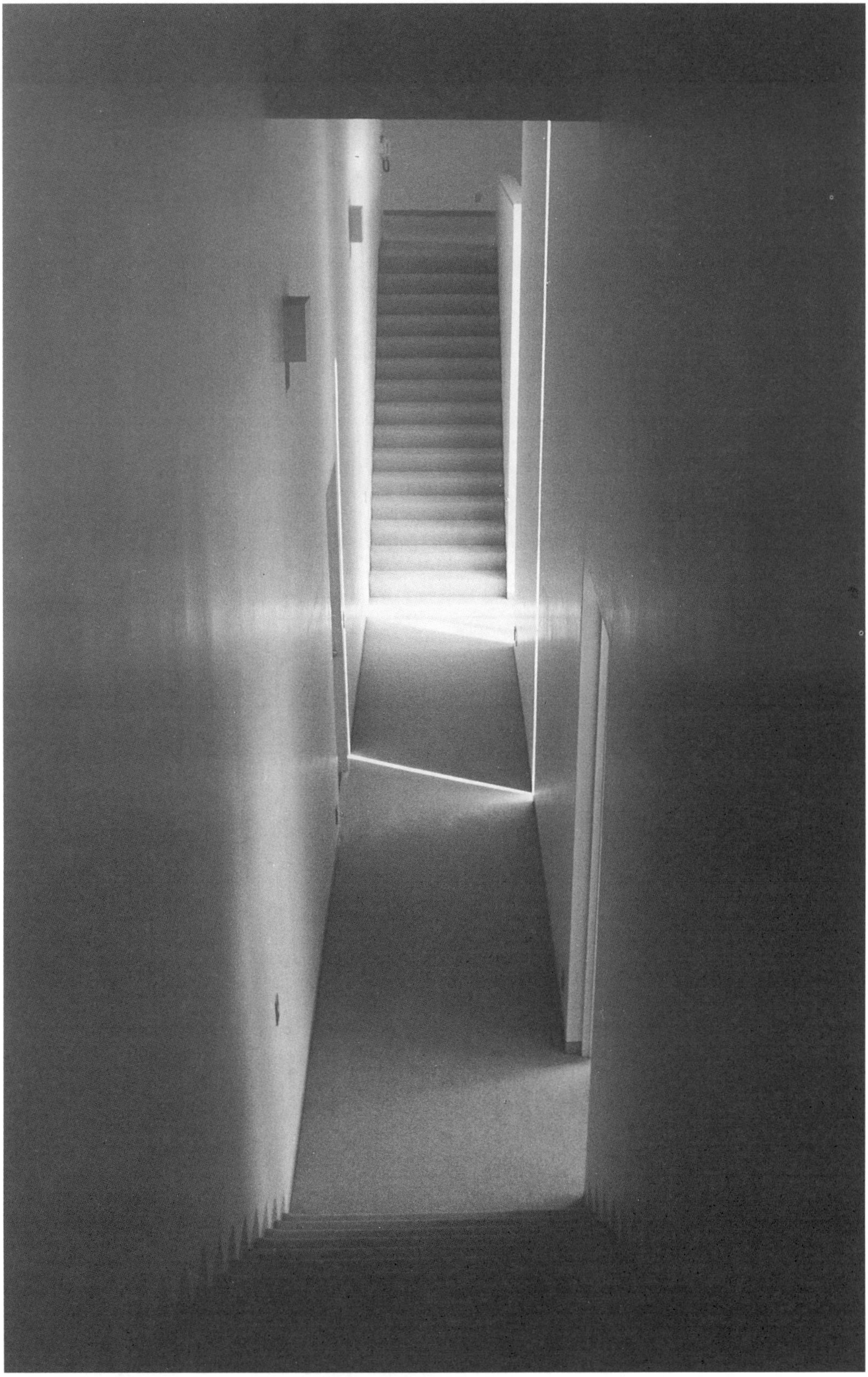

Casa Horiuchi 1977-79
Osaka

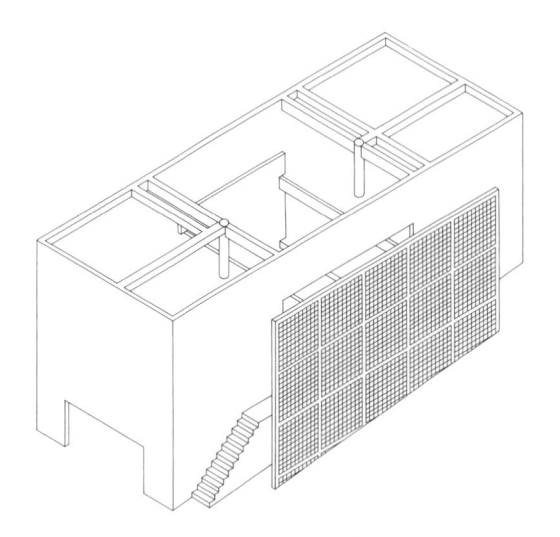

Vista axonométrica / Plantas: segundo andar, primeiro andar e térreo / Fachada vista da rua.

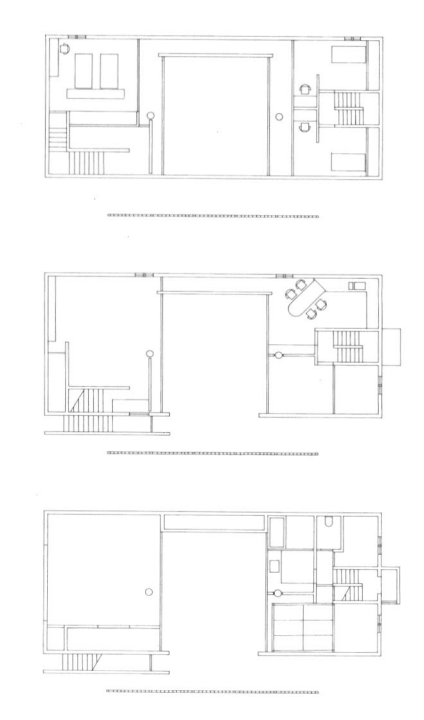

Casa Onishi 1978/79
Osaka

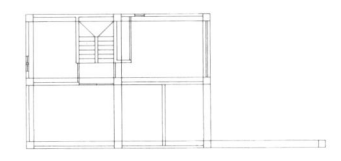

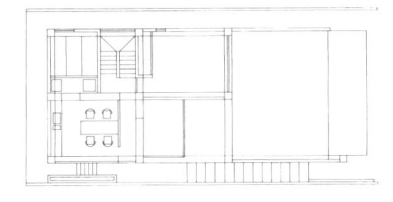

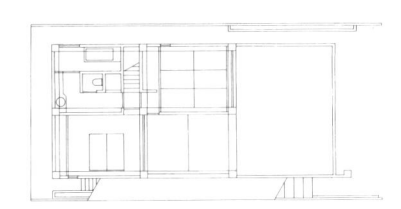

Plantas: segundo andar, primeiro andar e térreo / Vista axonométrica / Fachada vista da rua.

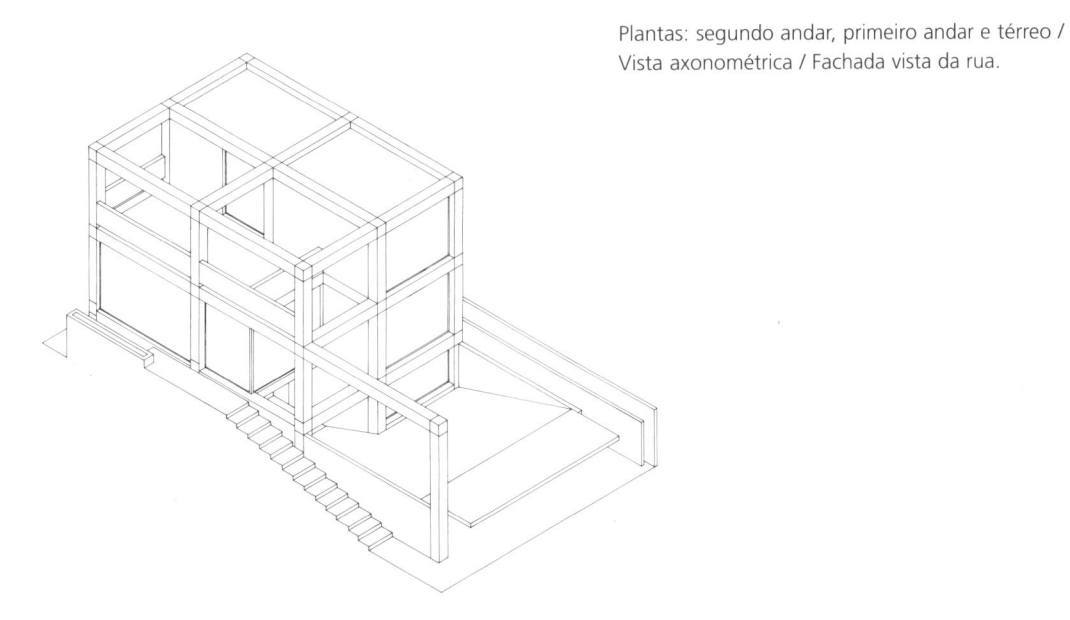

Casa Matsumoto 1978-80
Wakayama

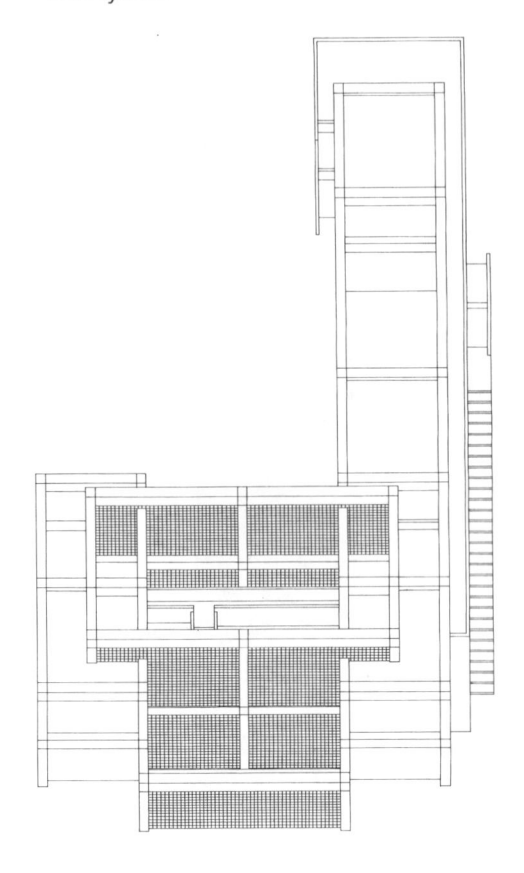

Vista axonométrica / Corte / Plantas: andares superior e térreo / Página da direita: vista externa.

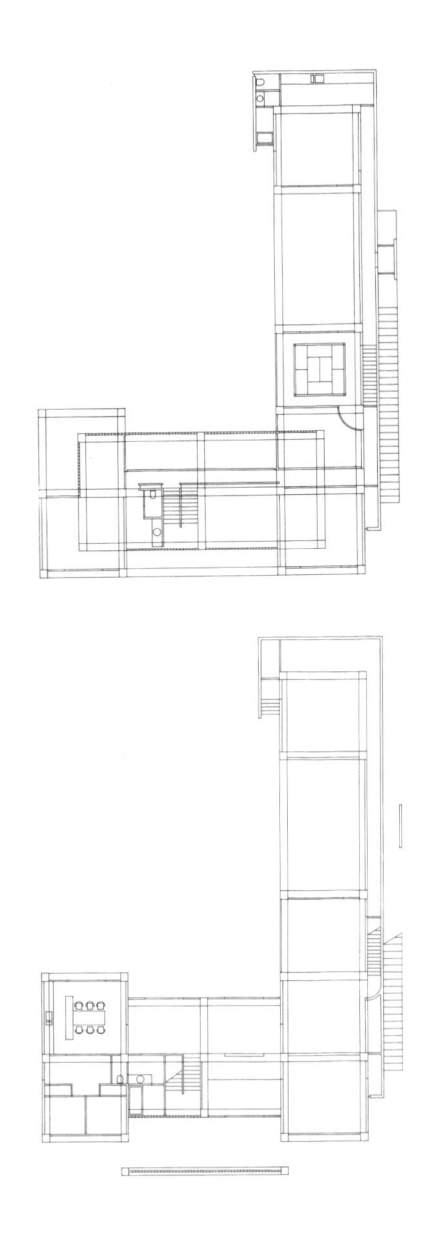

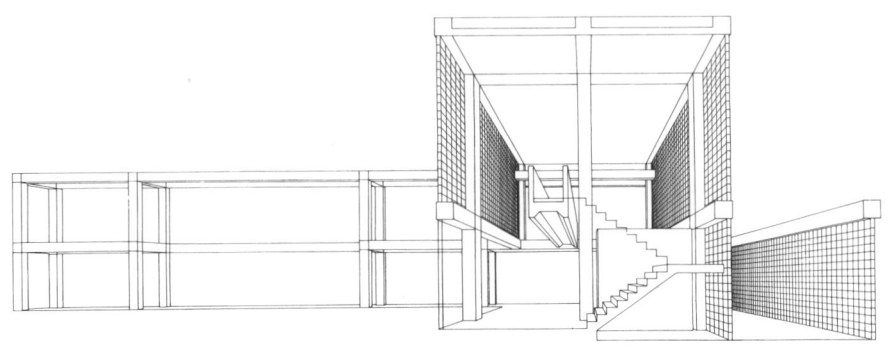

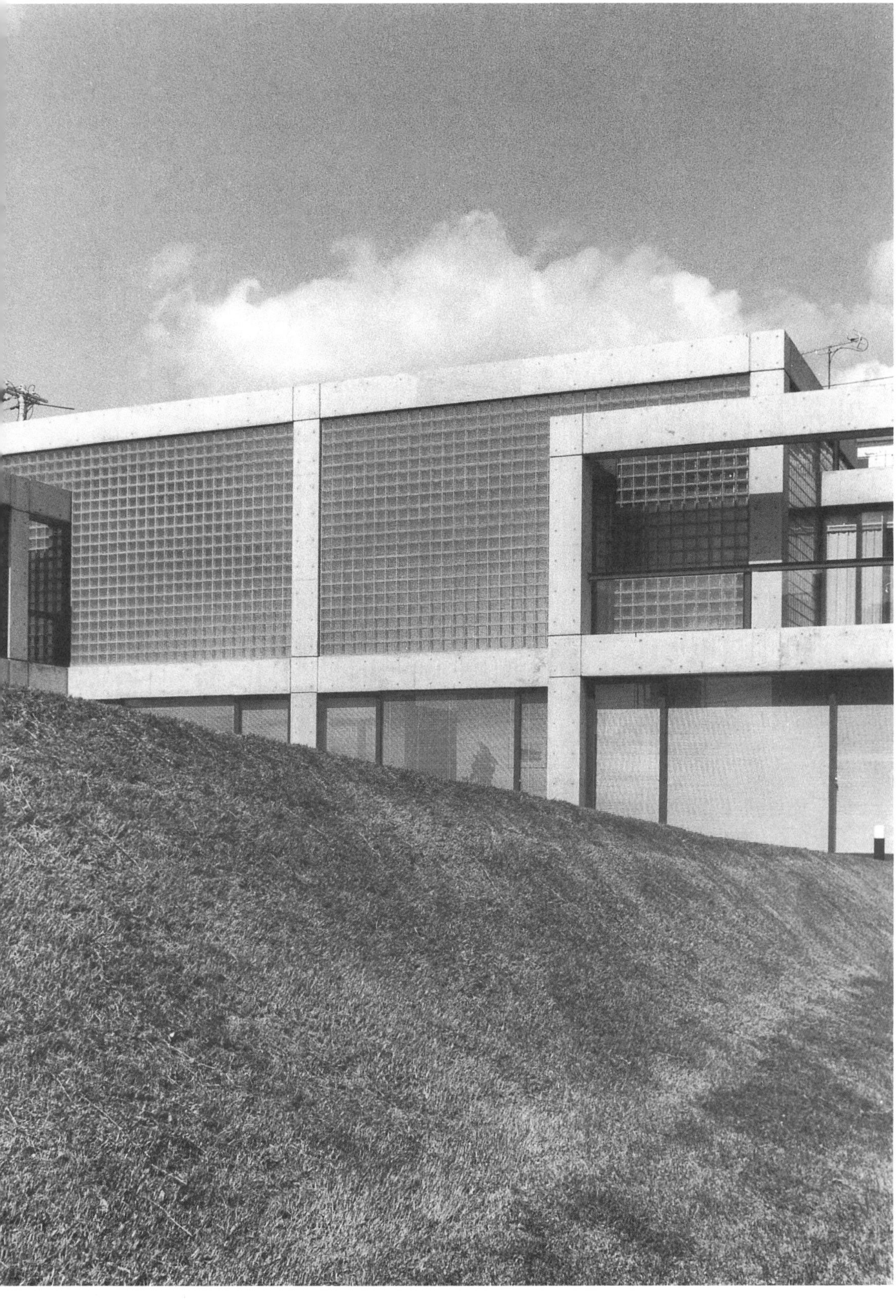

Casa Matsutani   1978/79
Kyoto. Acréscimo 1989/90

Um grau extremo de pureza espacial foi buscado no projeto deste prédio, através do emprego uniforme de concreto aparente nos pisos, nas paredes e nos tetos. Um acréscimo posterior assume uma posição oposta, introduzindo uma forte orientação centrípeta na composição total. A planta se baseia em módulos quadrados e, com o acréscimo, inclui uma cozinha, uma sala de jantar e um ateliê no andar térreo, com dois quartos no andar superior. Todos os cômodos se voltam para uma área central, que funciona como o ponto principal das atividades da família. O prédio original e o acréscimo diferem tanto em forma como em materiais, tornando-se contrastantes, mas coexistindo como uma composição integral.

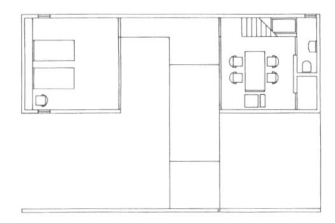

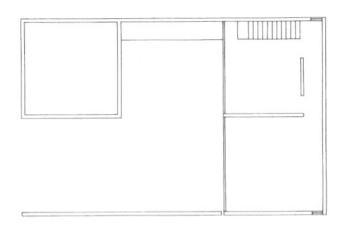

Plantas: andares superior e térreo / Vista externa /
Página da direita: acréscimo – vista externa.

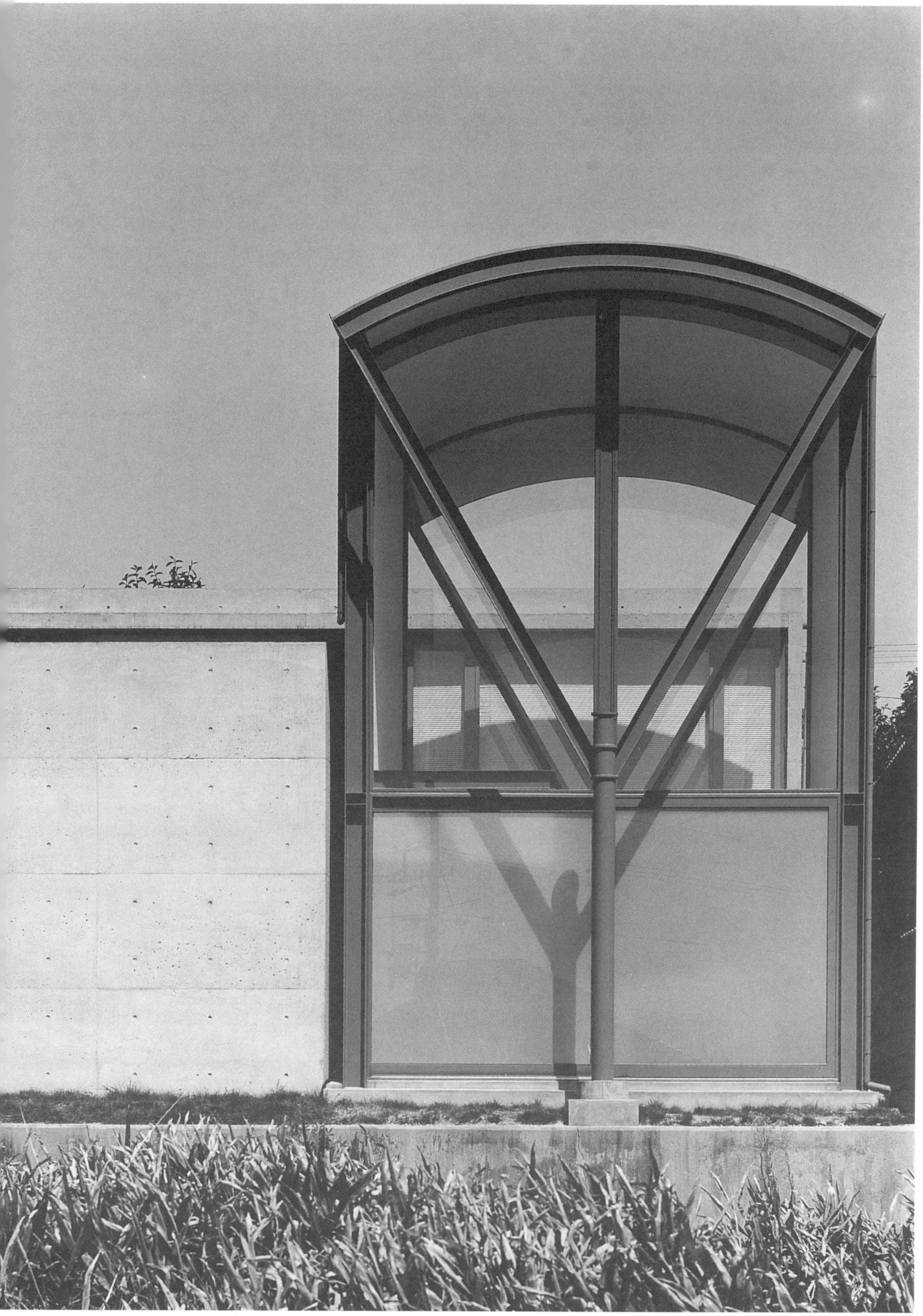

Casa Ueda 1978/79
Okayama. Acréscimo 1986/87

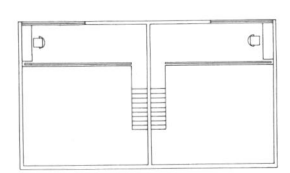

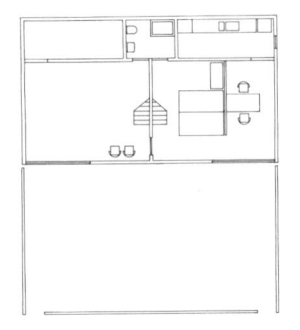

Fachada / Fachada com acréscimo / Plantas: andares superior e térreo.

Casa Fuku 1978-80
Wakayama

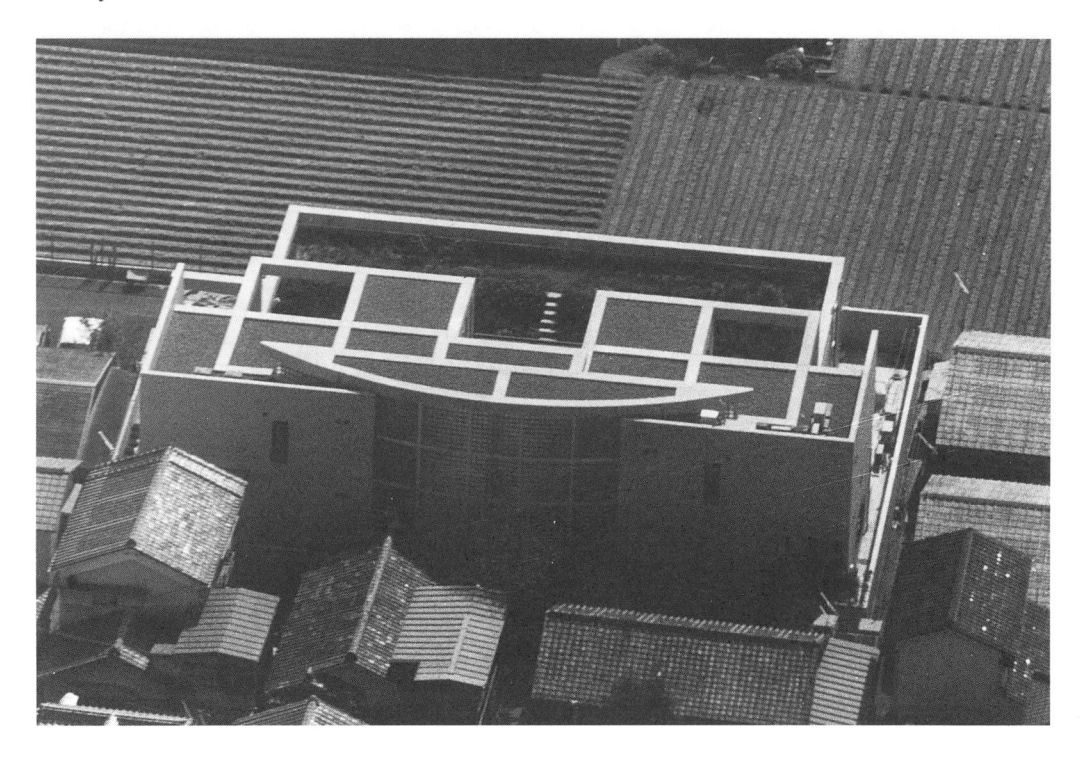

Vista aérea / Plantas: andares superior e térreo / Vista axonométrica.

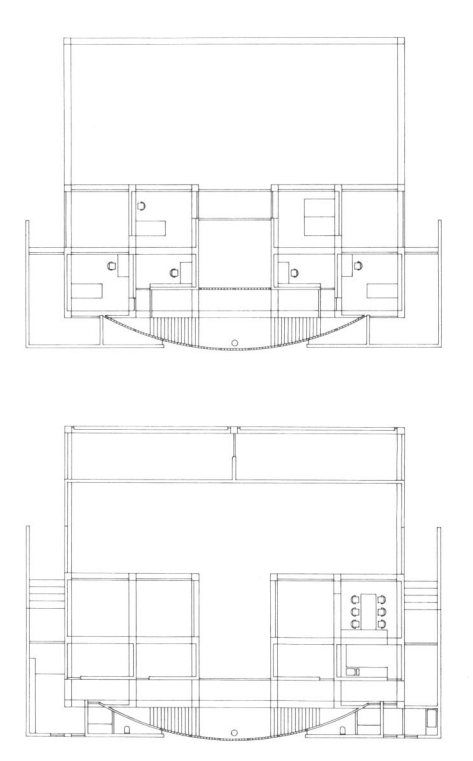

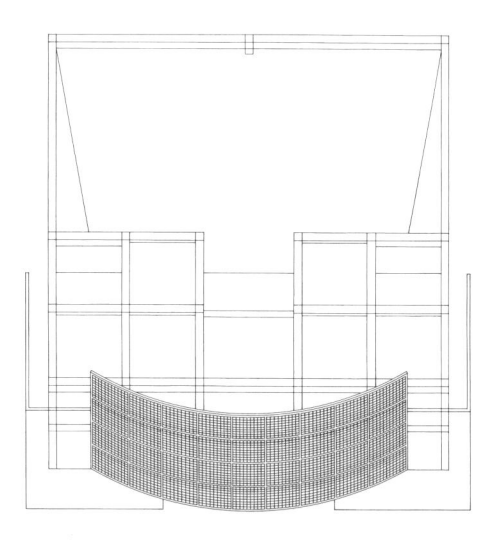

Casa Koshino   1979-81
Hyogo. Acréscimo 1983/84

Localizada numa encosta inclinada de montanha densamente coberta por vegetação, a Casa Koshino é parcialmente enterrada no chão – suas formas geométricas distintas contrastando fortemente com a topografia irregular do terreno. O prédio consiste de dois volumes paralelos, ligados por um corredor subterrâneo que define um pátio central. O volume menor contém uma sala de estar de altura dupla, a ala mais longa abriga uma série de quartos. Um escritório no formato de um quarto de círculo, acrescentado mais tarde ao longo do volume da sala de estar, entra na composição em oposição às estruturas anteriores. Clarabóias em banda e aberturas de iluminação permitem que a luz do sol penetre em todos os três volumes, criando delicadas esculturas de luz nas paredes internas.

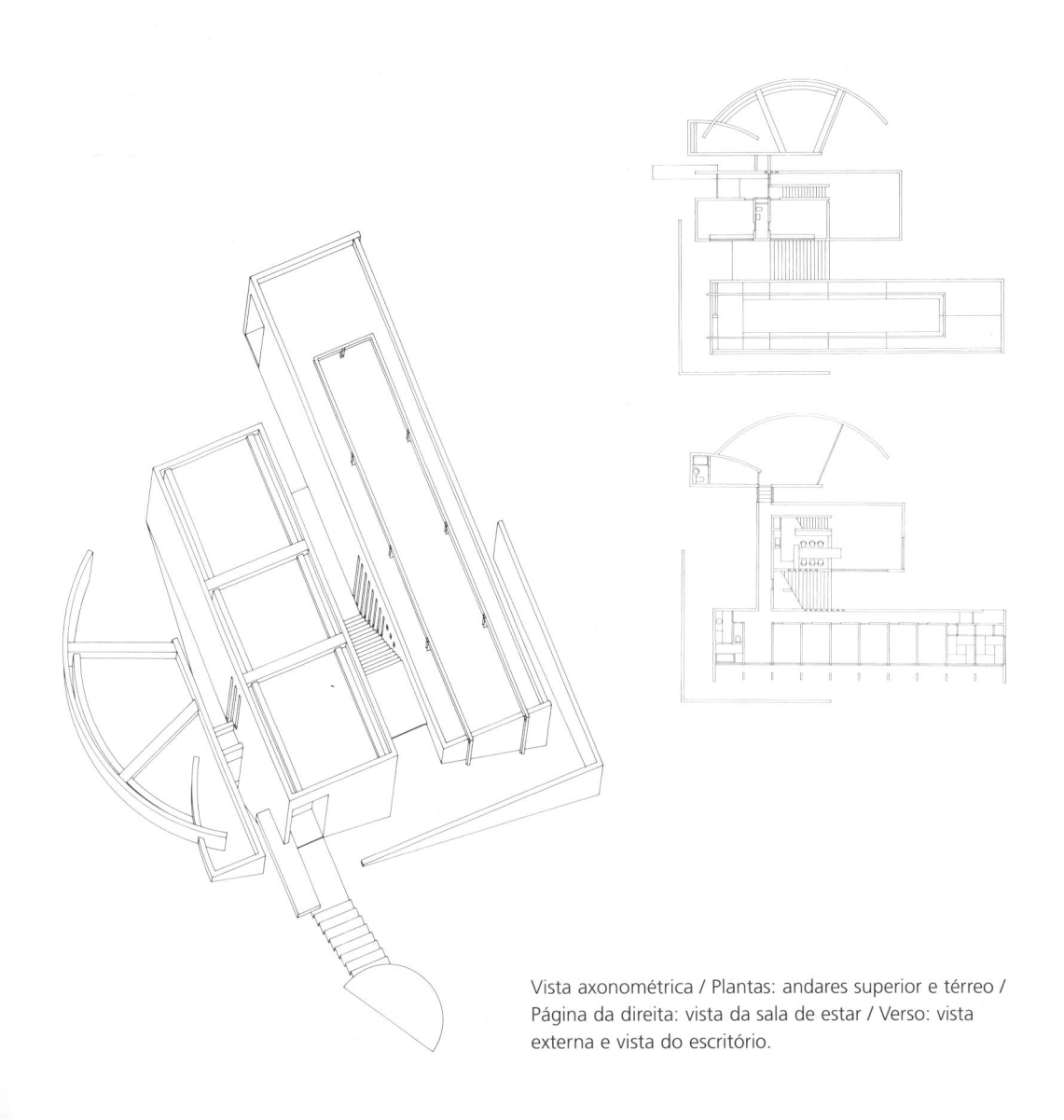

Vista axonométrica / Plantas: andares superior e térreo / Página da direita: vista da sala de estar / Verso: vista externa e vista do escritório.

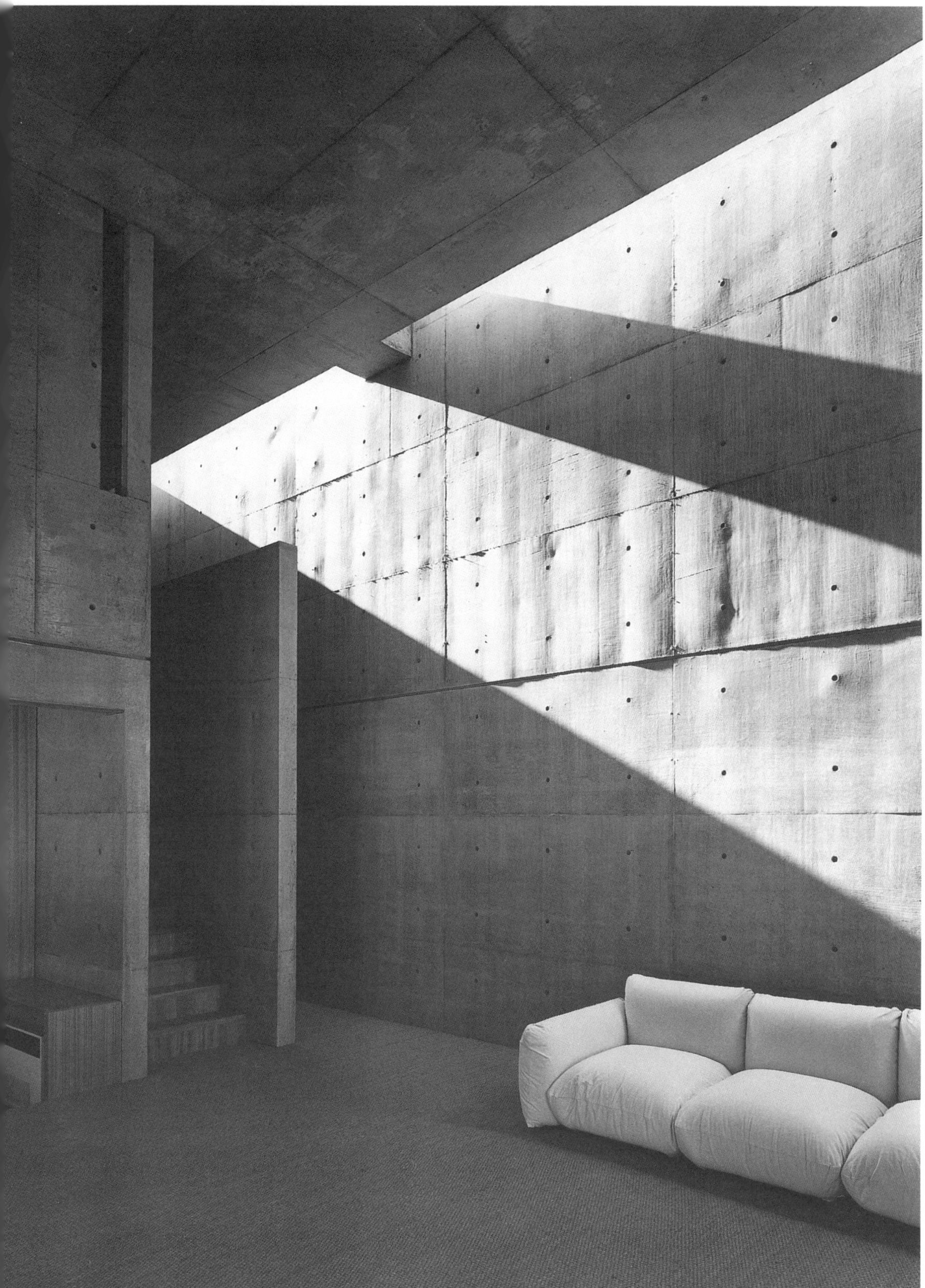

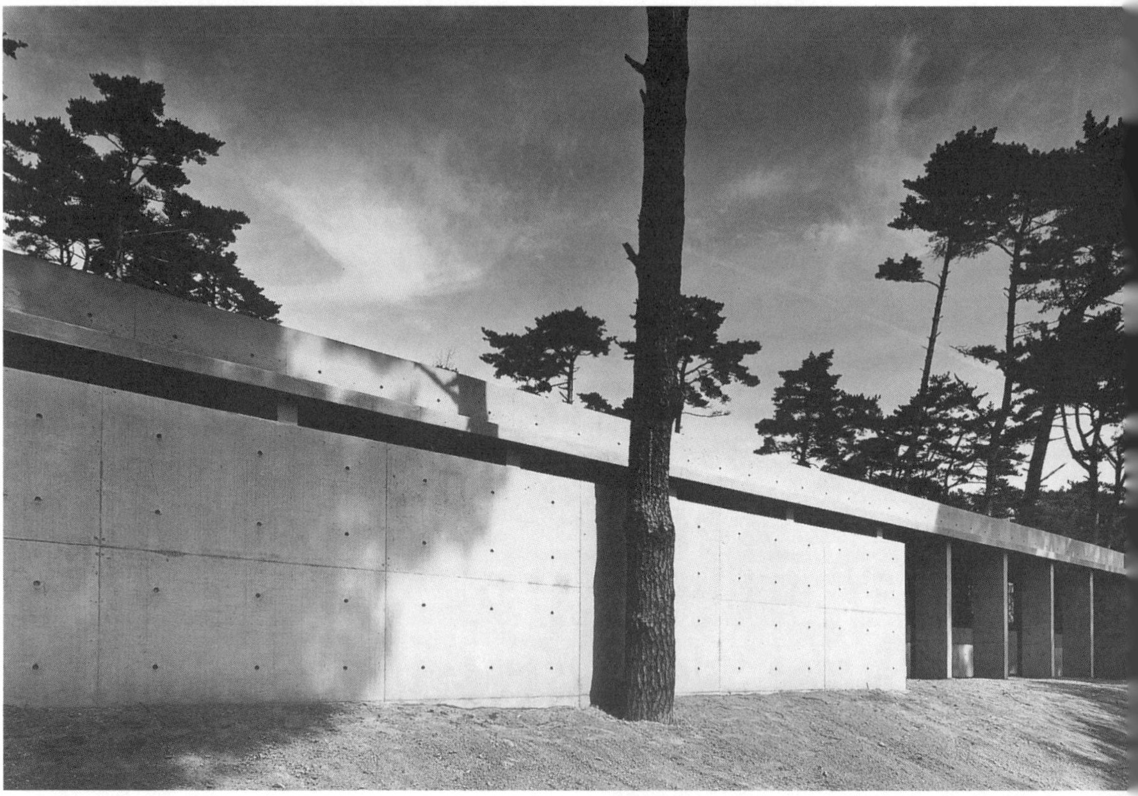

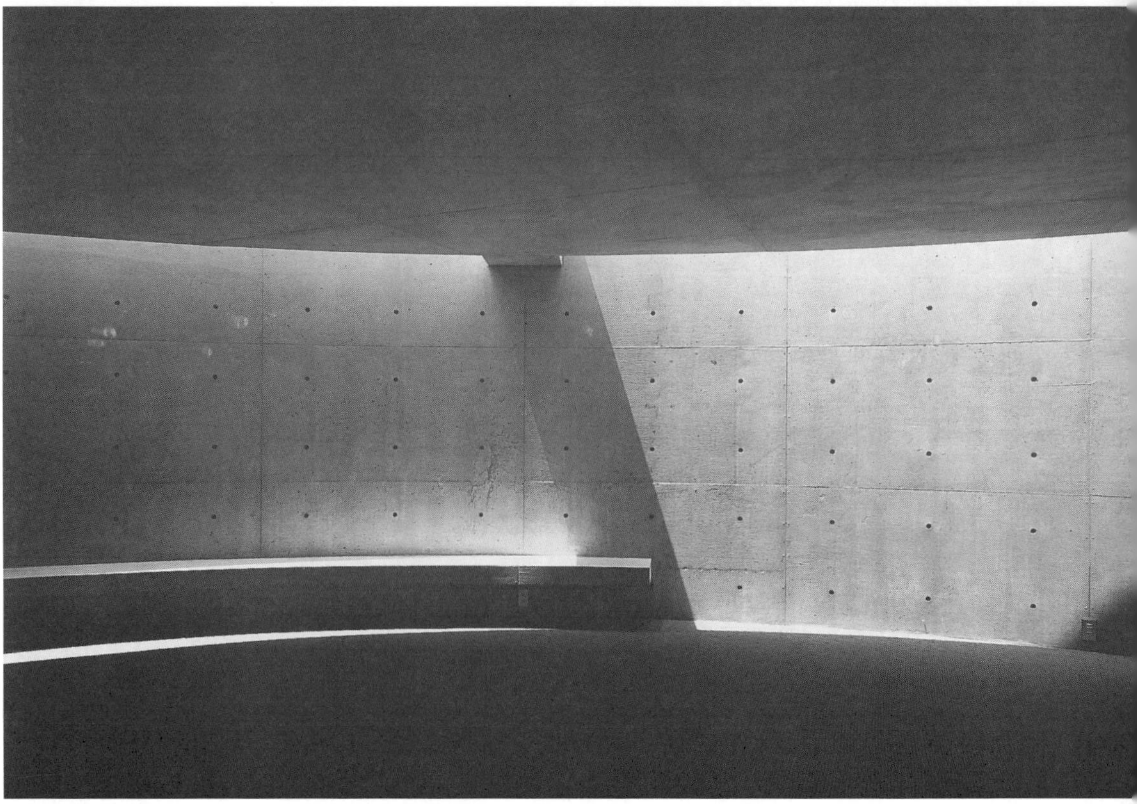

Conjunto Residencial Kojima 1980/81
Okayama

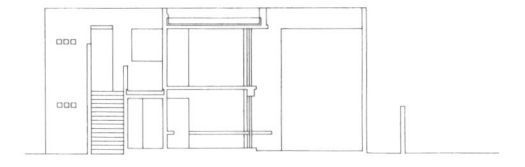

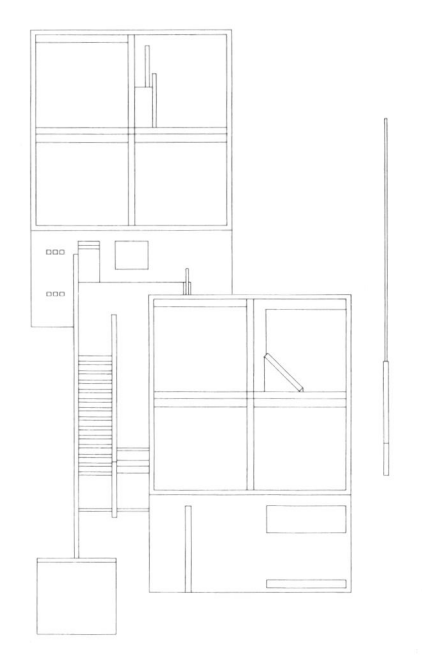

Corte / Vista axonométrica / Vista externa.

Casa Ishii 1980-82
Shizuoka

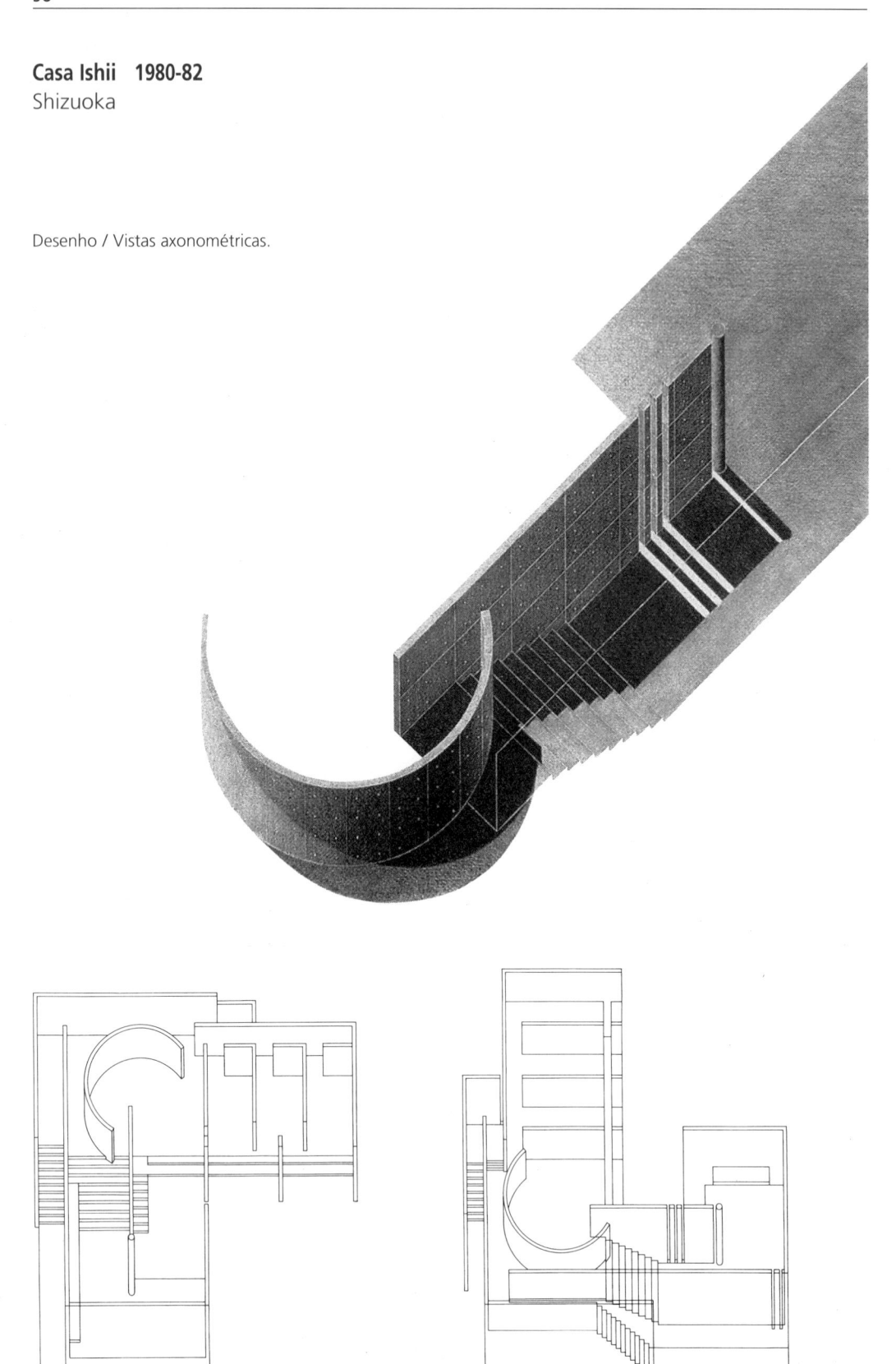

Desenho / Vistas axonométricas.

Conjunto Residencial Rokko I   1978-83
Kobe

O terreno é uma encosta de 60 graus, voltada para o sul, no sopé do monte Rokko, com uma vista panorâmica desde a baía de Osaka até o porto de Kobe. O prédio – um conjunto de vinte residências – é planejado em módulos simétricos de 5,7 m x 5,7 m, adaptado à inclinação em seu corte. À medida que o prédio sobe a encosta íngreme, introduz-se a assimetria na composição, deliberadamente produzindo vazios de espaço na forma de pátios e escadarias inter-relacionadas, que integram a forma total. O empilhamento angular das moradias contra a encosta também produz um terraço de perspectiva variada para cada unidade. A vida cotidiana das residências – cada uma das quais é singular em formato e tamanho – gira em torno do terraço, onde se infunde a presença da natureza.

Vista a distância / Verso: vista geral.

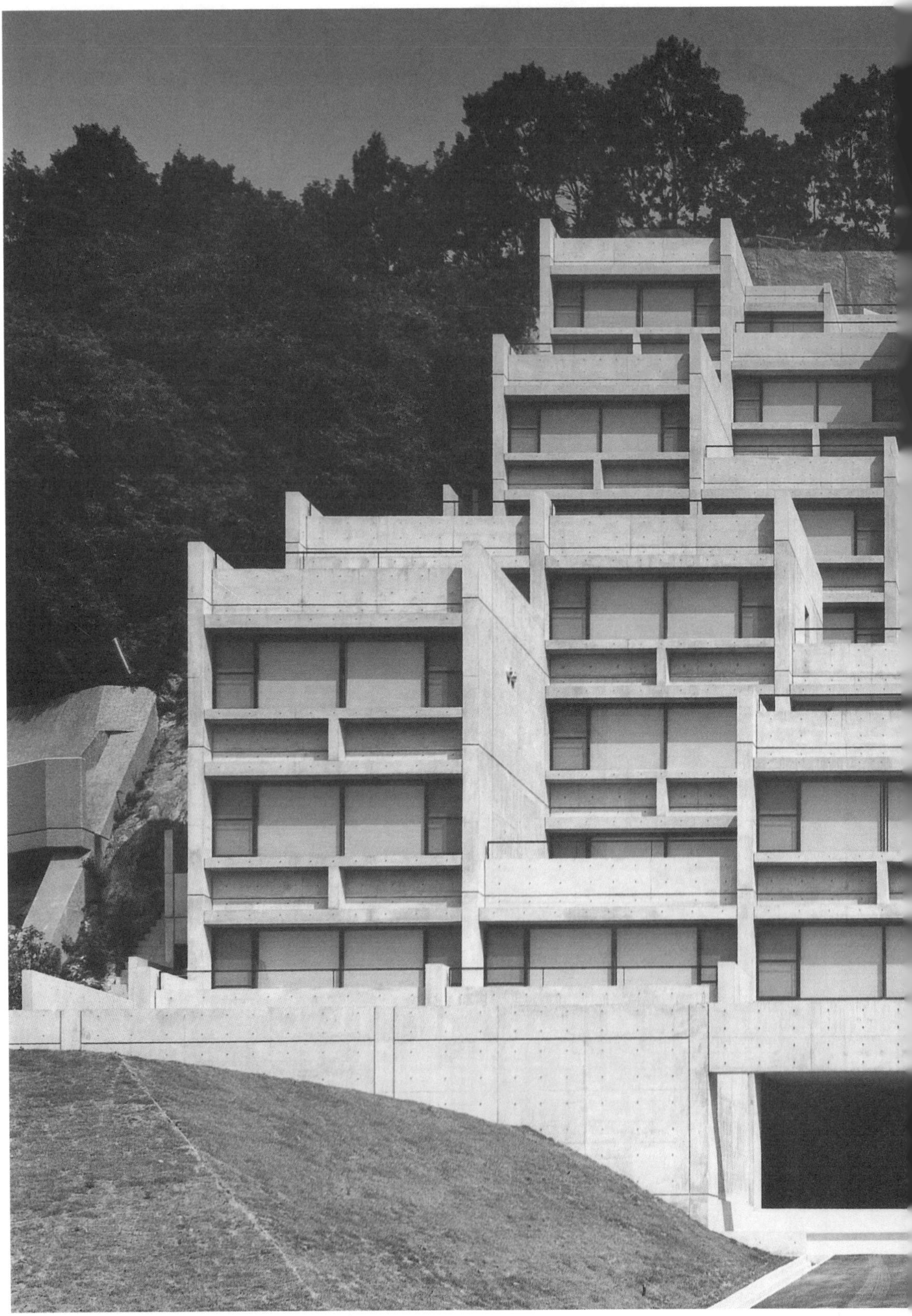

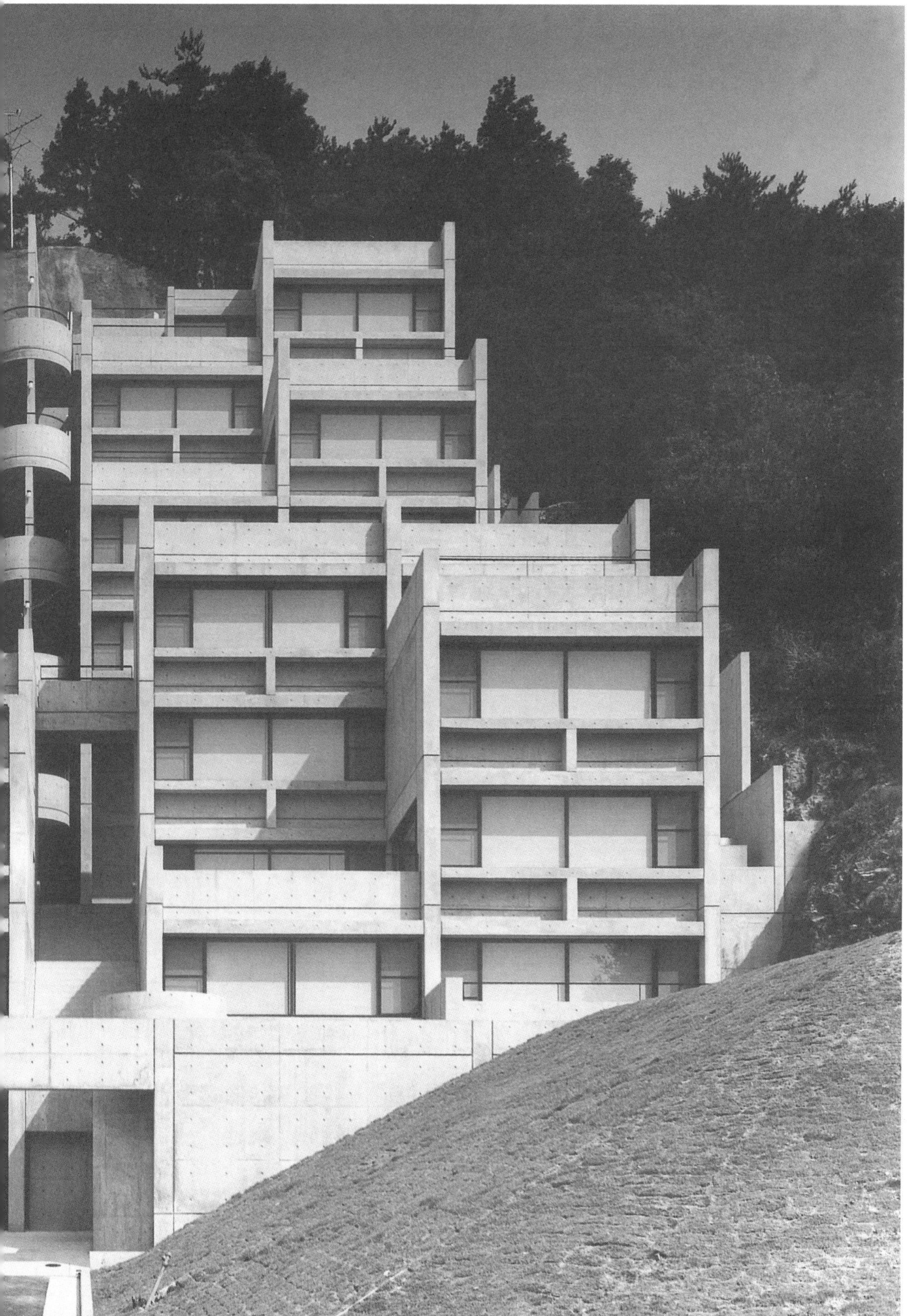

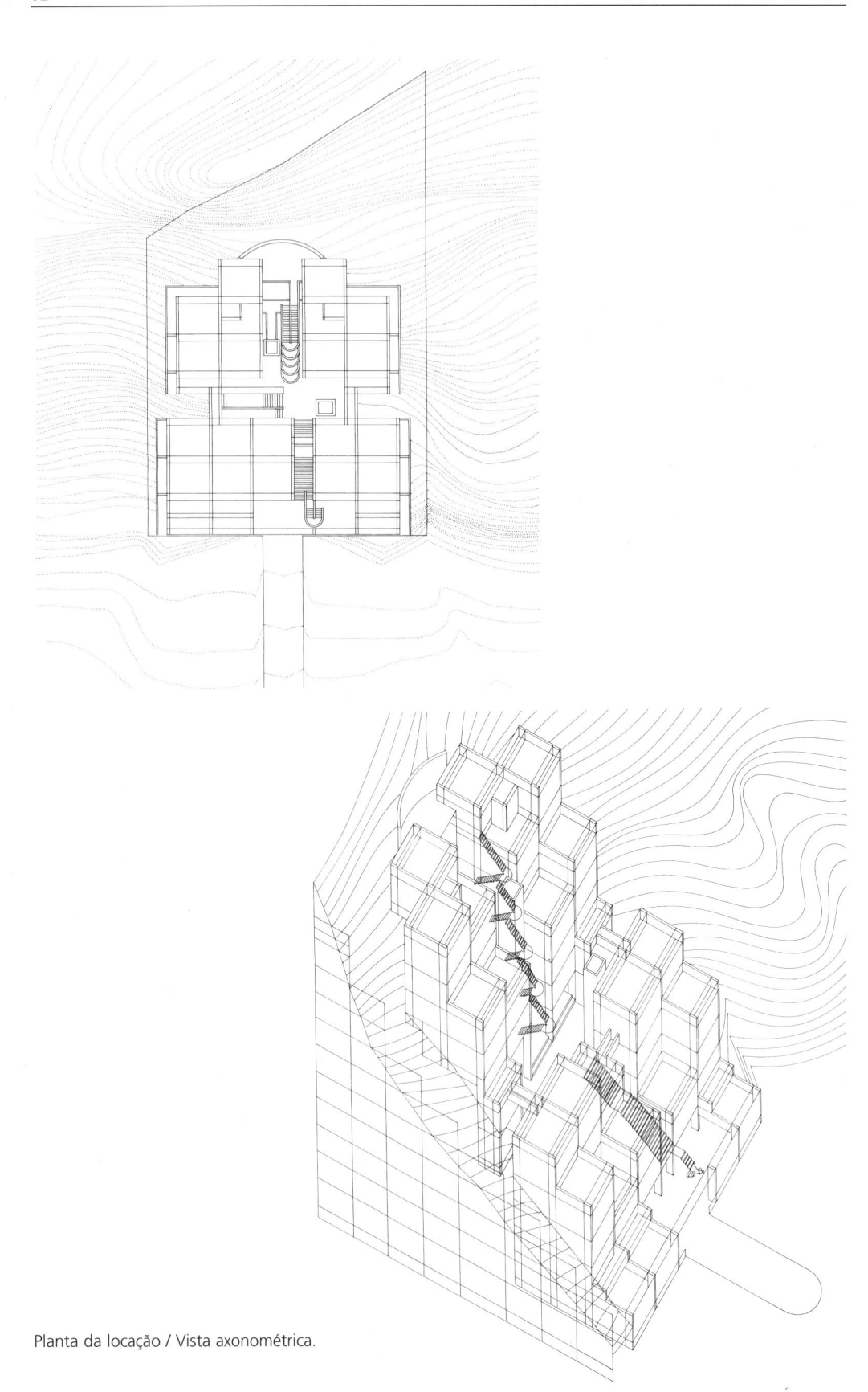

Planta da locação / Vista axonométrica.

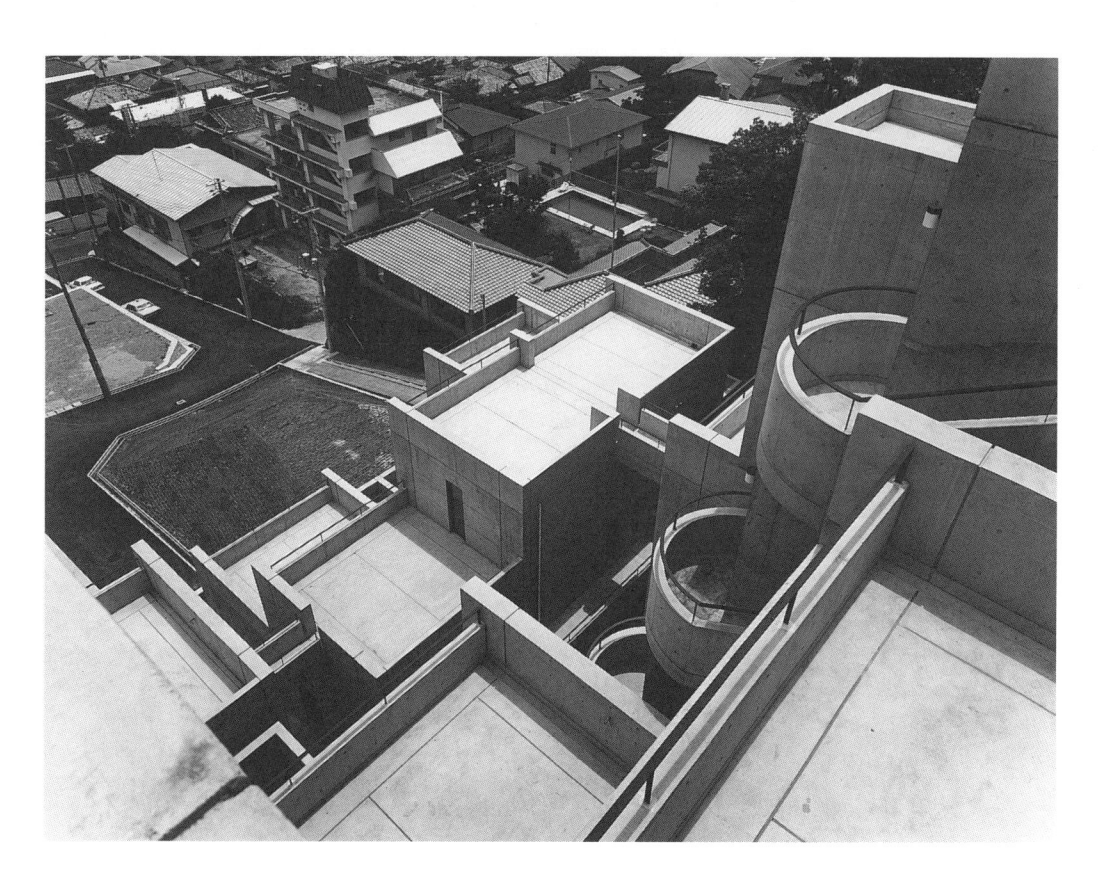

Vista dos terraços / Corte / Verso: vista do terraço a partir do interior e vista do pátio.

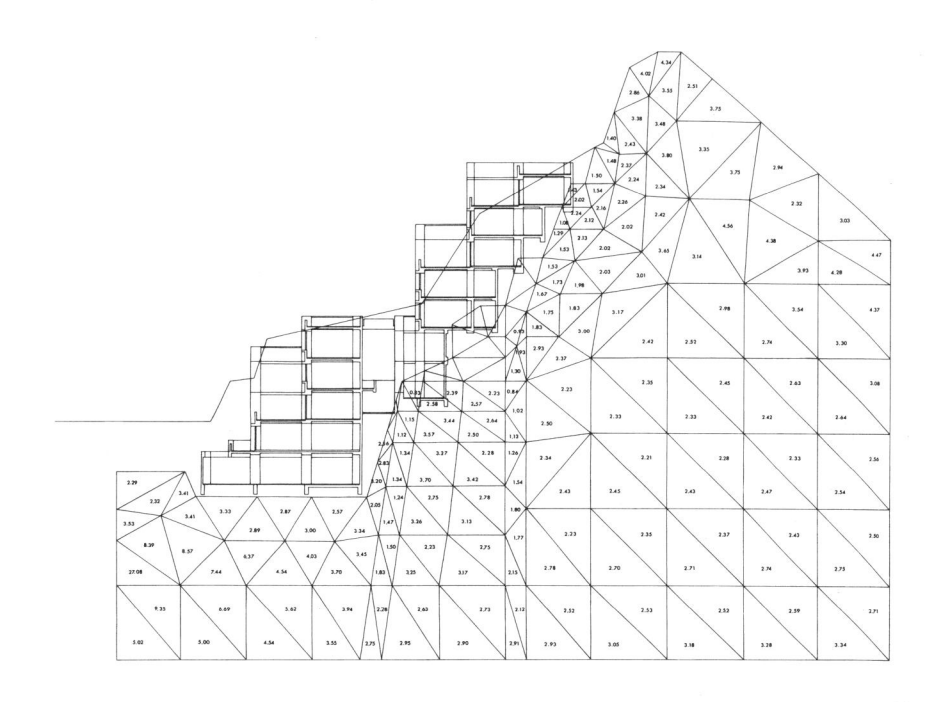

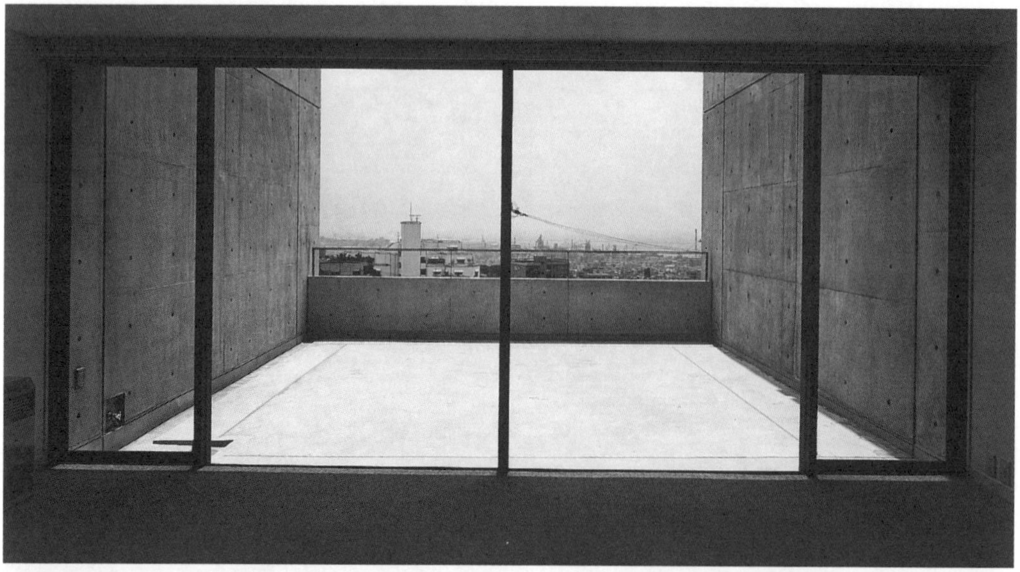

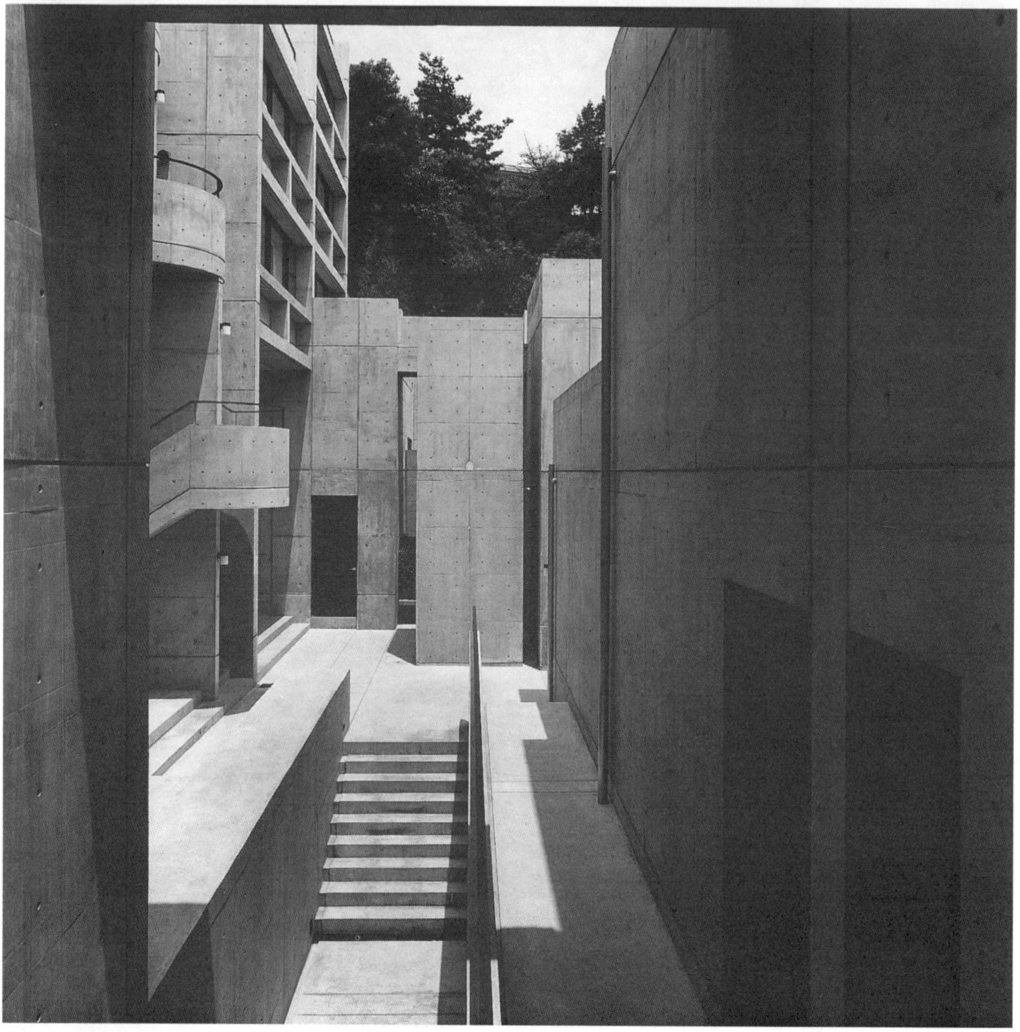

Casa Urbana, Kujo (Casa Izutsu)   1981/82
Osaka. Acréscimo 1990/91

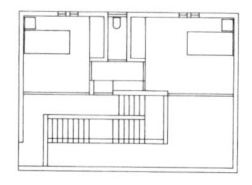

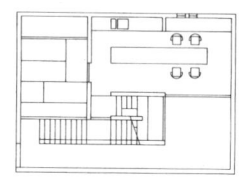

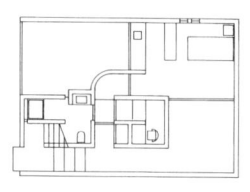

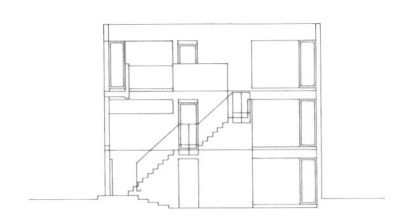

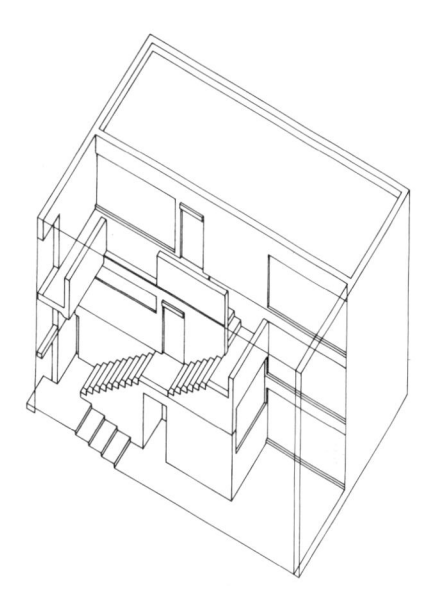

Plantas: segundo andar, primeiro andar e térreo / Corte / Vista axonométrica / Vista da escadaria.

Casa Umemiya 1981-83
Kobe

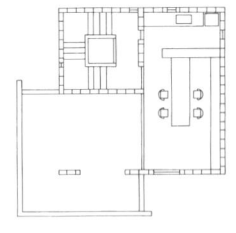

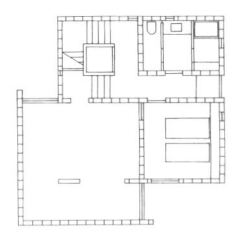

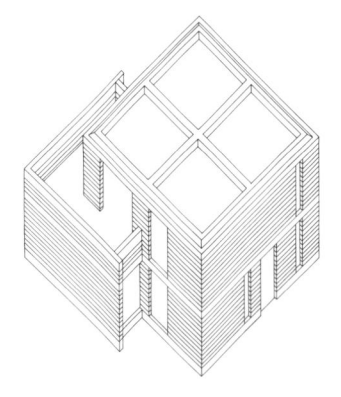

Plantas dos andares superior e térreo / Vista axonométrica / Vista geral.

Casa Akabane 1981/82
Tóquio

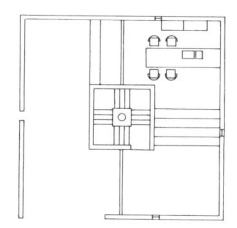

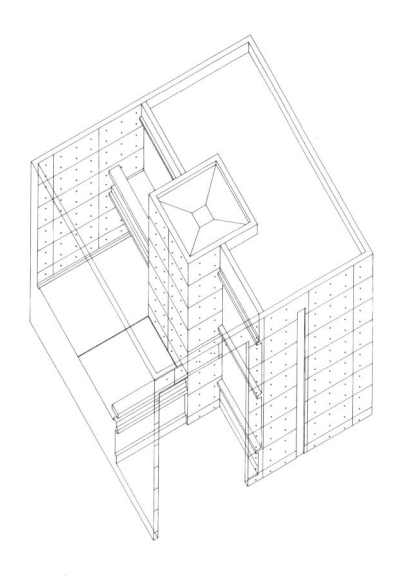

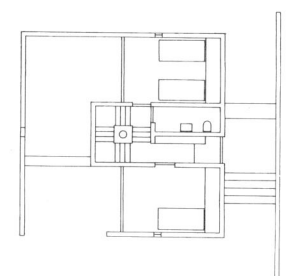

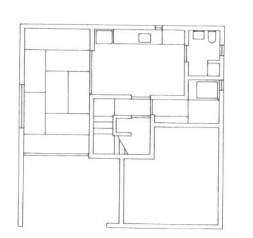

Plantas: segundo andar, primeiro andar e térreo / Vista axonométrica / Vista externa.

Casa Kaneko 1982/83
Tóquio

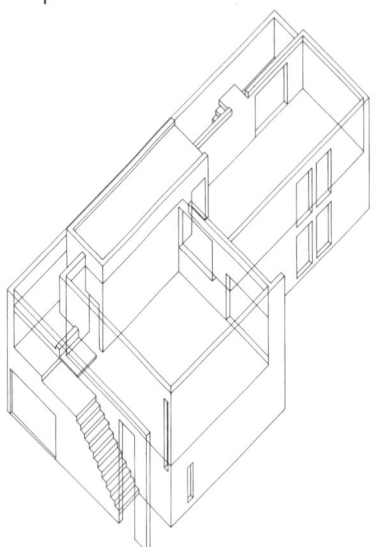

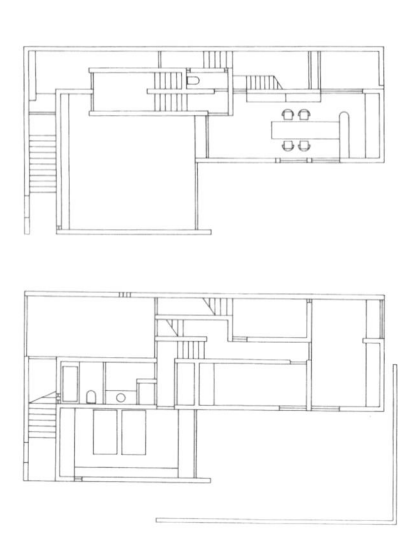

Vista axonométrica / Plantas dos andares superior e térreo / Escadaria.

Casa Iwasa 1982-84
Hyogo. Acréscimo 1989/90

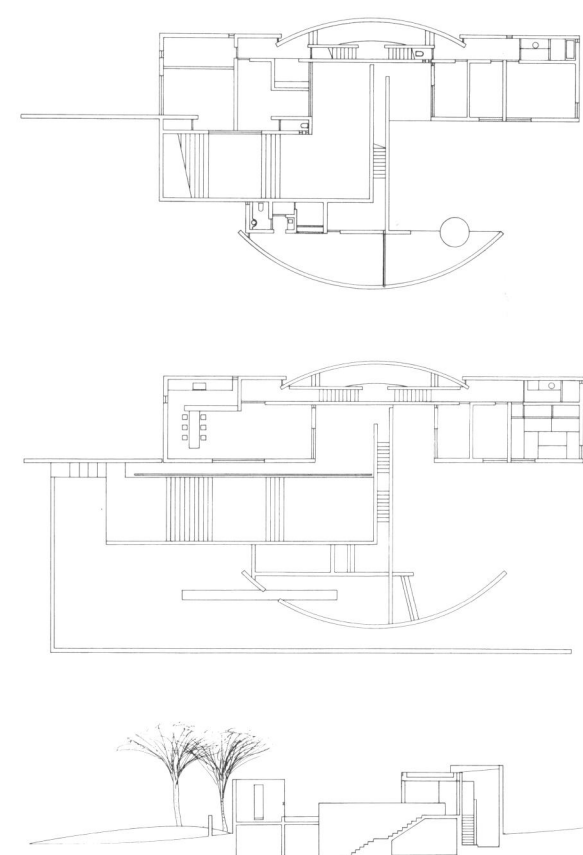

Fachada vista da rua / Plantas dos andares superior e térreo / Corte.

Casa Hata   1983/84
Hyogo

Vista axonométrica / Corte transversal / Corte longitudinal / Plantas: andar superior, térreo e subsolo / Página da direita: vista aérea e vista do terraço / Verso: vista externa.

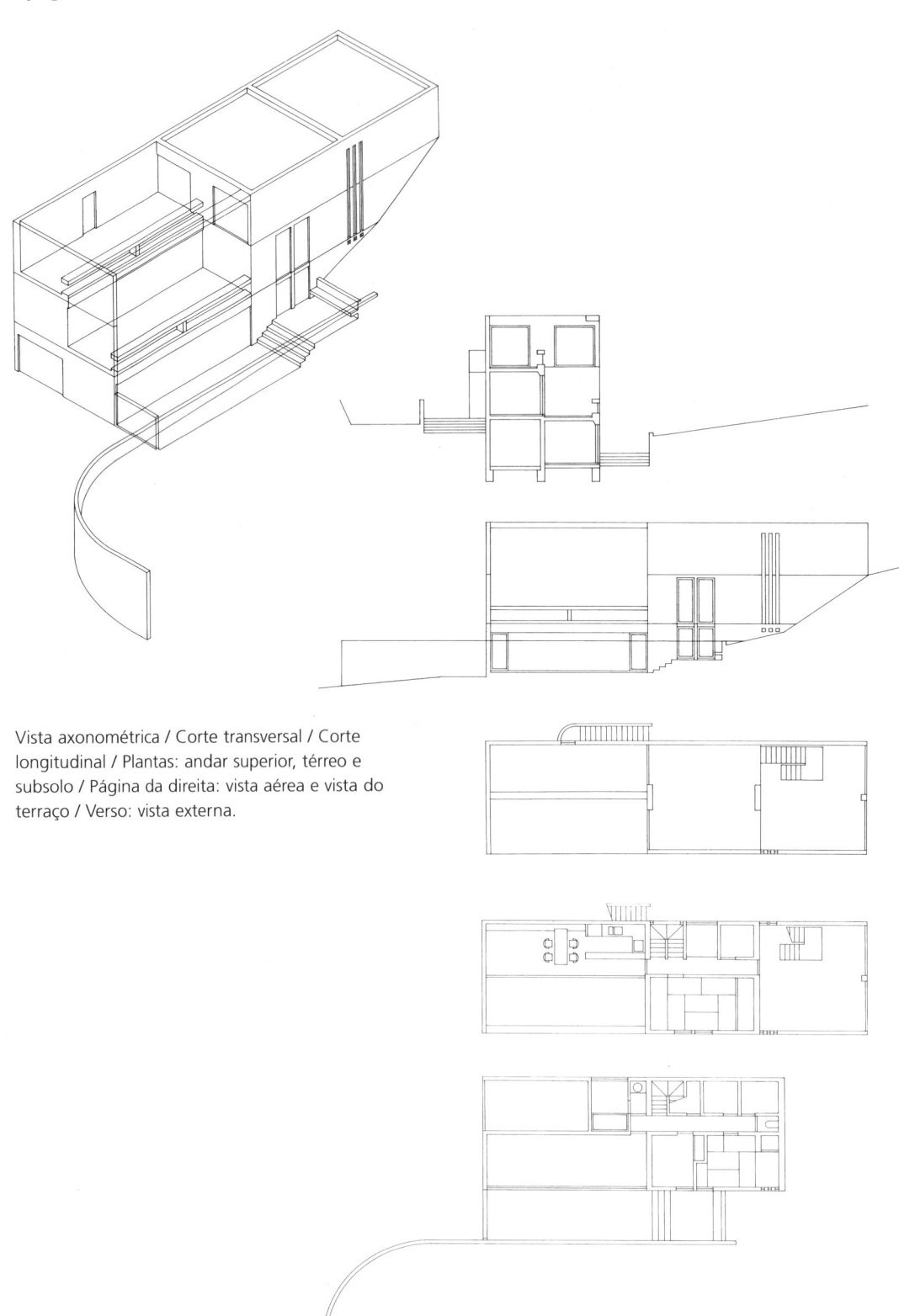

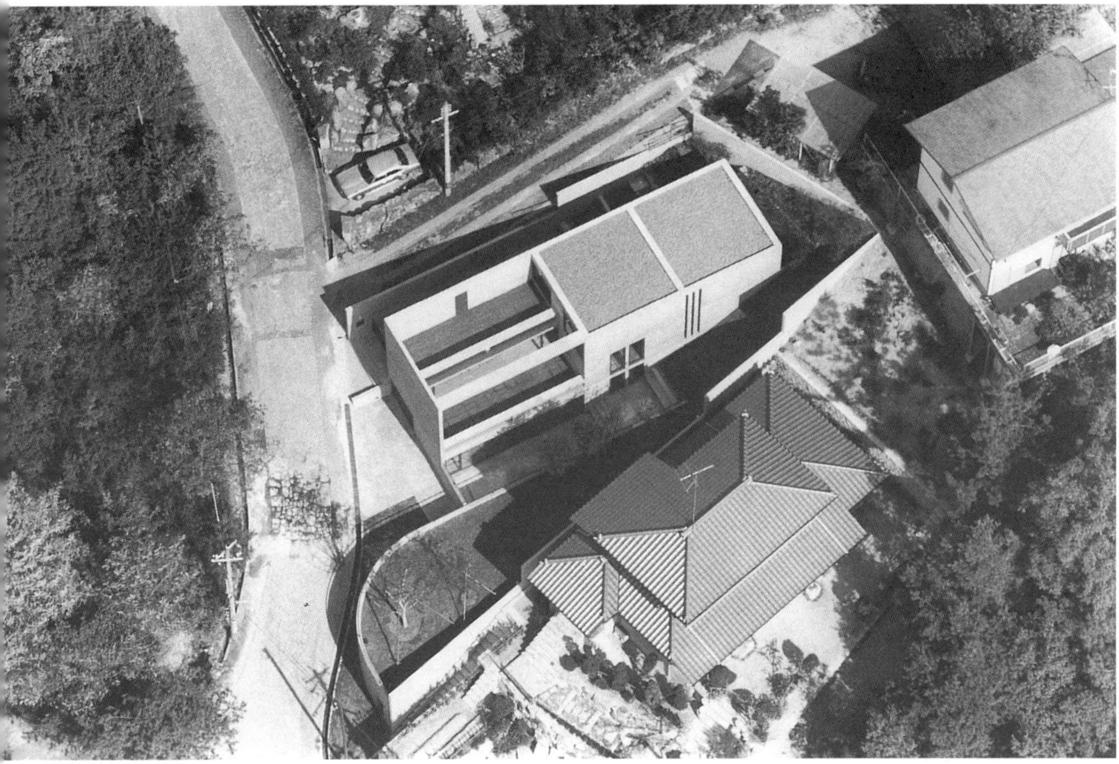

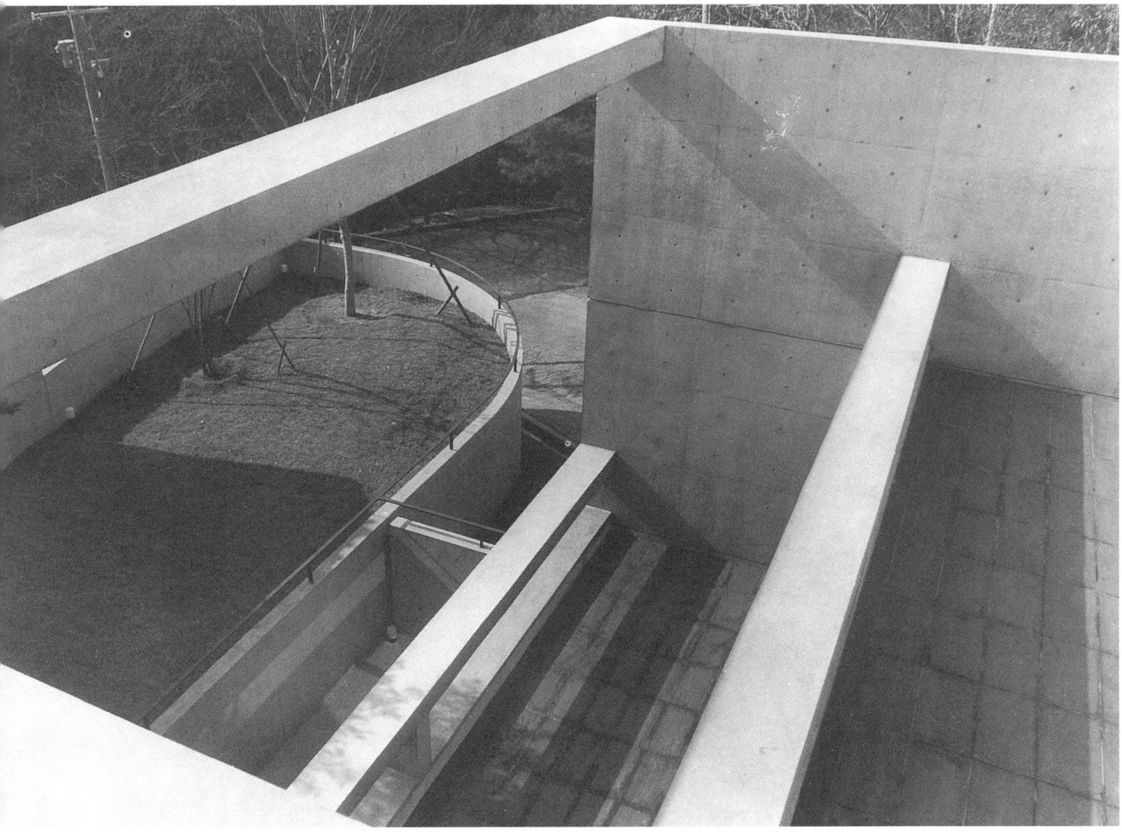

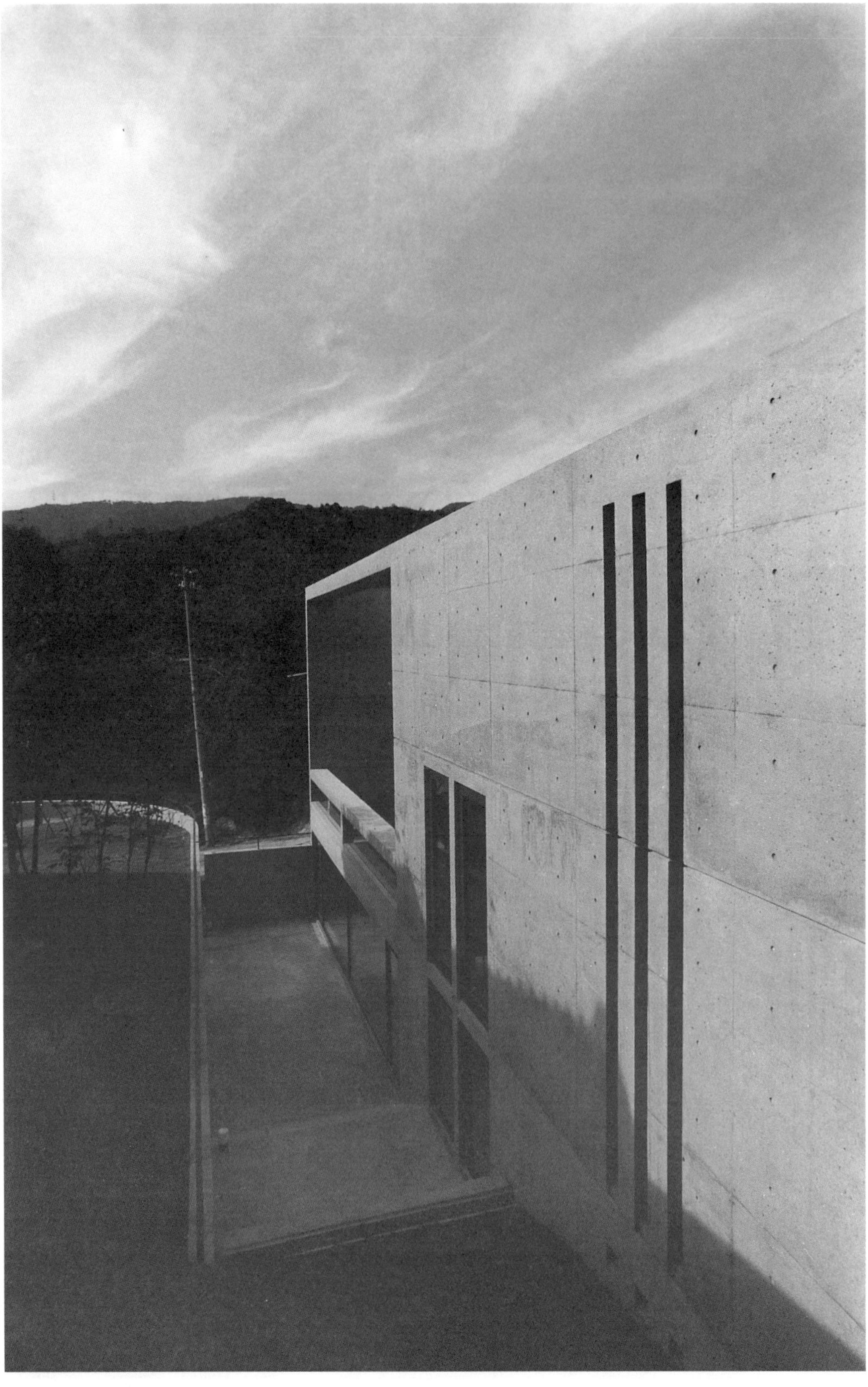

Casa Nakayama   1983-85
Nara

Um volume linear, de orientação norte-sul, num sistema residencial escalonado, esta casa tem paredes de concreto para romper a monotonia das cercanias e para isolar o seu território. O prédio é um volume retangular de dois níveis, dividido por igual ao longo de seu comprimento, com uma metade do volume formando um pátio aberto. A outra metade contém os principais elementos da casa e é dividida por igual através de sua largura. O andar térreo acomoda uma sala de estar e uma sala de jantar, sendo o nível superior ocupado por uma sala e um quarto em estilo japonês, em uma metade, e um terraço aberto na outra. O terraço liga-se ao pátio por uma escada descoberta, dando à casa um espaço externo tridimensional.

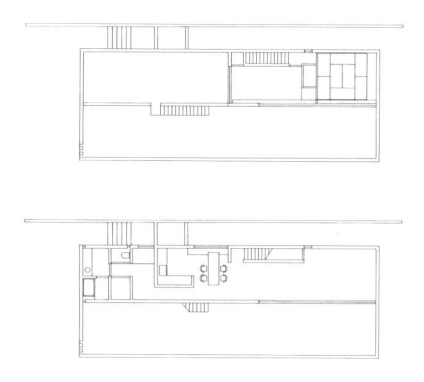

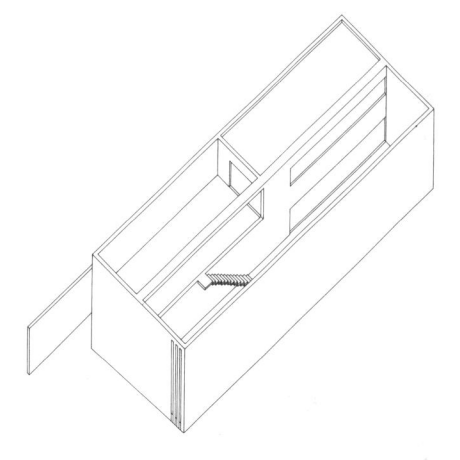

Plantas: andares superior e térreo / Vista axonométrica / Pátio.

Casa Hattori 1984/85
Osaka

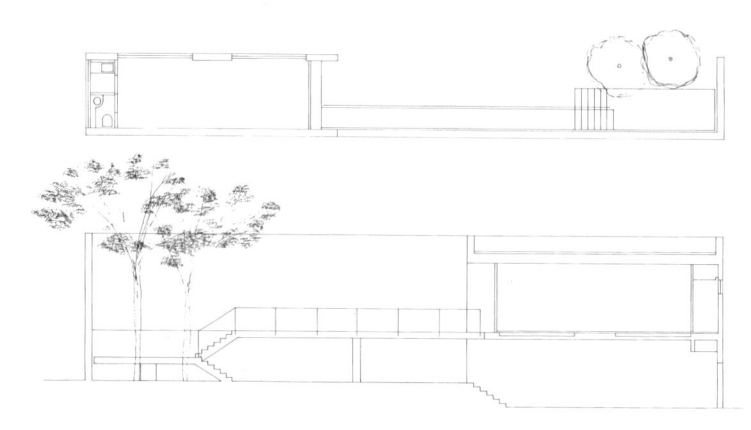

Pátio visto de dentro da casa / Planta e corte.

Casa Sasaki   1984-86
Tóquio

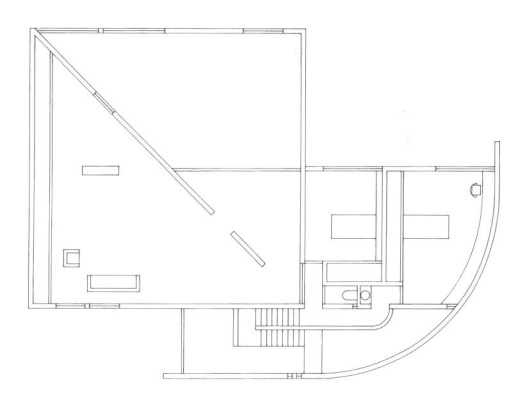

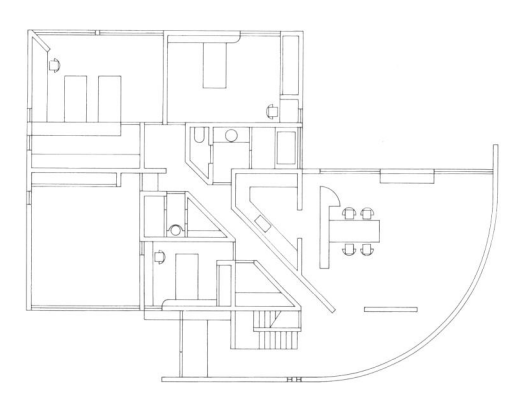

Vista externa geral / Plantas dos andares superior e térreo.

Casa Kidosaki   1982-86
Tóquio

Localizada num tranqüilo subúrbio residencial, esta casa para três famílias acomoda um casal e seus pais – projetada como uma unidade de múltiplas residências que fornece aos ocupantes privacidade em suas habitações e companhia em suas atividades diárias. O prédio consiste de um volume cúbico, com um muro ao longo do limite da propriedade. O volume cúbico ocupa uma posição quase central no terreno, produzindo espaços externos perimetrais de caráter tridimensional, que formam uma zona de isolamento ao redor das vidas das famílias, fornecendo ao mesmo tempo um território comunitário.

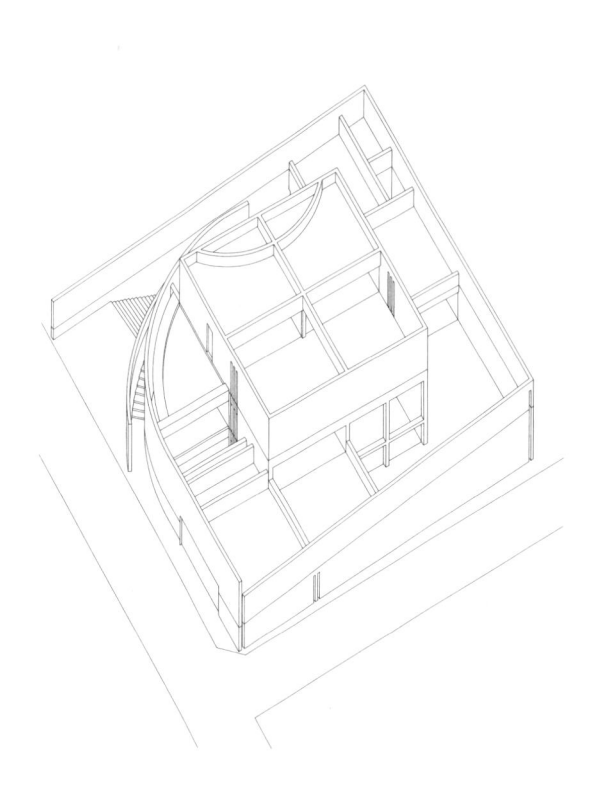

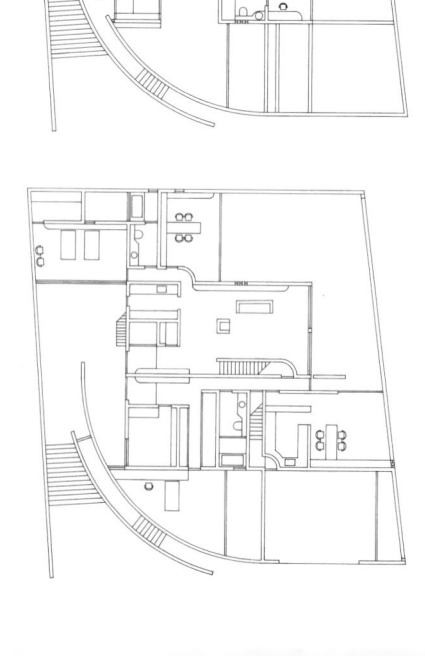

Vista axonométrica / Plantas: segundo andar, primeiro andar e térreo / Página da direita: vista do pátio / Verso: fachada com vista do interior.

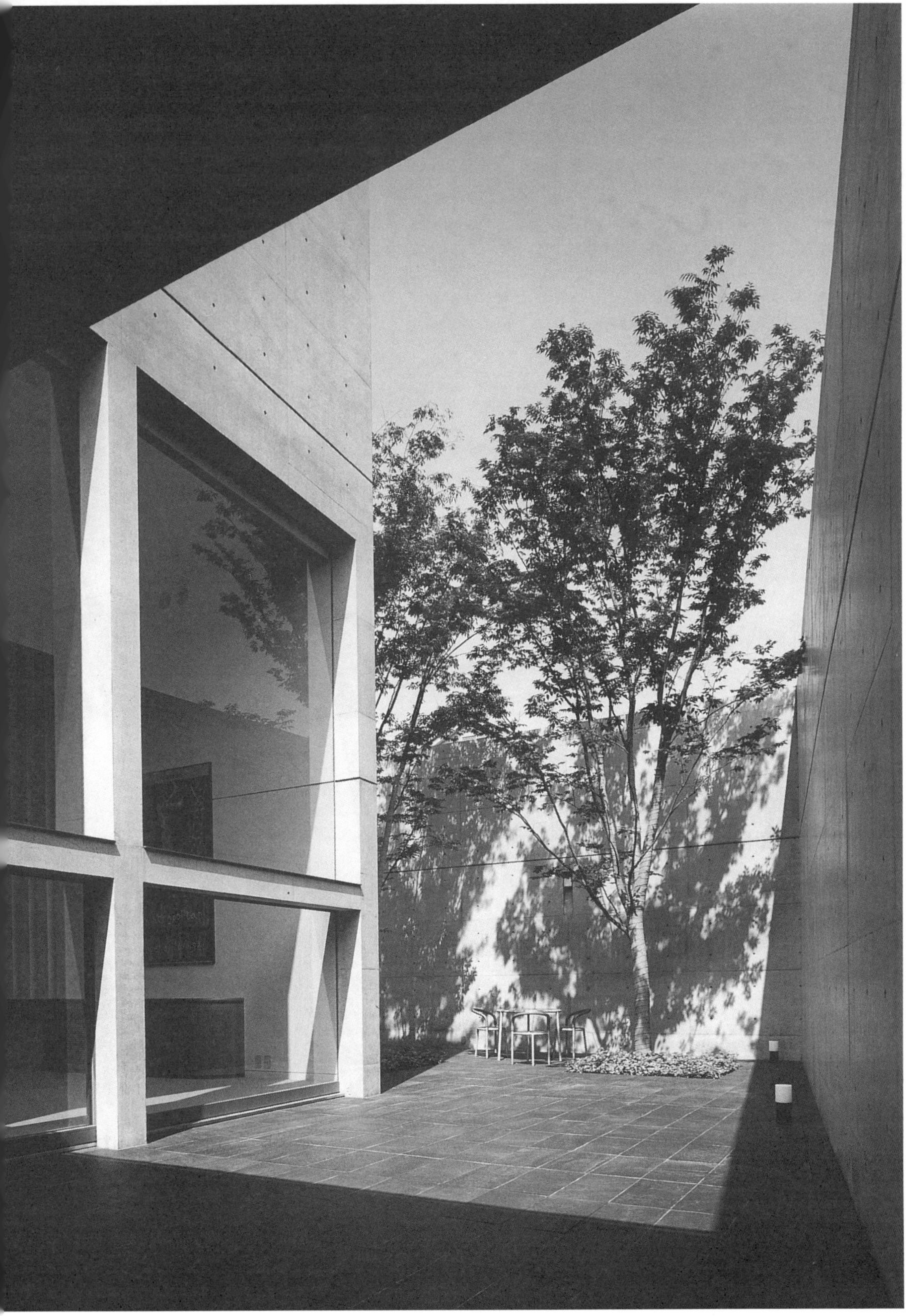

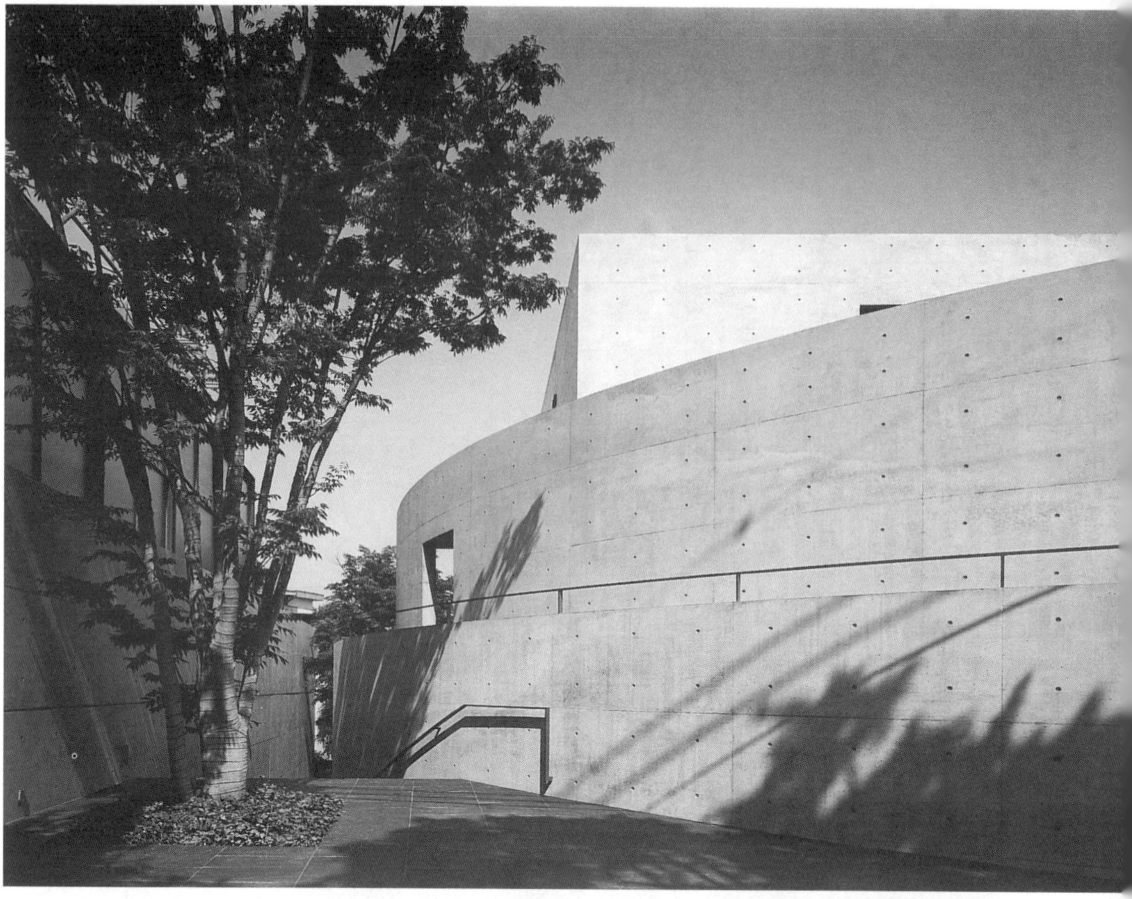

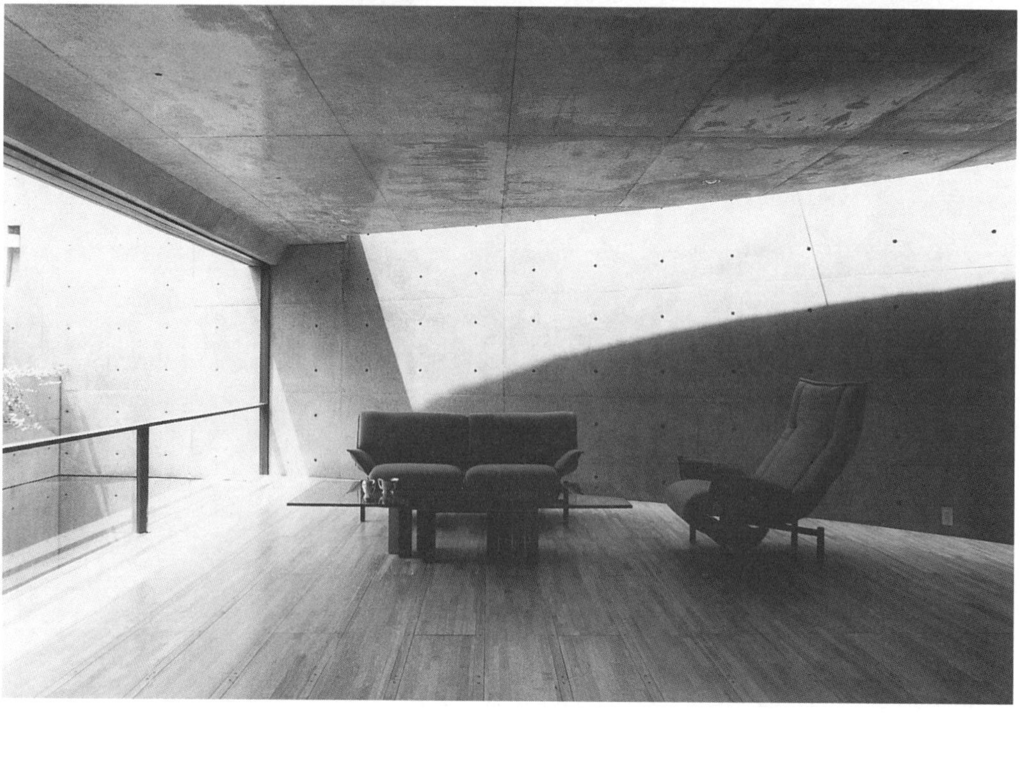

Casa Ogura 1983-88
Nagoya

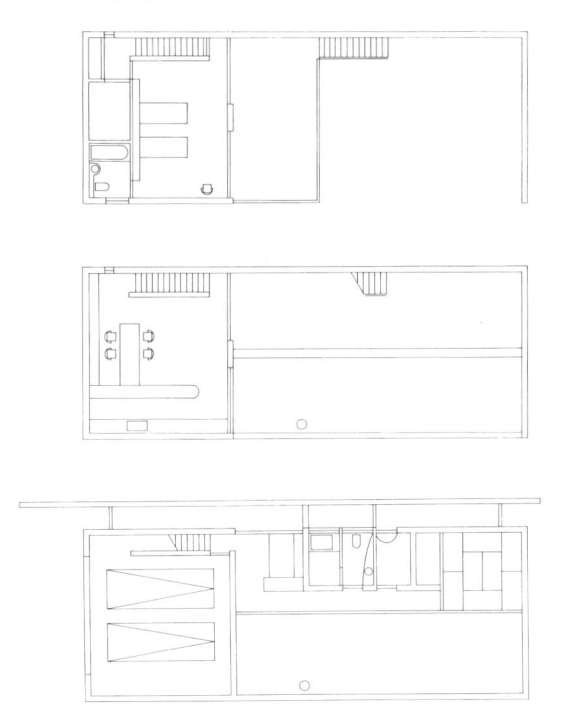

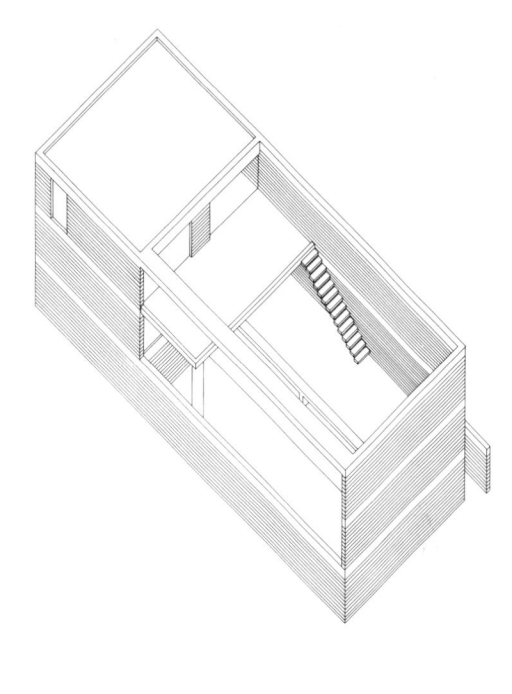

Plantas: segundo andar, primeiro andar e térreo /
Vista axonométrica / Vista do terraço.

Casa I 1985-88
Hyogo

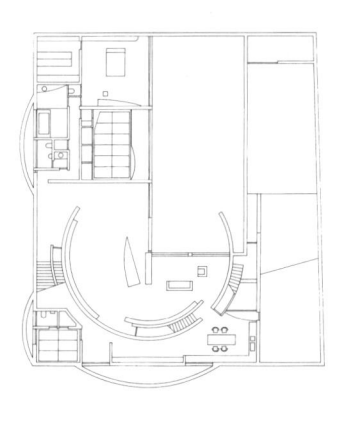

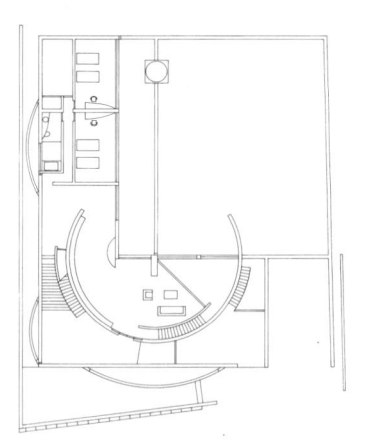

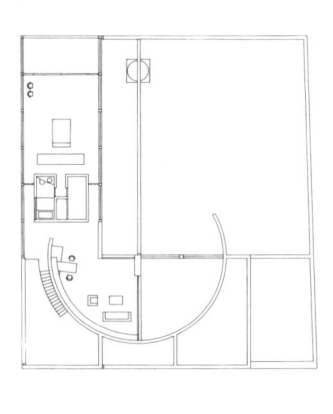

Vista do último andar / Plantas: subsolo, andares
térreo e superior / Página da direita: vistas externa
e axonométrica.

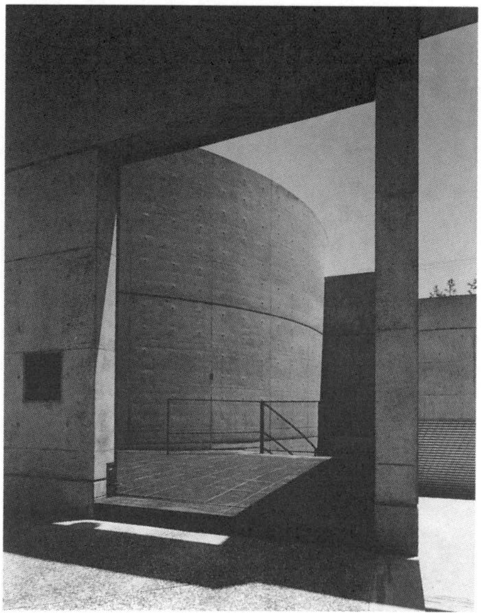

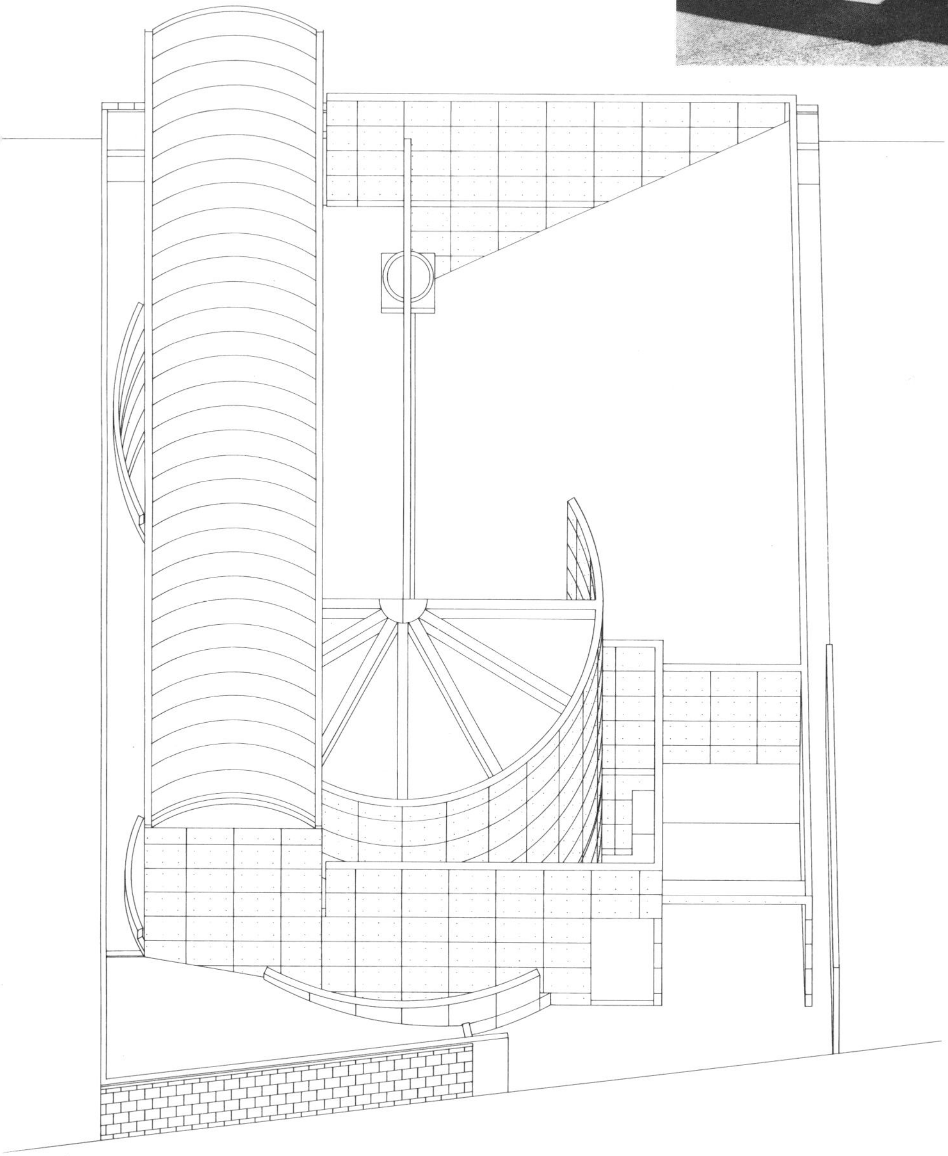

Casa Ito 1988-90
Tóquio

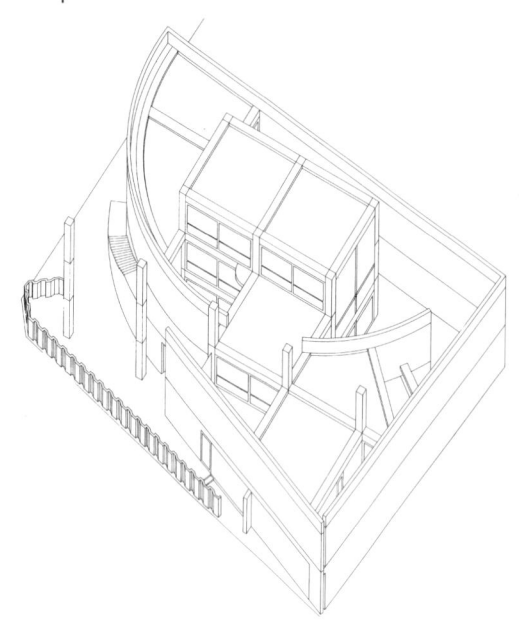

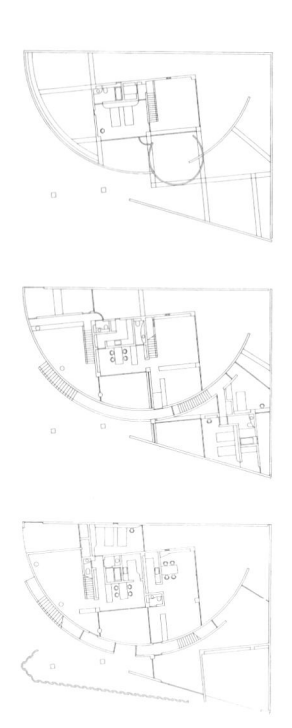

Vista axonométrica / Plantas: andares superior
e térreo, subsolo / Vista externa.

Conjunto Residencial Rokko II 1985-93
Kobe

Após a conclusão do Conjunto Residencial Rokko em 1983, considerei a idéia de construir um segundo conjunto residencial em um terreno adjacente. Embora o Conjunto Residencial Rokko II ocupe a mesma encosta de 60 graus que o Rokko I, este conjunto, que compreende 50 unidades, tem aproximadamente três vezes a área do terreno e quatro vezes a área do pavimento térreo. O edifício obedece a módulos uniformes de 5,2 m por 5,2 m e consiste em três agrupamentos de residências conjugados porém distintos, ocupando cada residência cinco unidades quadradas. A adaptação da estrutura uniforme às irregularidades da encosta gerou assimetria tanto na planta como no corte e introduziu uma complexidade no espaço que, de outra maneira, teria caído na homogeneidade. Conforme uma expressão direta da intenção arquitetônica de Ando, ele procurou expressar uma relação mais lúcida entre edifício e natureza.

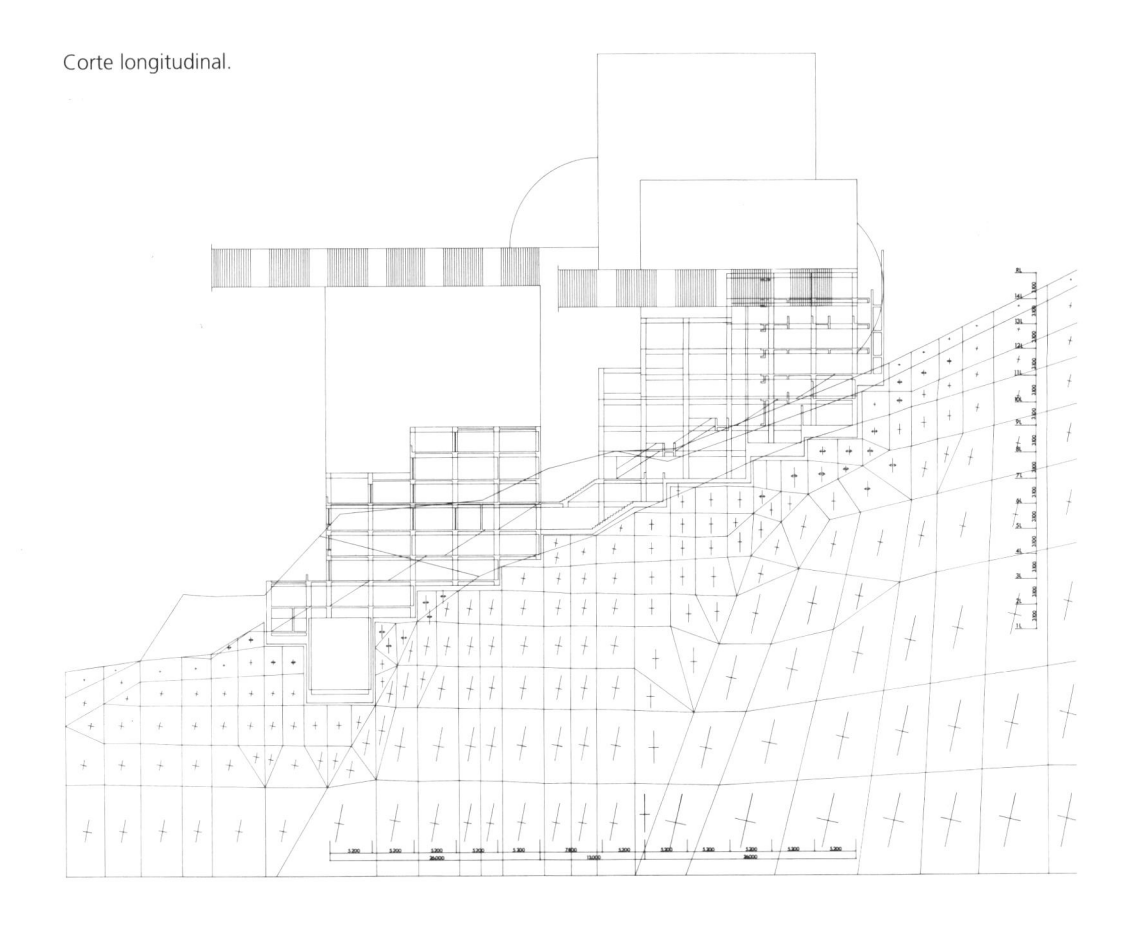

Corte longitudinal.

Vista aérea geral.

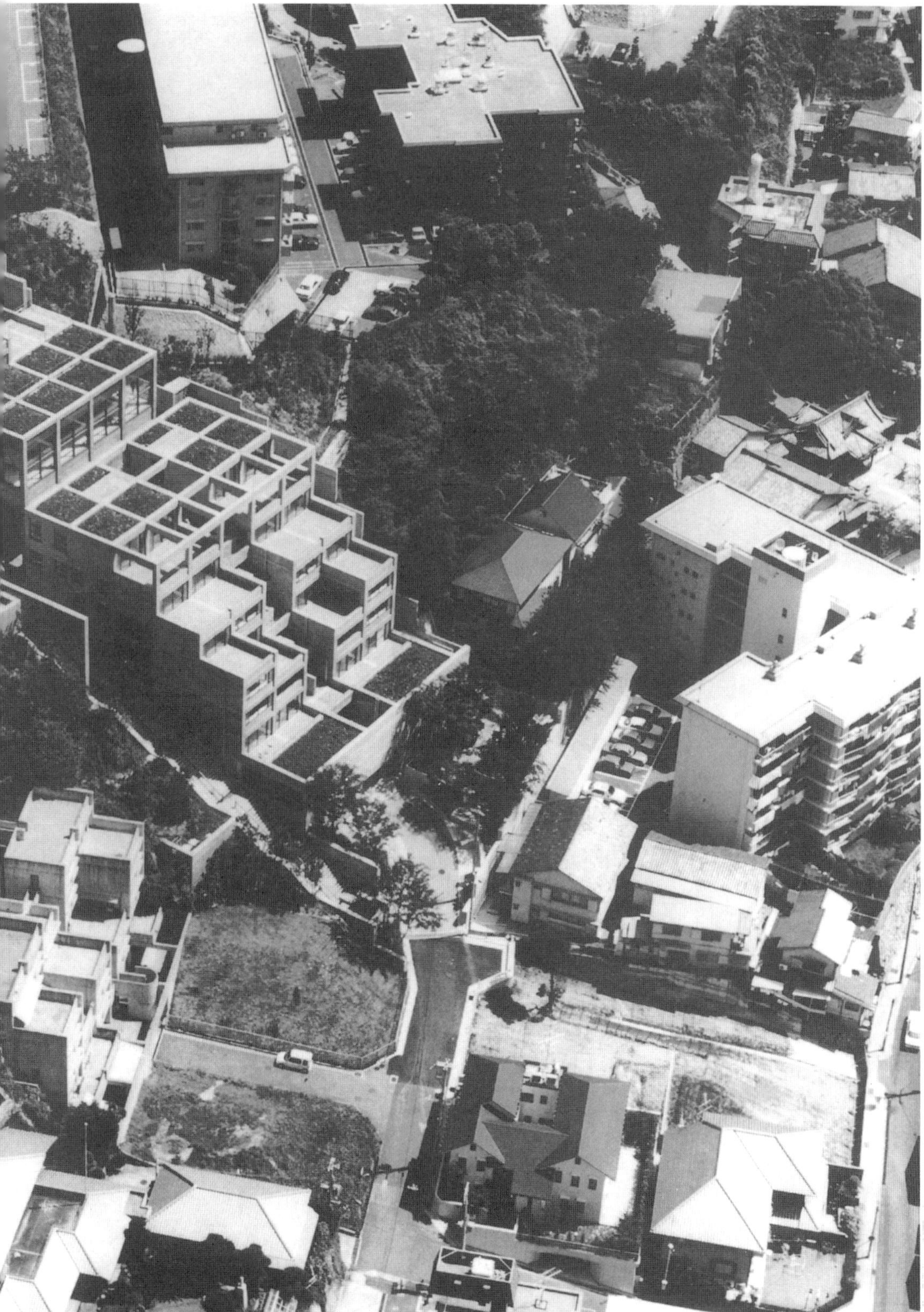

Vista do interior.
Praça central.

Casa Lee   1991-93
Tóquio

Esta é uma residência particular, localizada nos subúrbios do cinturão metropolitano. Pequenos pátios ajardinados de características variadas aparecem em diferentes níveis do interior da casa, garantindo a cada pátio um domínio distinto e, ao mesmo tempo, conferindo diversidade ao espaço externo que a circunda. O andar térreo acomoda as salas de estar e de jantar, onde a família se reúne; quartos individuais estão dispostos nos andares superiores. O jardim introduz a natureza na vida dos moradores e mantém a privacidade ao restringir a visão do exterior.

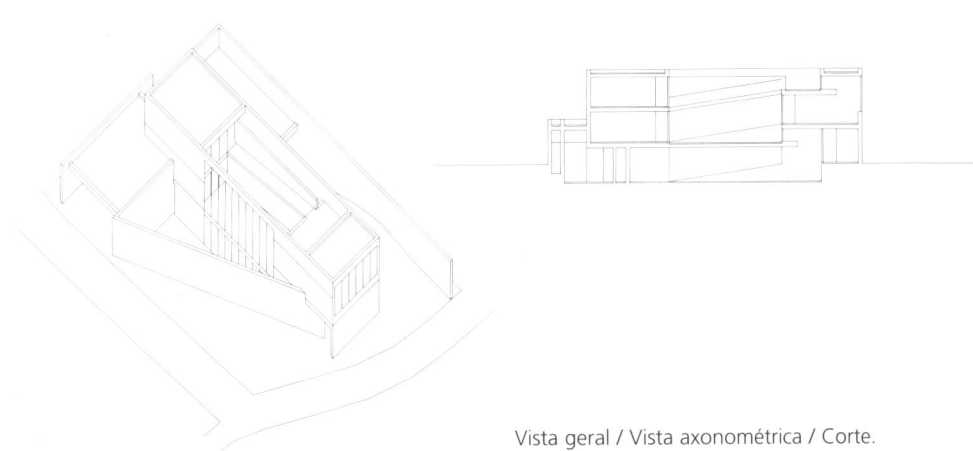

Vista geral / Vista axonométrica / Corte.

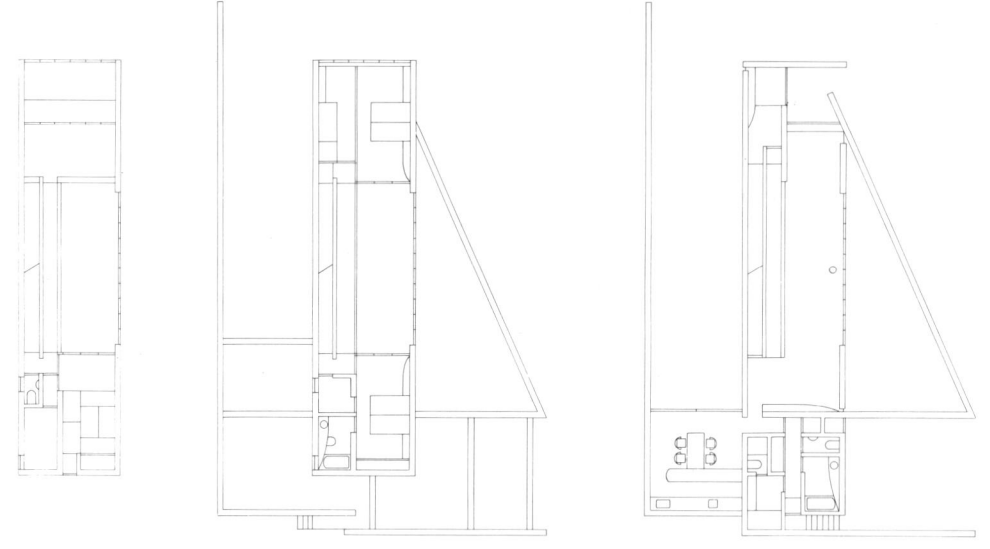

Vista do interior / Planos: andar térreo, andar superior e segundo andar.

Casa em Nihonbashi (Casa Kanamori)   1993/94
Osaka

Localizada num próspero bairro comercial de Osaka, a área é uma mistura confusa de lojas, restaurantes e velhas residências. Embora desordenado, o panorama da cidade está impregnado de uma energia urbana caótica. Como é comum nessa área, o local tem uma fachada estreita e recuada. Ando concentrou-se em criar, num local limitado e com arredores caóticos, um espaço residencial que fosse capaz de tornar mais rica a vida cotidiana. O prédio – encurralado entre prédios vizinhos e ocupando um terreno extremamente estreito de 2,9 m por 15 m – tem quatro andares. Uma loja ocupa o primeiro andar, enquanto o segundo e o terceiro são residenciais. Como se fossem fendas, dois vãos verticais interiores penetram o espaço monofuncional simples da residência. Todas as salas estão voltadas para essas fendas, porém cada uma se abre tanto para a natureza quanto para a vitalidade da cidade.

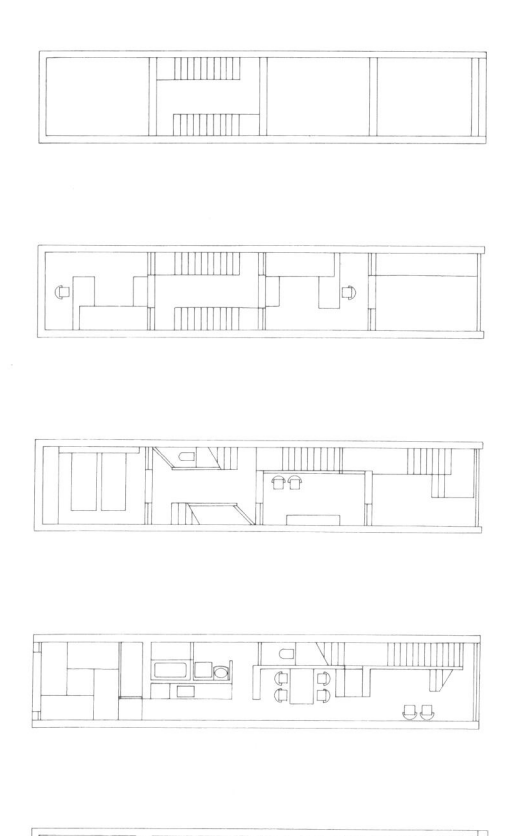

Planos: andar térreo, andar superior, segundo andar, terceiro andar, cobertura / Fachada.

Vista do interior / Elevação / Corte / Pátio.

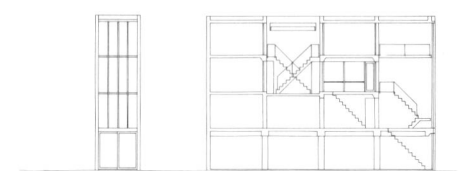

Conjunto Residencial Rokko III 1992-
Kobe

Este é o terceiro projeto para o Conjunto Residencial Rokko. Rokko I e Rokko II foram projetados em colinas íngremes; este se localiza atrás do Conjunto Residencial Rokko II num terreno que avança de uma encosta até um platô. Foi projetado como uma continuação do eixo de Rokko II, embora seja três vezes maior. Amoldando-se aos contornos do lugar, foi construído em três níveis, com uma cobertura ajardinada para cada unidade. Entre os Conjuntos Residenciais Rokko I e II e os Conjuntos Rokko II e III, há aproximadamente 1.500 m² de bosque, unindo-os assim por meio de um ambiente natural verde e espaços comuns.

Modelo.

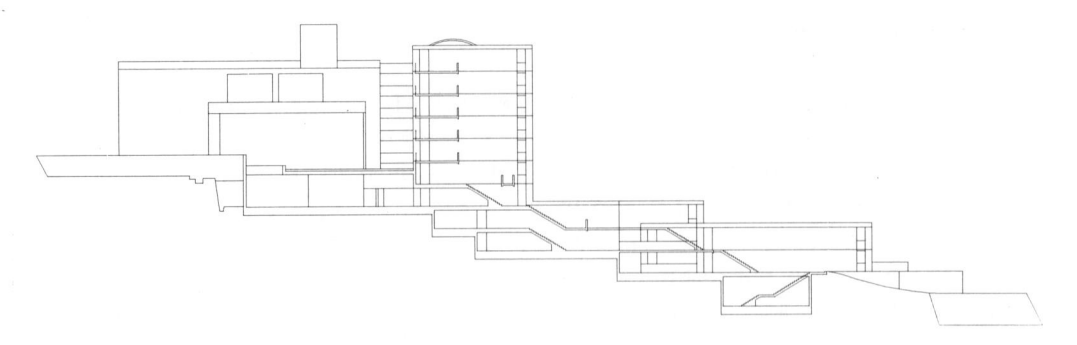

Corte / Plano de locação.

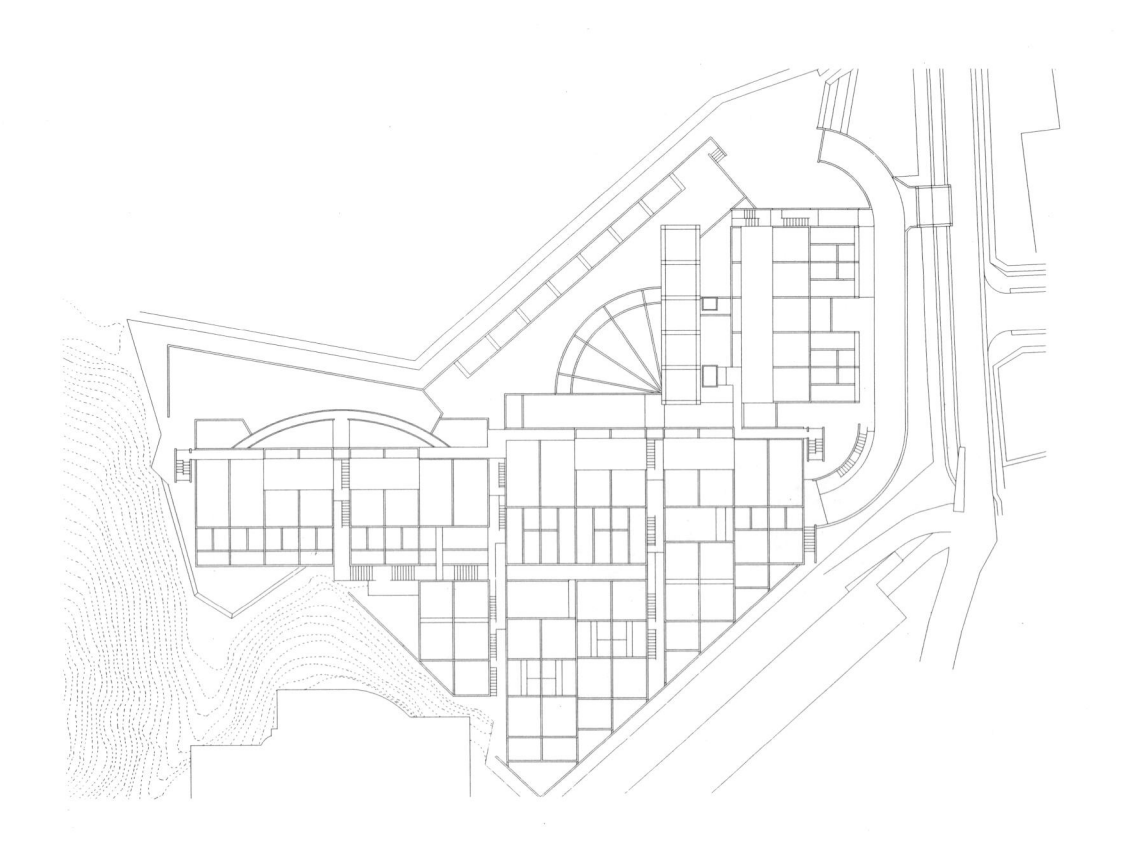

Escritórios

Ateliê em Oyodo
I-II 1981-82; III 1986; IV 1989-91
Osaka

Este é o estúdio atual de Tadao Ando – um novo prédio que substitui seu estúdio anterior, no mesmo local, e foi projetado para aproveitar ao máximo a configuração irregular do terreno pequeno. Com dois andares abaixo do solo e cinco acima, o prédio tem área construída duas vezes maior que o anterior. Os cinco andares superiores são atravessados por um átrio, que se alarga em lances à medida que sobe e é coberto por uma clarabóia. De um lado do átrio, uma escada em caracol dá acesso a cada nível por meio de uma ponte. Subindo a escada, vista do interior, altera-se radicalmente. O átrio dá um dinamismo ao espaço interior que não é encontrado em prédios de escritórios planejados convencionalmente.

Vista externa, estágio I / Página da direita: vista externa, estágio II.

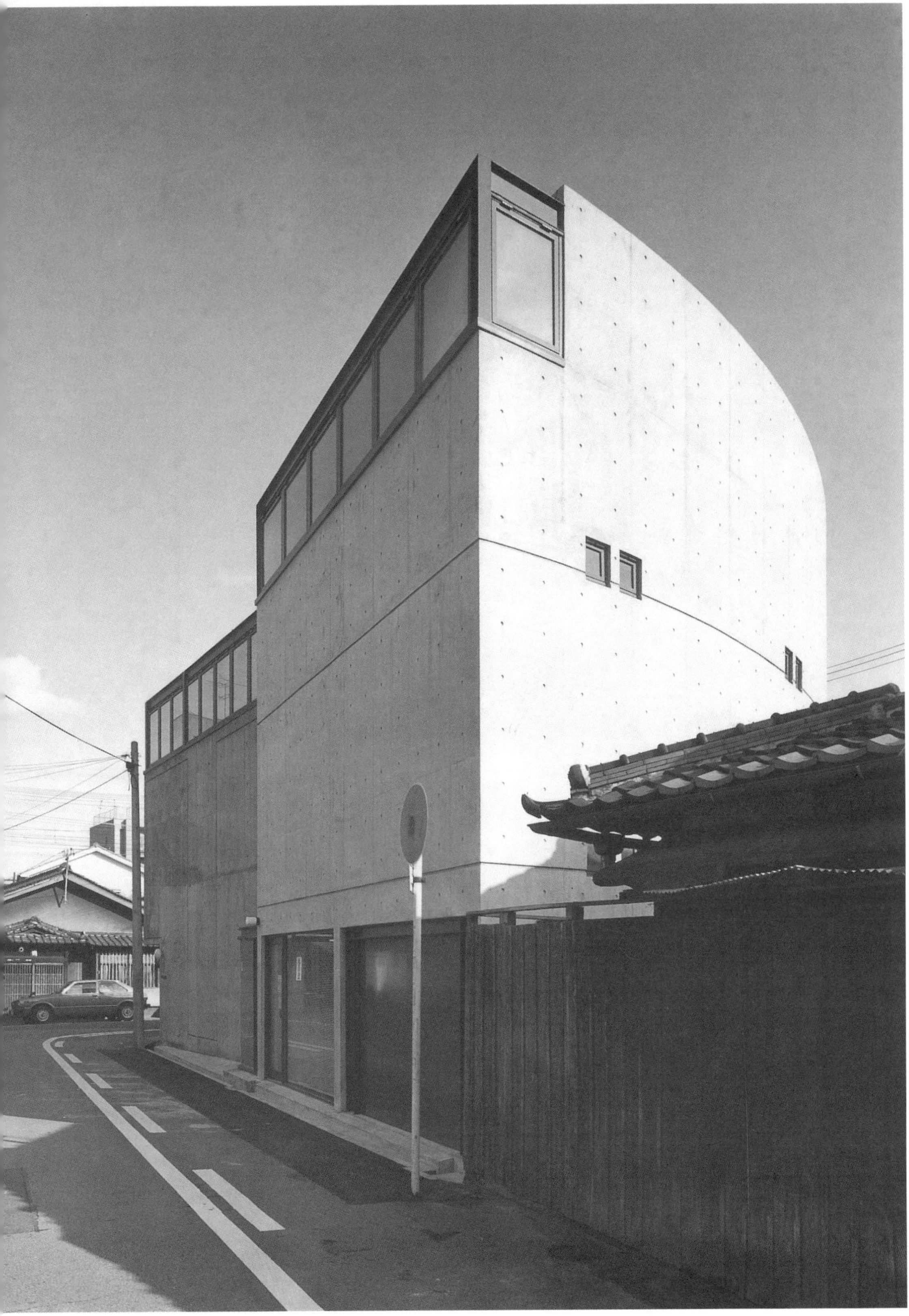

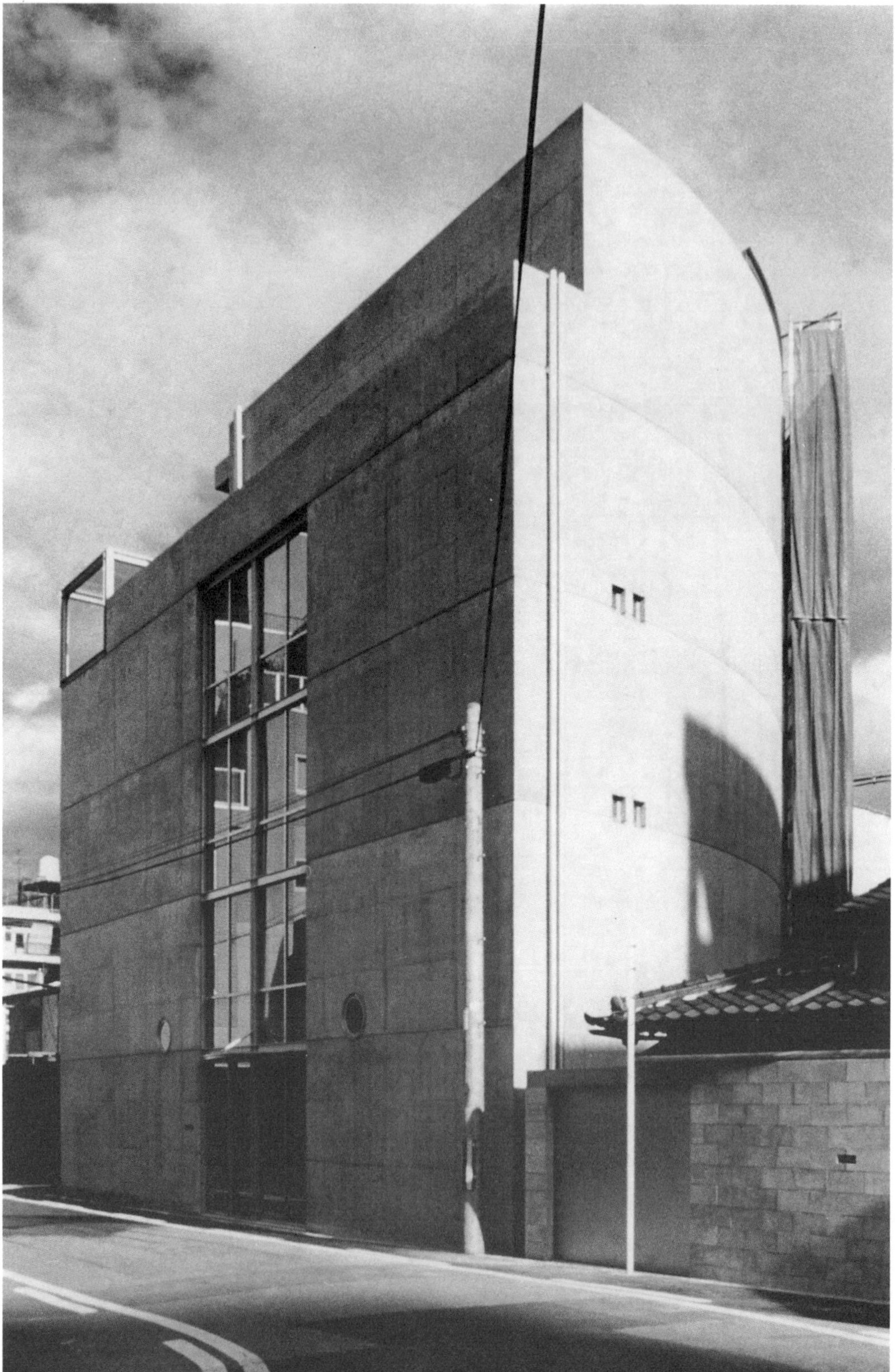

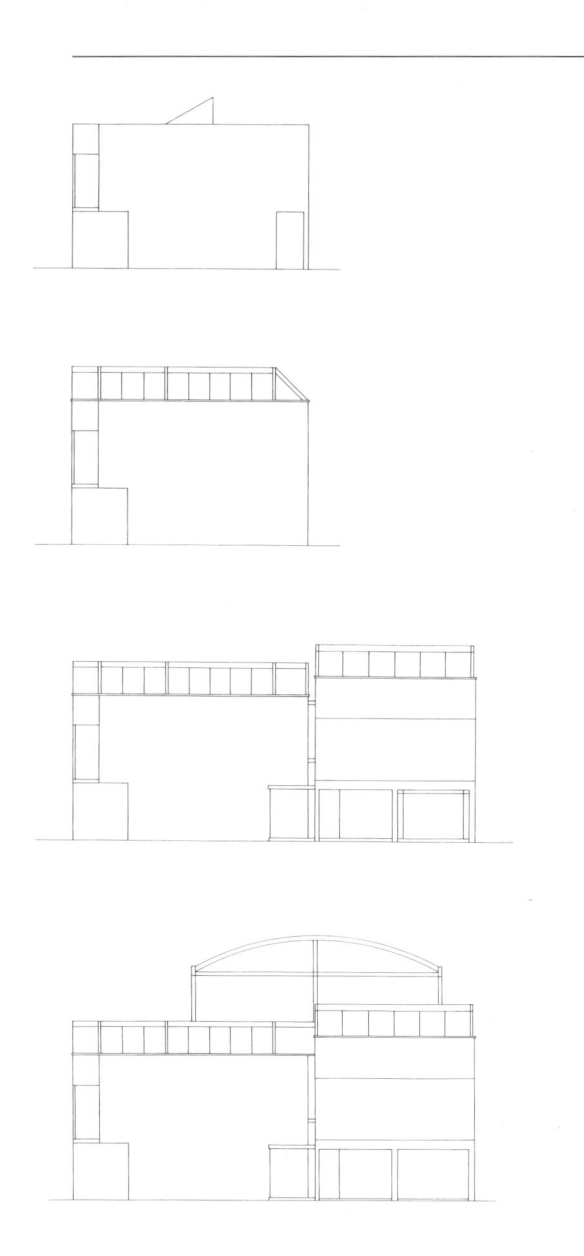

Página da esquerda: vista externa / Projeções: Casa Tomishima e estágios I, II e III / Projeção, vista interna, planta do segundo andar e corte do estágio IV.

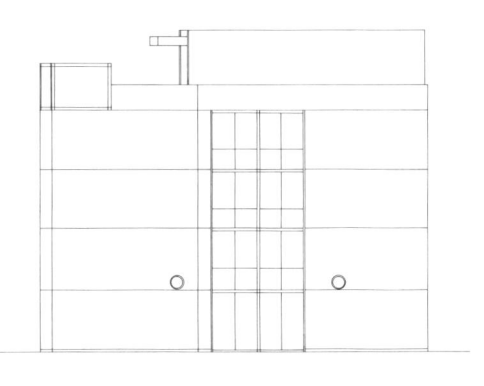

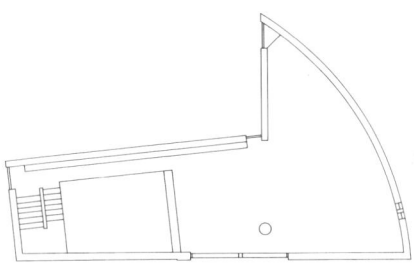

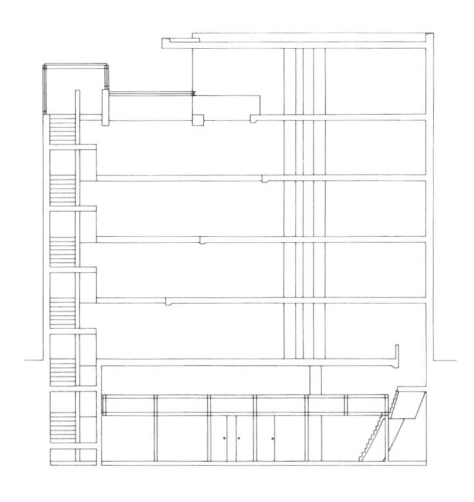

Ateliê BIGI   1980-83
Tóquio
Alojando os escritórios e estúdios de um estilista de moda, o Ateliê BIGI está localizado num tranqüilo subúrbio residencial. A fim de integrá-lo às suas cercanias, ao mesmo tempo oferecendo um contraste, refinou-se o prédio, reduzindo-o a puras formas geométricas, e metade do seu volume foi colocado abaixo do nível do solo. O espaço interno é organizado ao redor de dois grandes espaços de estúdio – um deles, no subsolo, abre-se para um jardim rebaixado; – o outro, nos níveis superiores, é protegido por uma parede curva de vidro fosco.

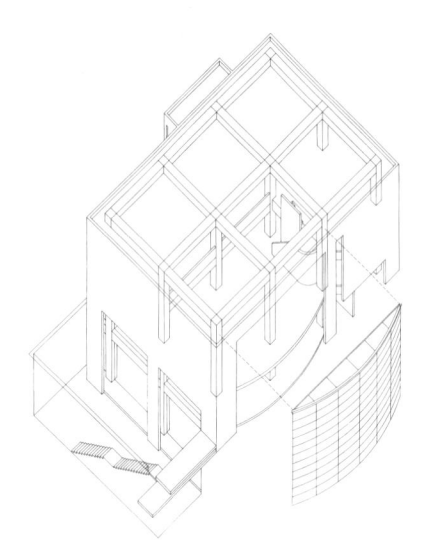

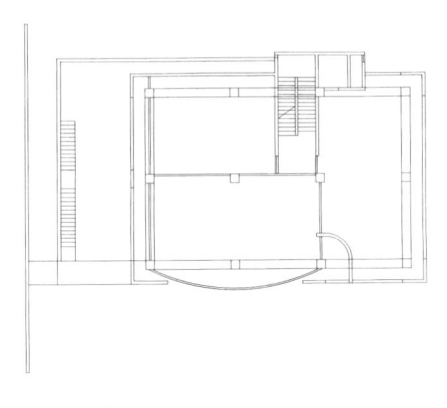

Vista axonométrica / Planta do andar térreo / Vista para a parede de vidro.

Ateliê Yoshie Inaba   1983-85
Tóquio

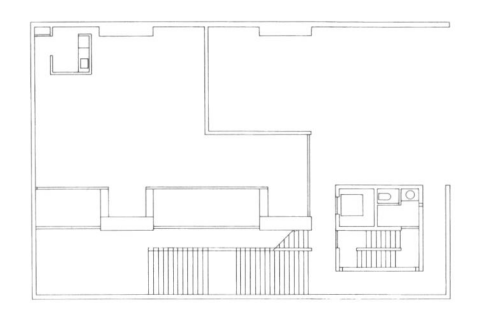

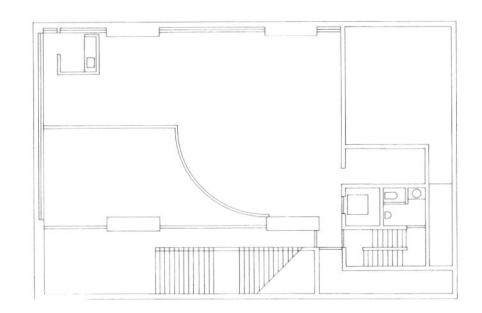

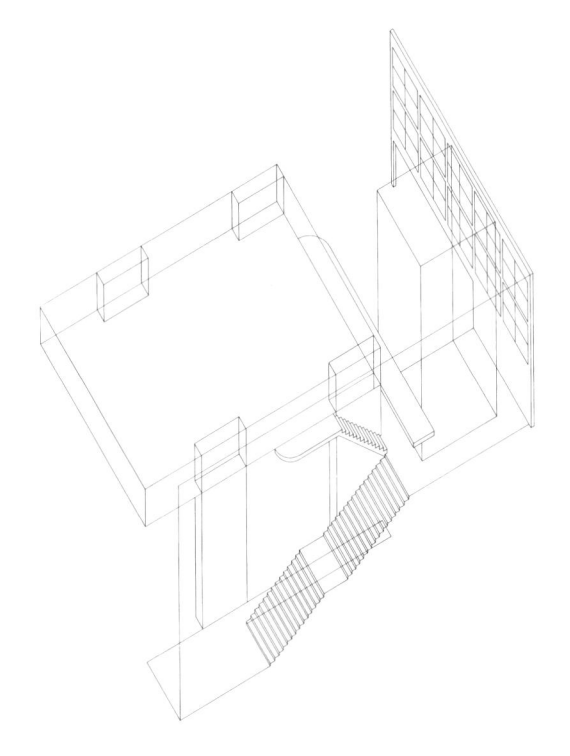

Plantas: primeiro e segundo andares do subsolo / Vista axonométrica / Átrio / Vista externa.

Edifício JUN Port Island 1983-85
Kobe

Vista axonométrica / Planta do andar superior / Página da direita: vista externa.

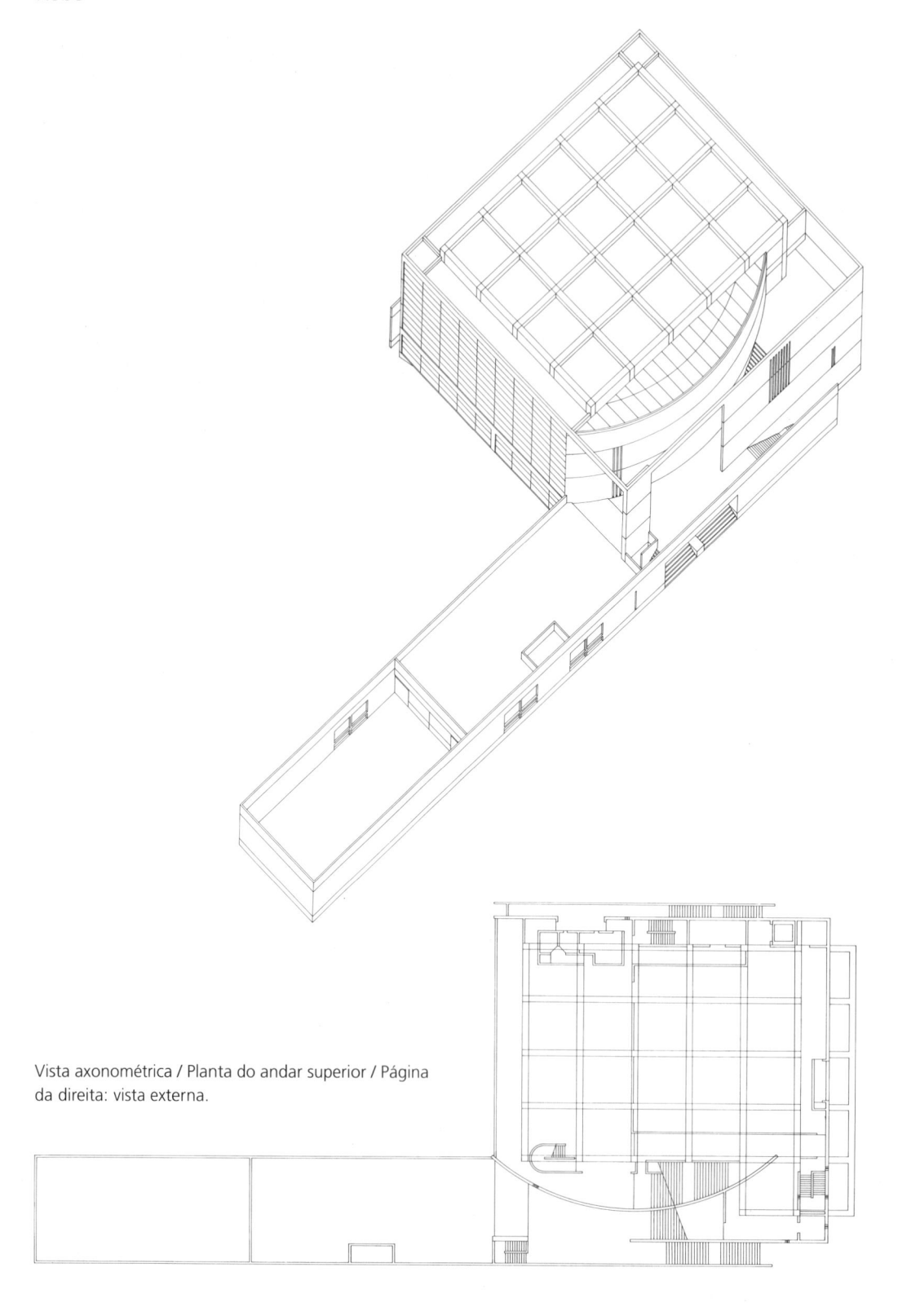

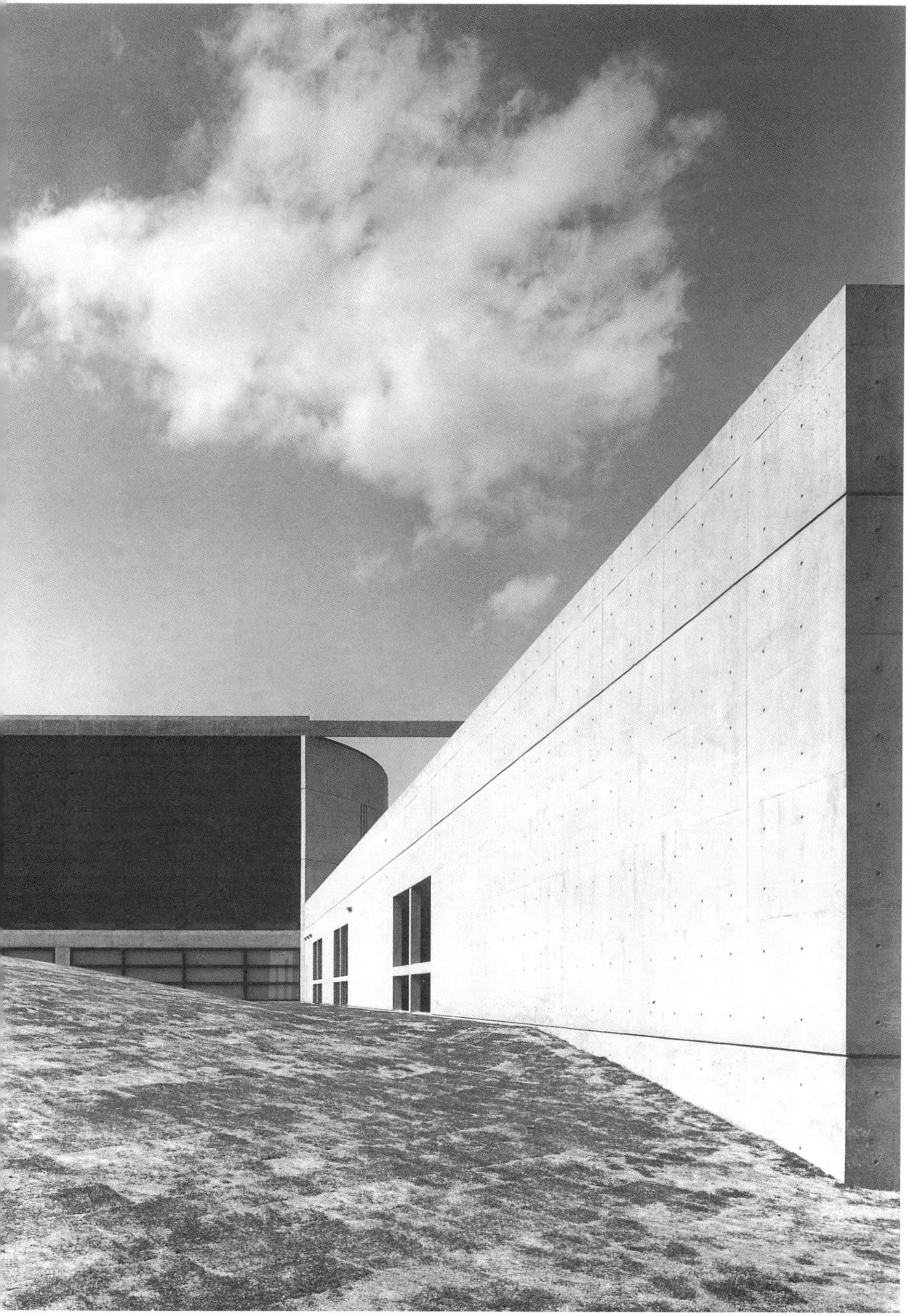

Edifício da Matriz da Taiyo Cement   1984-86
Osaka

Vista axonométrica / Plantas: andares superior e térreo / Página da direita: vista externa.

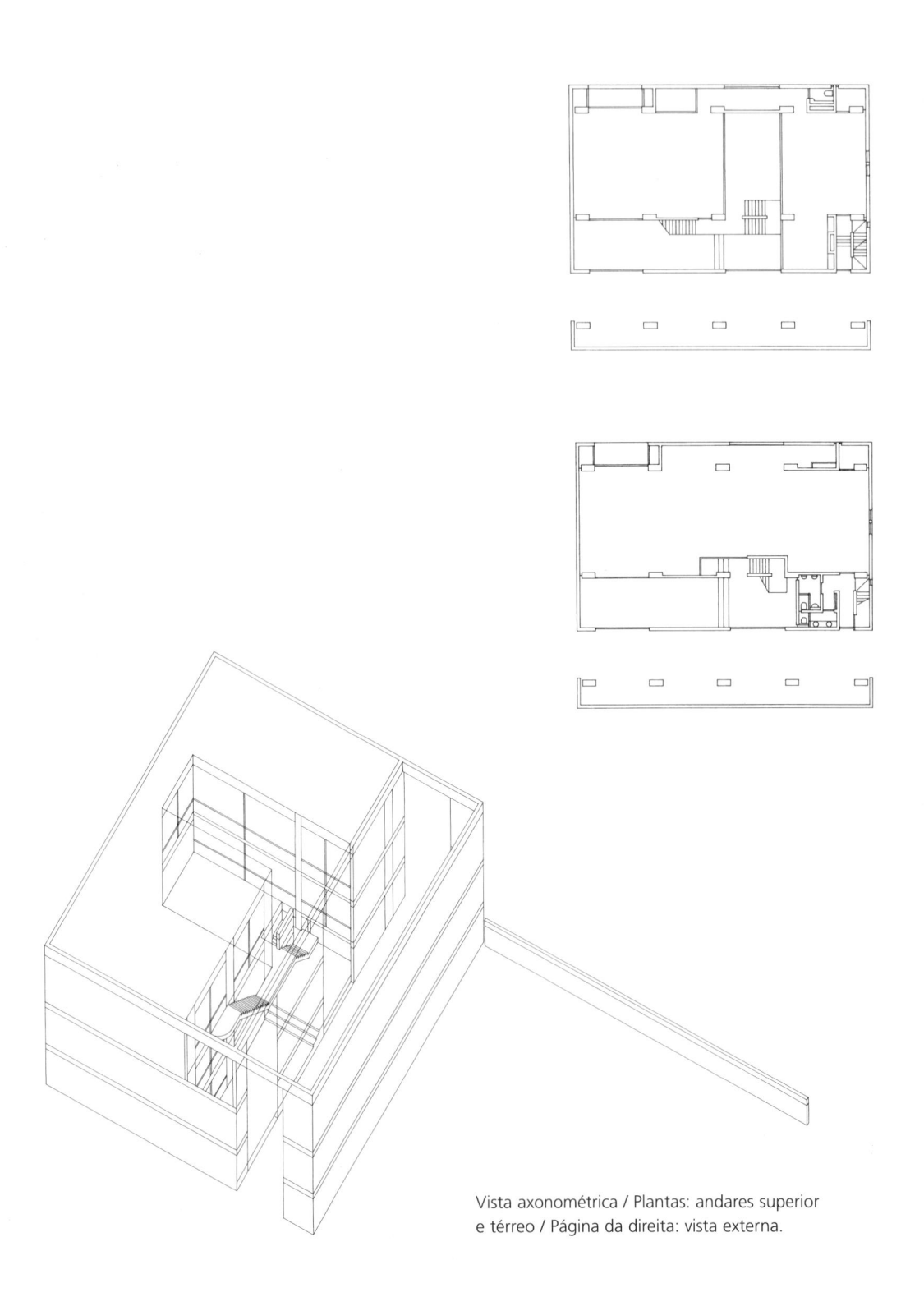

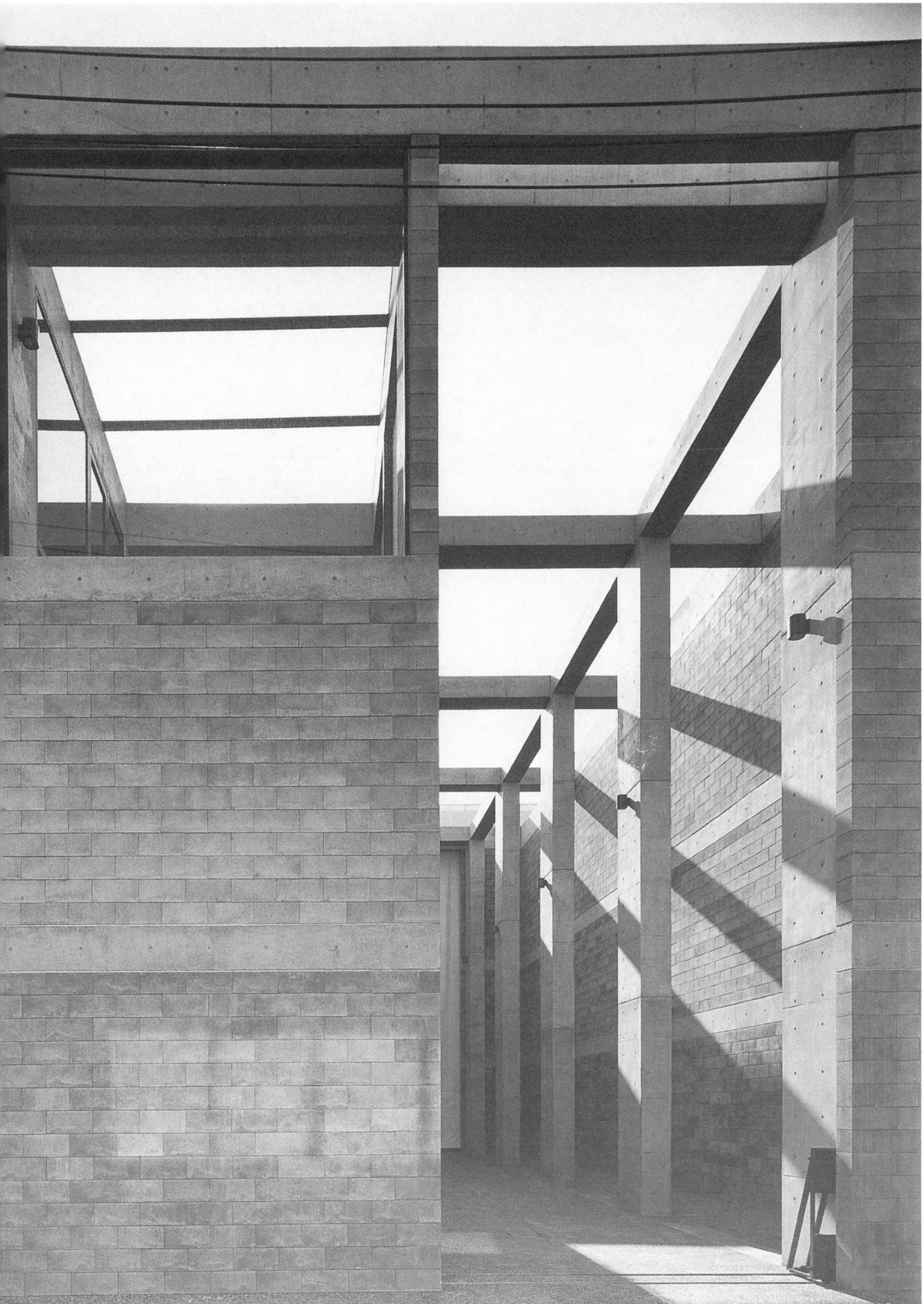

Clínica Fukuhara 1981-86
Tóquio

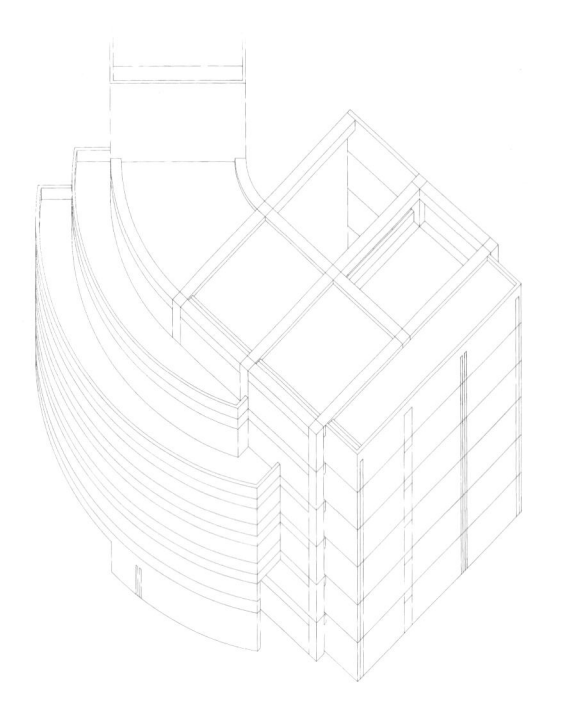

Vista axonométrica / Vista externa / Plantas: quinto e segundo andares, térreo, subsolo.

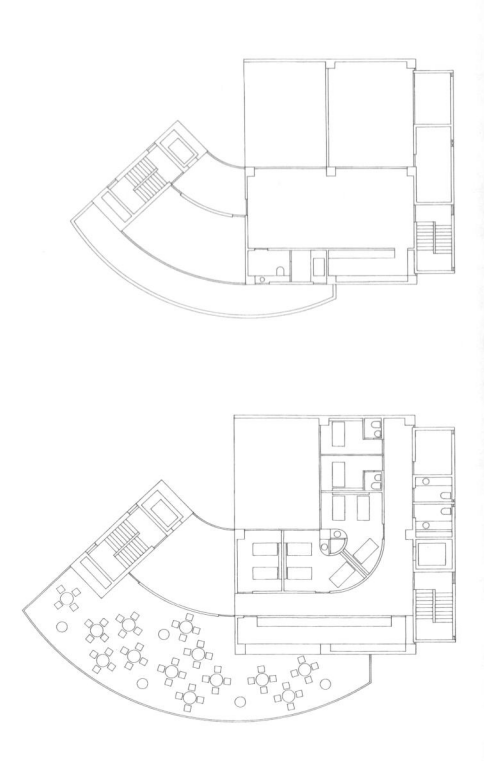

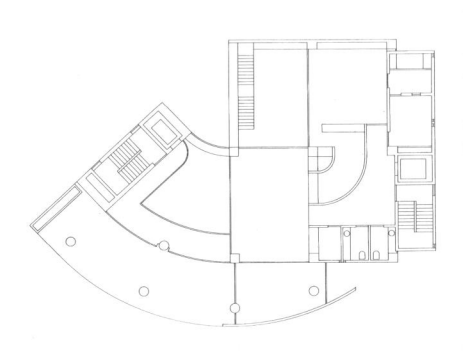

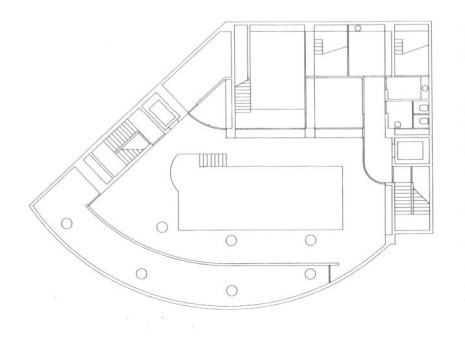

Edifício TS 1984-86
Osaka

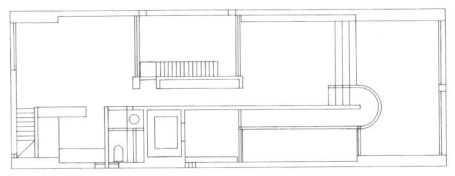

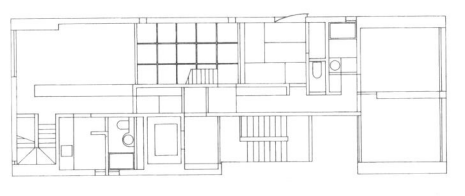

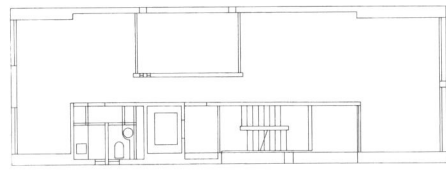

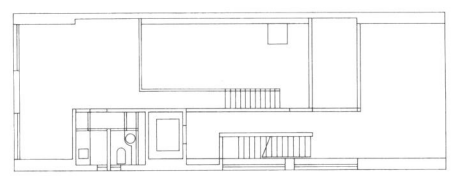

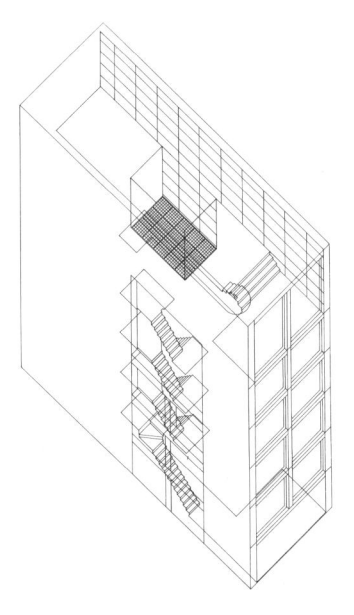

Fachada / Vista axonométrica / Plantas: quinto, quarto e segundo andares, térreo.

Edifício da Matriz da RAIKA   1986-89
Osaka

Este prédio de escritórios, projetado para um fabricante de roupas, localiza-se numa área recuperada que está sendo desenvolvida como um novo centro da Osaka metropolitana. O projeto vai contra a tendência dominante no sentido de uma "construção inteligente" idealizada, fundada puramente na lógica funcional e econômica; em vez disso, procura fornecer aos seus ocupantes conforto e estímulo à criação. O saguão, o espaçoso átrio e o jardim da cobertura são concebidos como espaços funcionais – criando um ambiente que estimula a comunicação entre as pessoas. O edifício é composto de um volume cilíndrico, ao redor do qual foram dispostos volumes retangulares. As três unidades, ligadas mas distintas, têm altura moderada e são recuadas da via de tráfego intenso central. Árvores, plantadas ao longo do perímetro do terreno, protegem parcialmente o prédio e abrandam a sua presença. Uma praça pública foi criada no canto sudoeste do terreno, próxima a um edifício que contém lojas, uma sala de eventos, dependências de ginástica, com galerias nos níveis superiores e estacionamento no subsolo. Por dentro do átrio cilíndrico de sete andares do prédio principal, sobe uma rampa, contrastando sua silhueta com o arco da parede de vedação feita de blocos de vidro.

Saguão / Página da direita: parede de blocos de vidro / Verso: fachada vista da rua.

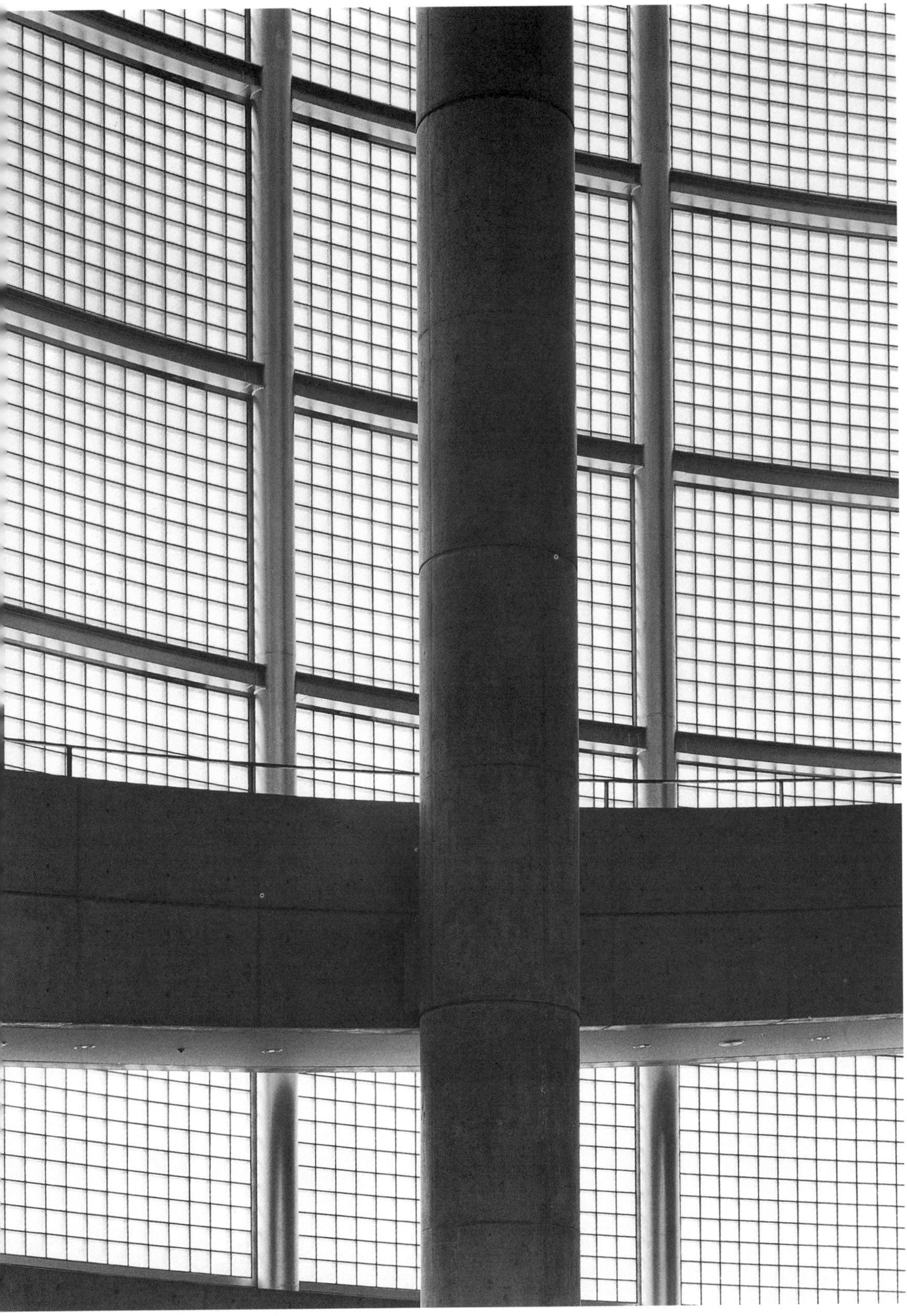

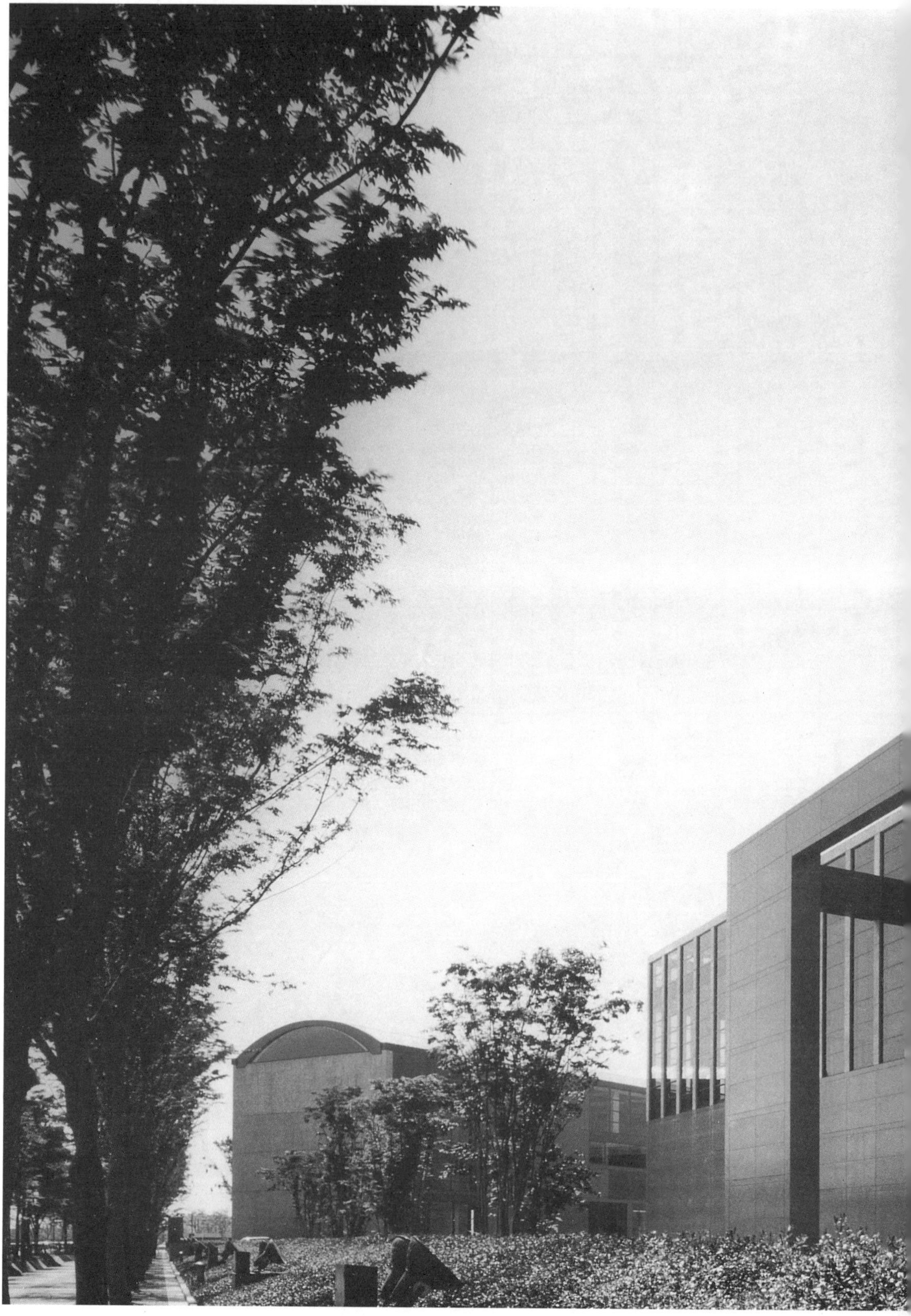

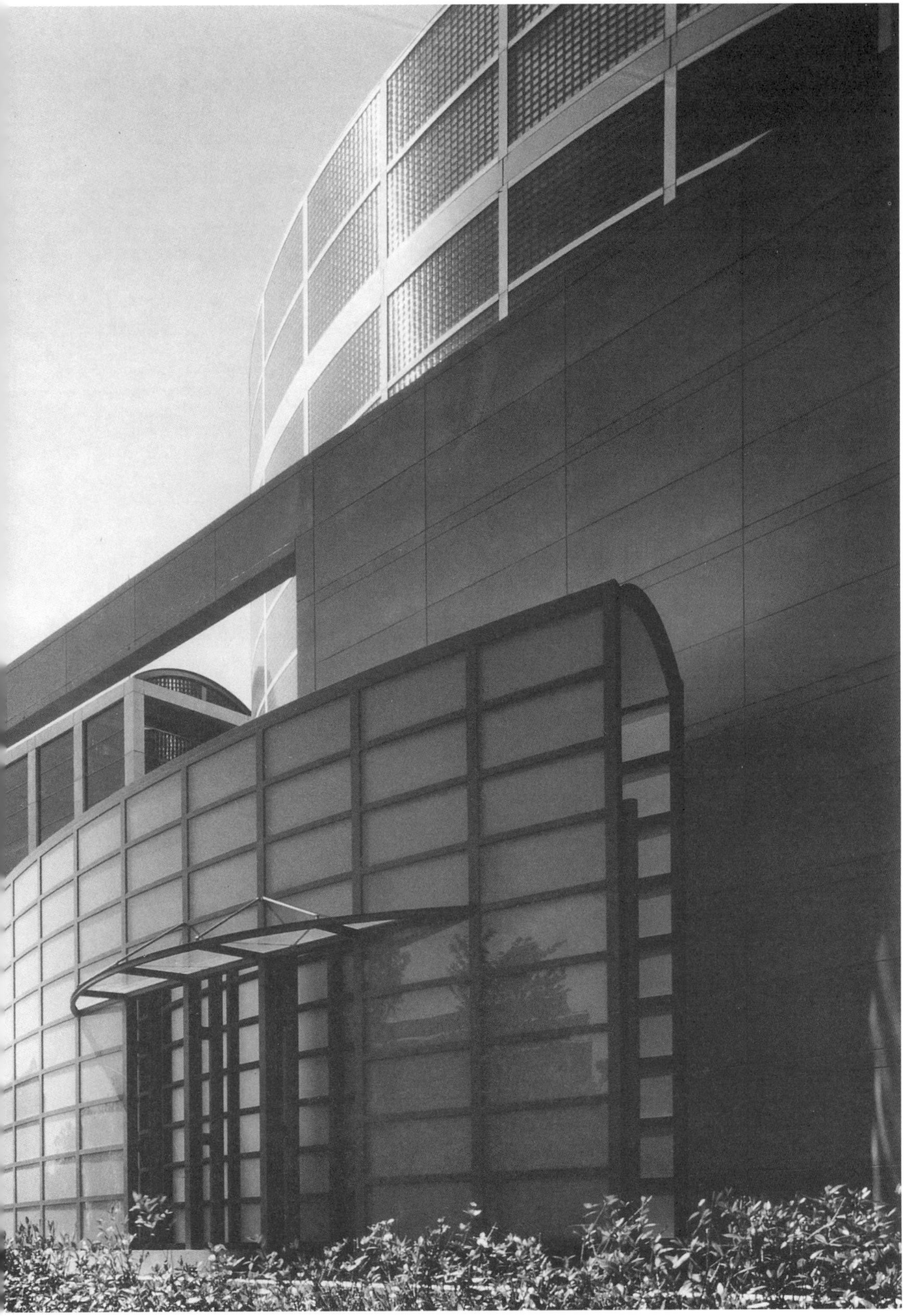

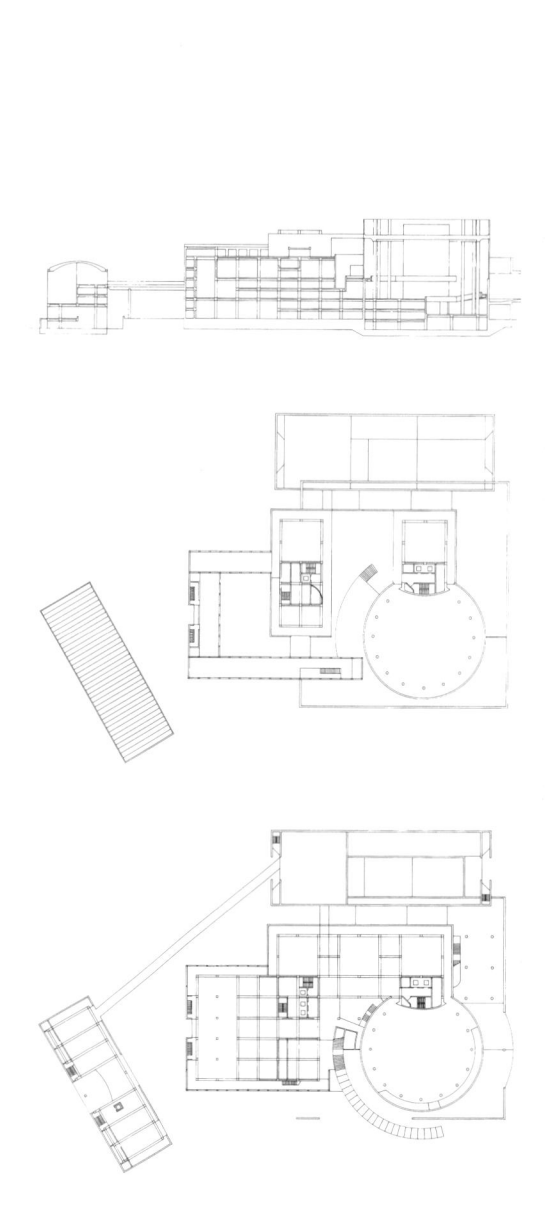

Corte / Plantas: terceiro e segundo andares / Vista da parede cilíndrica de vedação feita de blocos de vidro.

FABRICA (Centro de Pesquisas Benetton) 1992-96
Treviso (Itália)

Uma *villa* palladiana do século XVII ocupa este terreno em Treviso, próximo a Veneza, na Itália. A restauração desta *villa* constituiu o ponto de partida para o projeto, que se destina a um centro de pesquisas que acolha jovens estudantes de todo o mundo para trabalhos em atividades práticas como fotografia, artes gráficas e tecelagem. As instalações incluem salas de estudo, ateliês, um restaurante e uma biblioteca. Todos os cômodos dão frente para uma *plaza* e dessa forma encontram uma ligação comum, enquanto a *plaza* se torna o foco de uma variedade de interações. Uma nova galeria, com 7 m de largura, penetra a velha *villa*, sua colunata se estendendo através de um lago que se situa em frente à *villa*. Ao acrescentar uma arquitetura moderna, Ando procurou acentuar o velho charme e vitalidade da *villa* e ao mesmo tempo introduzir uma relação mutuamente catalítica entre o velho e o novo que transcenderia o tempo.

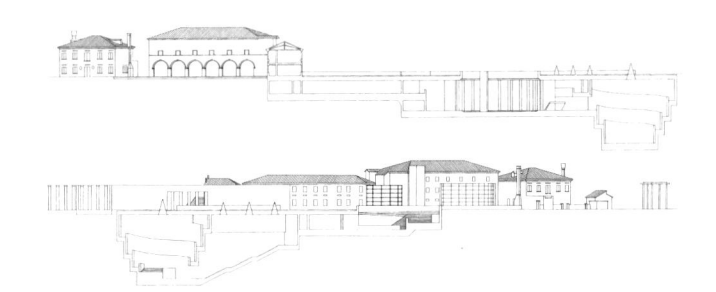

Cortes / Croquis.

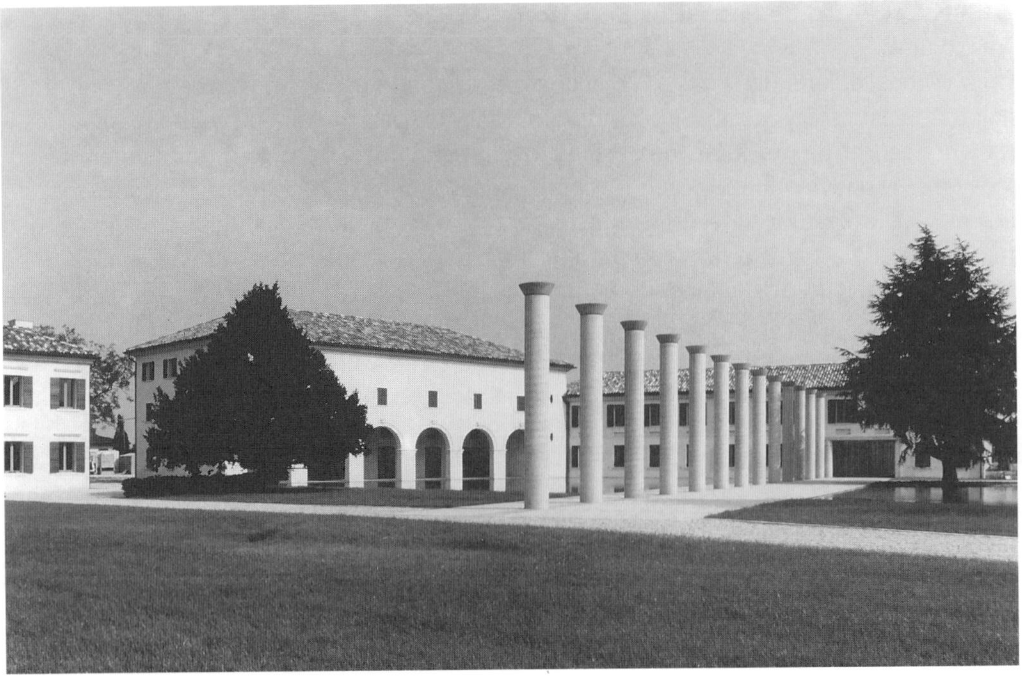

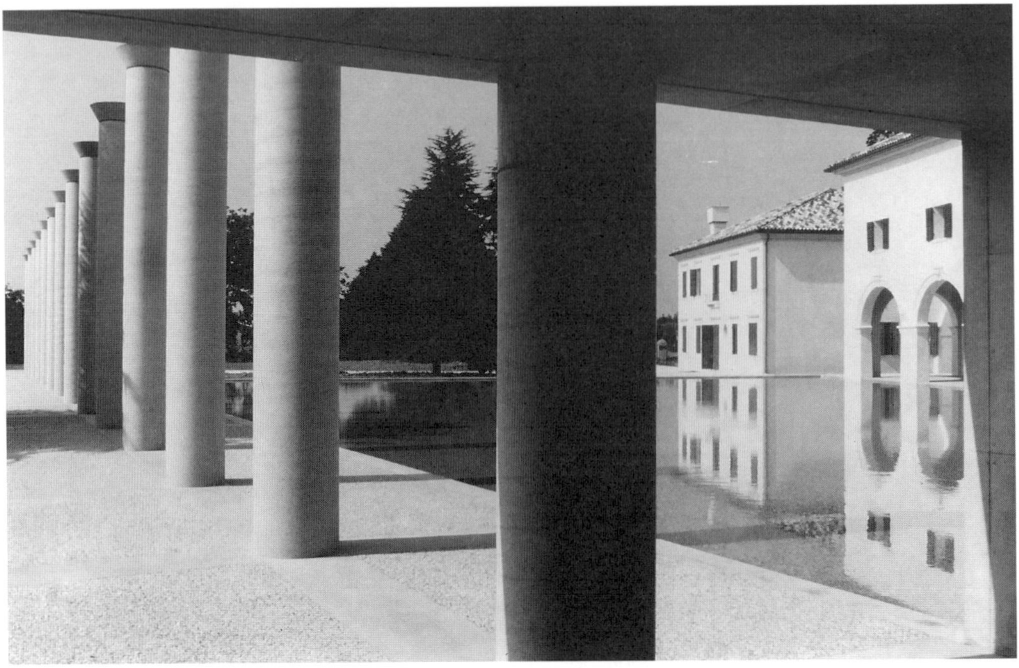

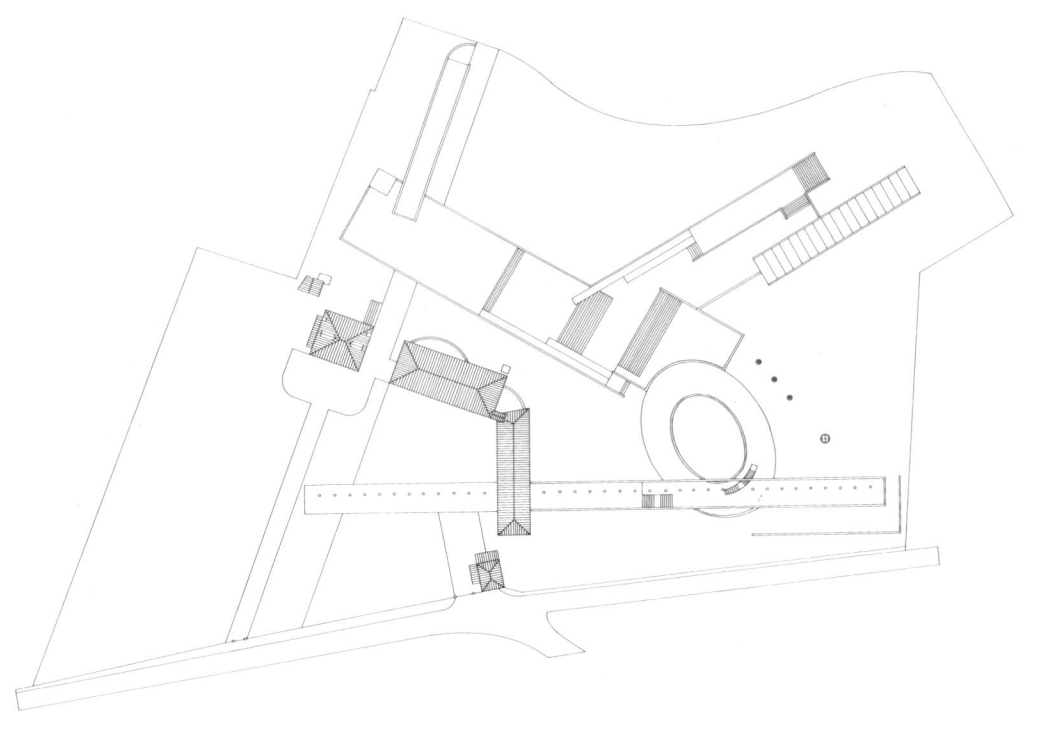

Vistas parciais / Plano de locação / No verso: modelo.

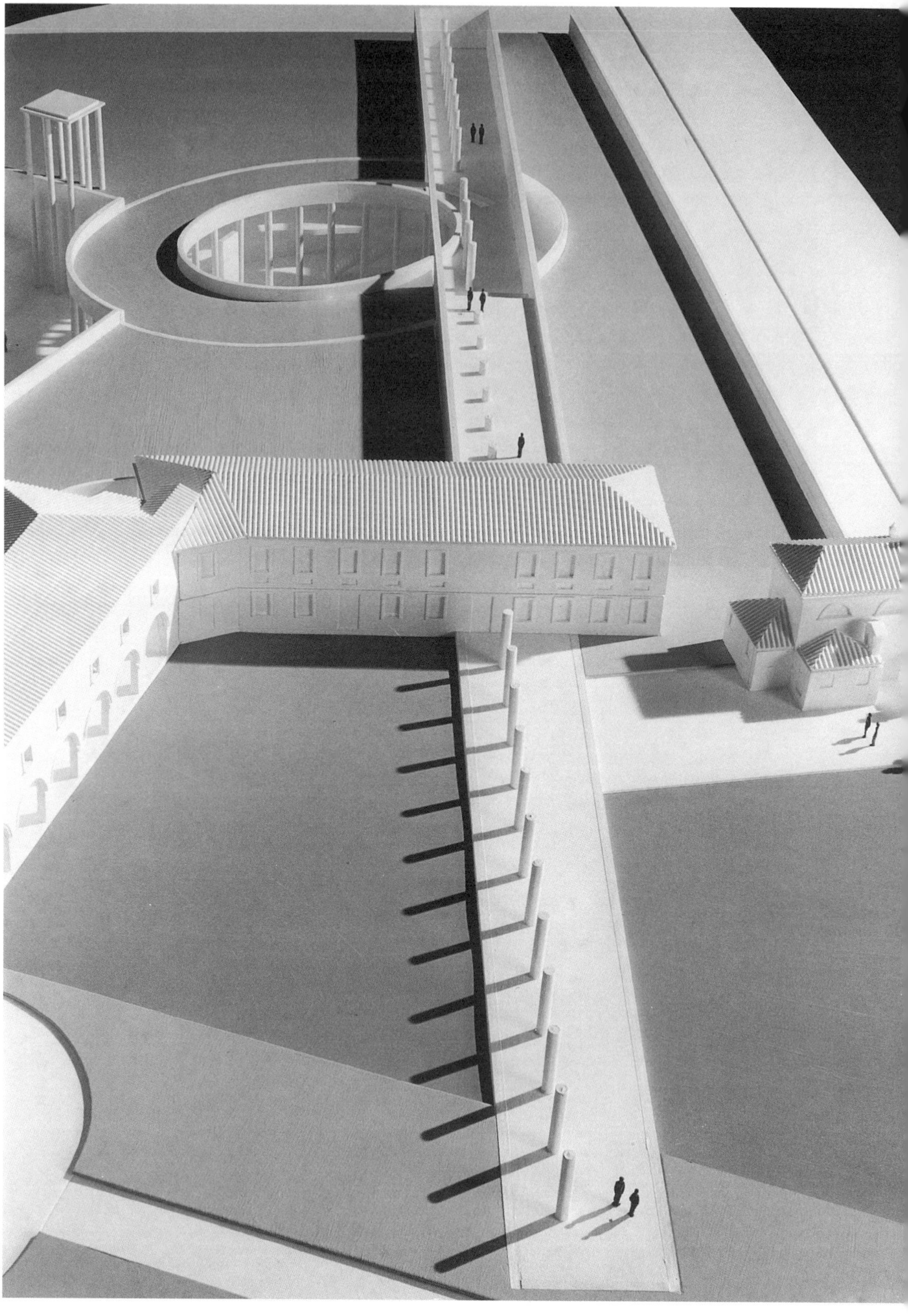

Edifícios comerciais

Tezukayama Tower Plaza   1975/76
Osaka

Quatro torres, idênticas em formato e volume e conectadas por pontes, compõem este edifício de usos múltiplos. Cada torre acomoda uma *maisonnette* nos dois andares superiores, enquanto o subsolo e o térreo abrigam espaços comerciais. Como sugerem as clarabóias abobadadas sobre as torres, cada moradia é atravessada por um poço alto e iluminado no teto, que forma uma zona de isolamento entre os cômodos, assegurando sua privacidade. As pontes que interligam as torres divergem dos eixos composicionais do edifício, introduzindo um elemento dinâmico na composição essencialmente estática. As pontes também articulam a praça no andar térreo que é, em caráter, ao mesmo tempo um nicho urbano e uma extensão da rua.

Vista aérea geral / Vista da rua.

"Rose Garden" 1975-77
Kobe

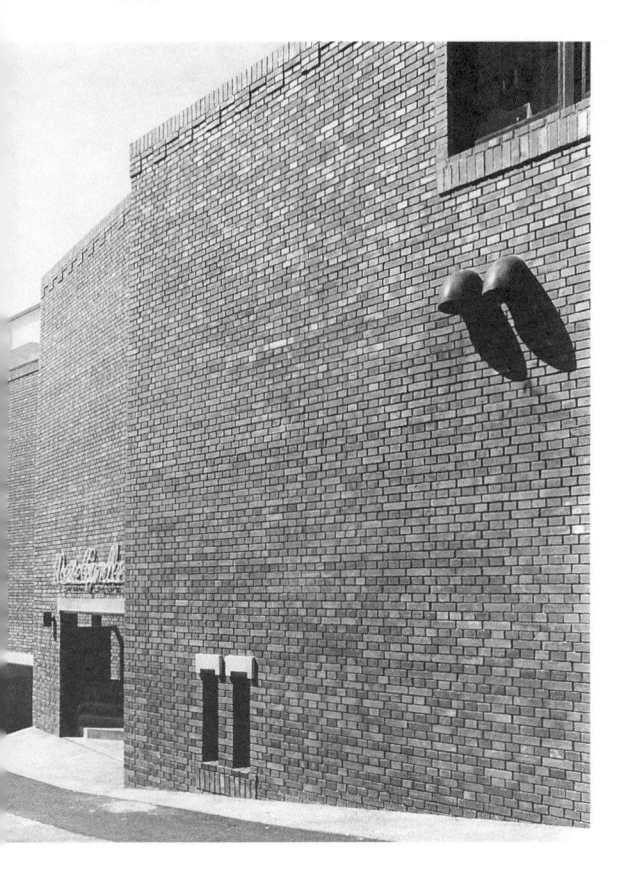

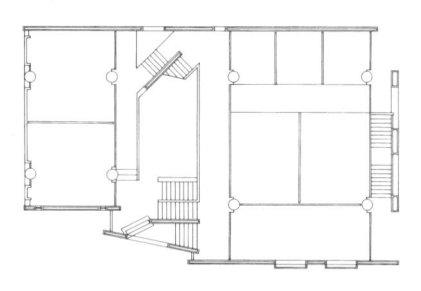

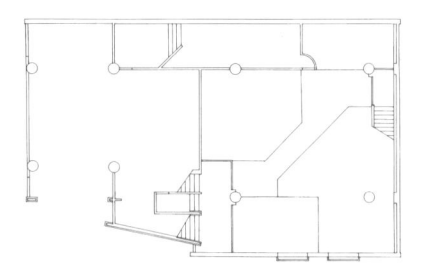

Vista externa / Plantas: andares superior e térreo /
Vista axonométrica.

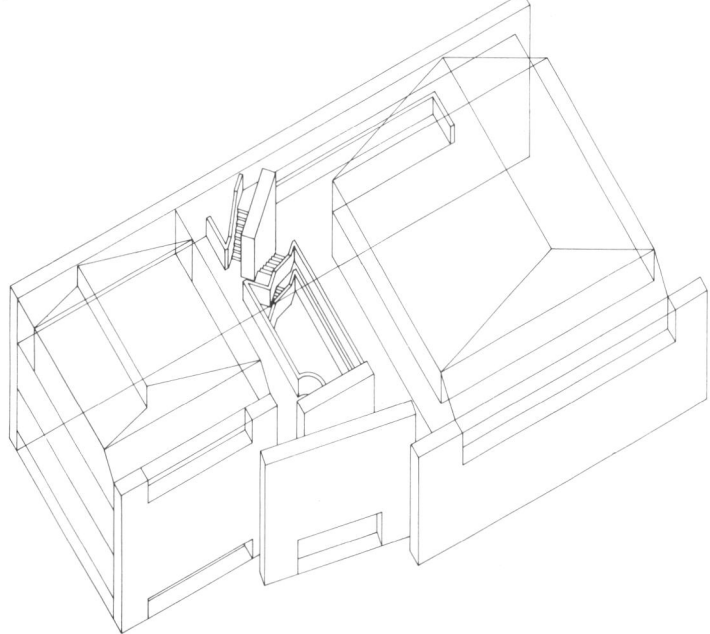

"Kitano Alley"   1976/77
Kobe

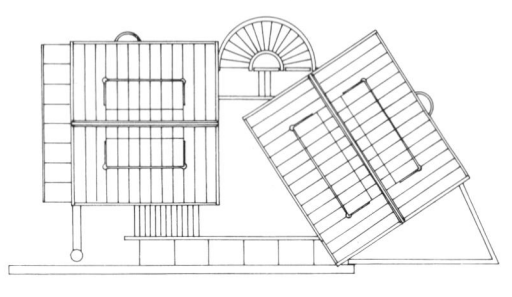

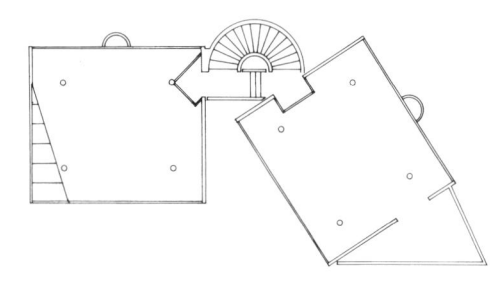

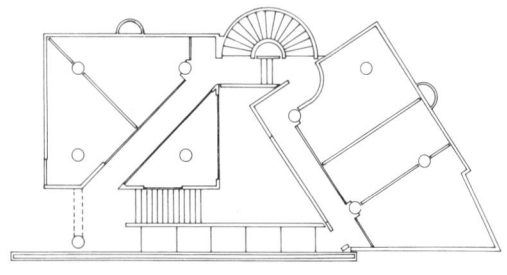

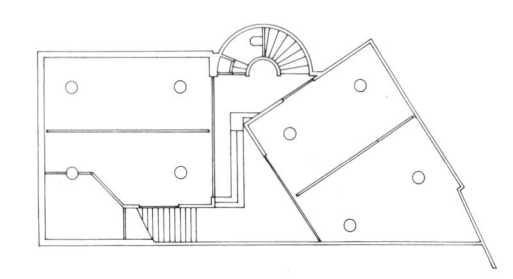

Entrada principal; o caminho conduz ao prédio e o circunda / Plantas: cobertura, segundo andar, primeiro andar, subsolo.

STEP 1977-80
Takamatsu

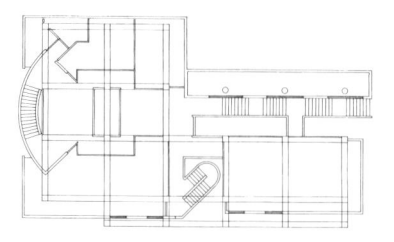

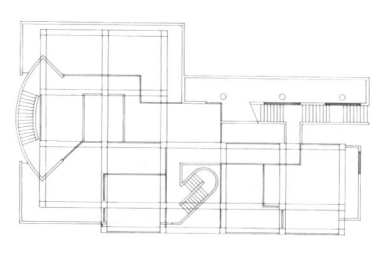

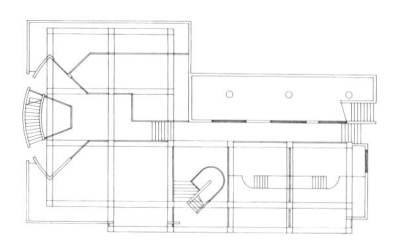

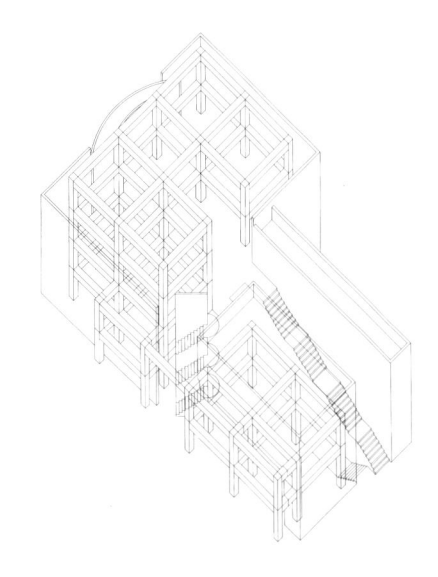

Vista da escadaria / Plantas: segundo andar, primeiro andar e térreo / Vista axonométrica.

"Festival" 1980-84
Naha (Okinawa)

Localizado no centro de Naha – uma cidade de Okinawa, a ilha mais ao sul do Japão – este centro comercial é um volume cúbico cujas paredes encerram seu terreno. O cubo consiste de uma estrutura de concreto aparente de oito andares com o mesmo vão, coberto com blocos de concreto de 200 mm quadrados e, intermitentemente, com telas de blocos de concreto vazados. Os dois andares superiores contêm um pátio aberto, articulado espacialmente pela estrutura do edifício e adornado por uma figueira-de-bengala. Internamente, um átrio foi disposto dentro da ordem da estrutura. Praças em diferentes níveis são entretecidas com o espaço do átrio, e o movimento contínuo dos compradores através desses espaços garante coesão e continuidade a todos os níveis.

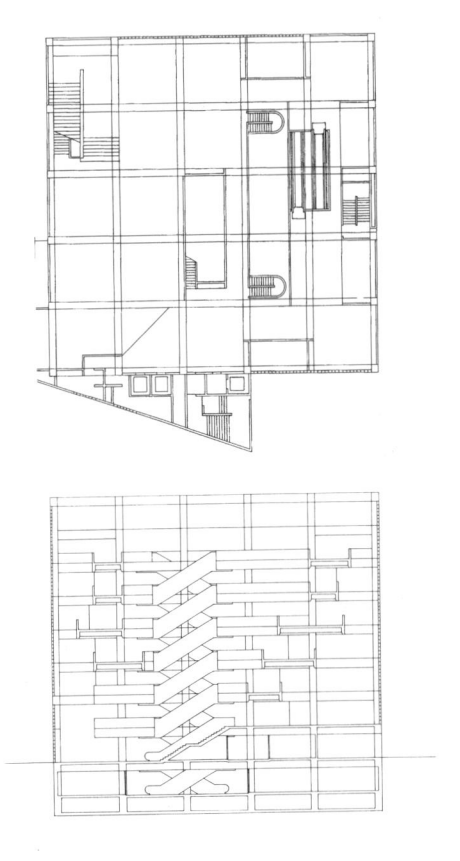

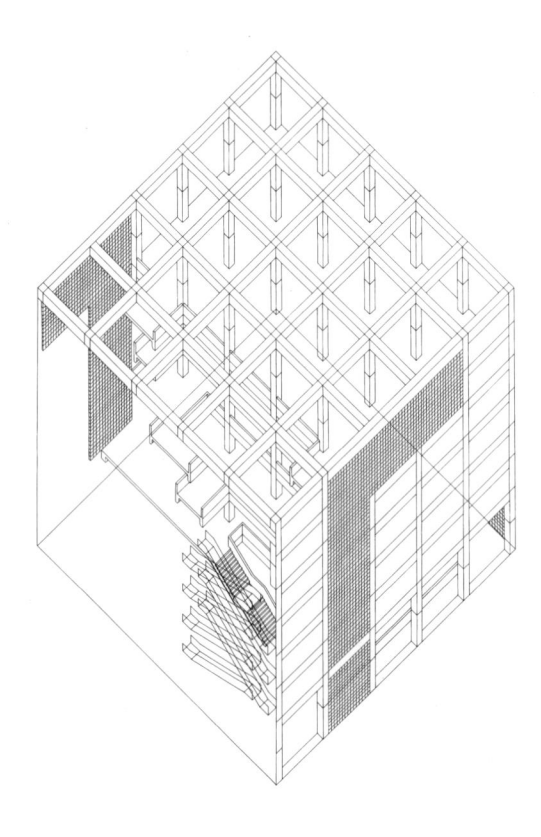

Planta: sexto andar / Corte / Vista axonométrica /
Página da direita: vista do átrio / Verso: vista aérea.

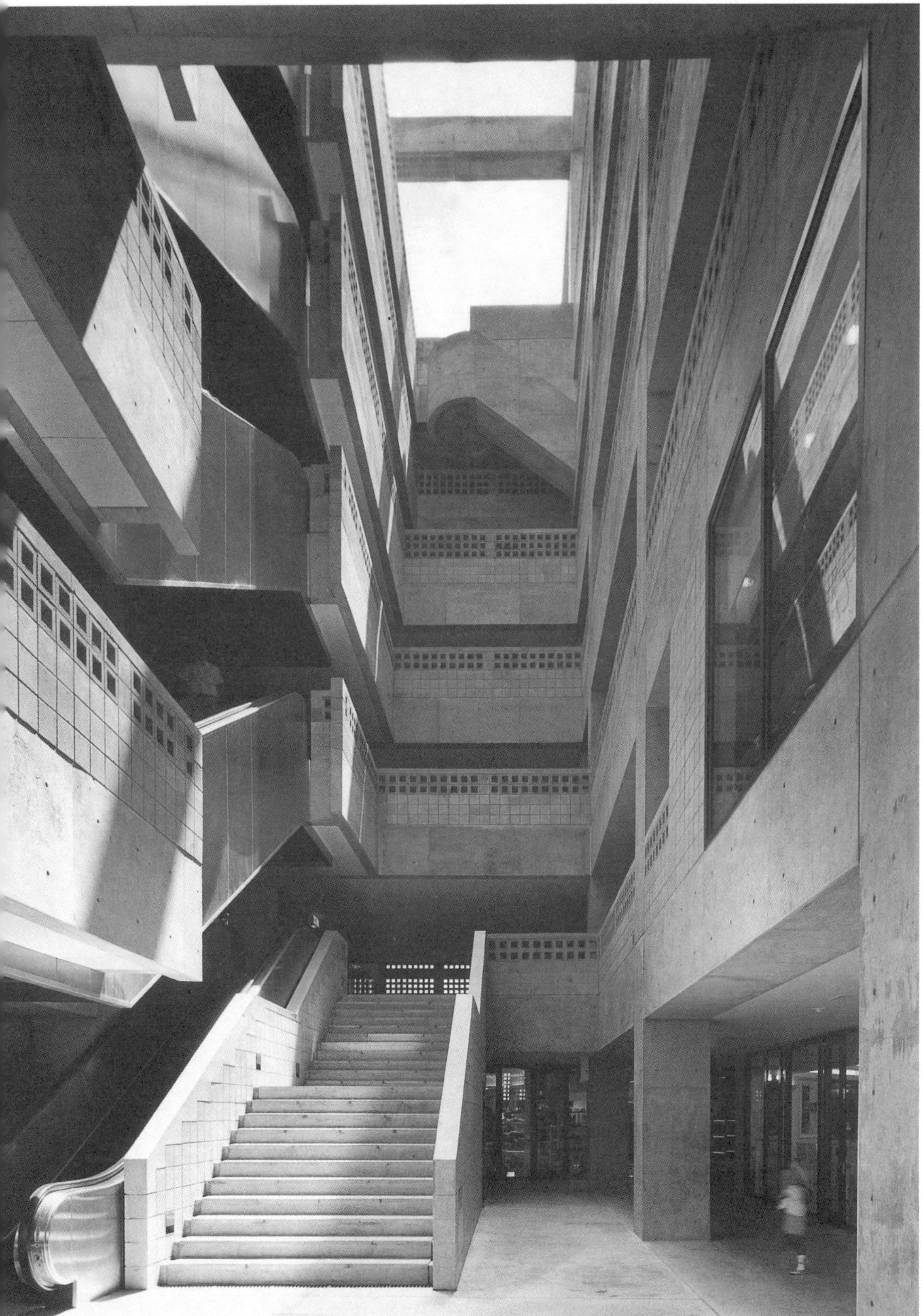

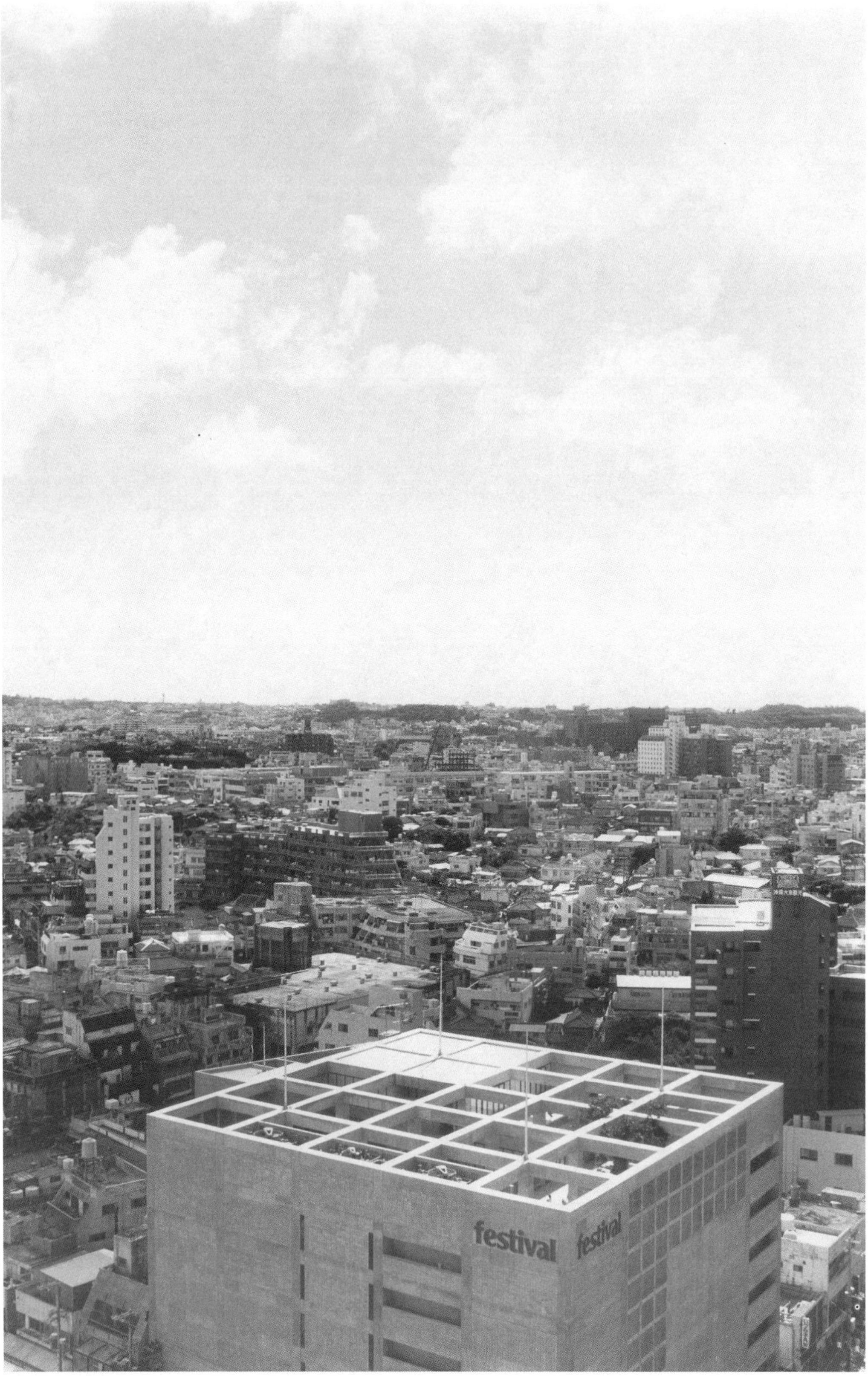
festival
festival

TIME'S I   1983/84
Kyoto

Este centro comercial está localizado próximo à ponte Sanjokobashi sobre o rio Takase, em Kyoto. O prédio é baixo, um volume de três andares coberto por um teto abobadado e fechado de um lado por um muro, no limite da propriedade. Foi construído em blocos de concreto, granito negro de textura rústica e aço. O andar térreo e sua pequena praça ficam quase ao nível do rio, e uma passagem externa, em continuidade com a rua, conduz ao longo da margem do rio, dando entrada para as lojas do andar superior por meio de um passadiço. Desta maneira, um intrincamento labiríntico infiltra-se na forma geométrica simples do edifício.

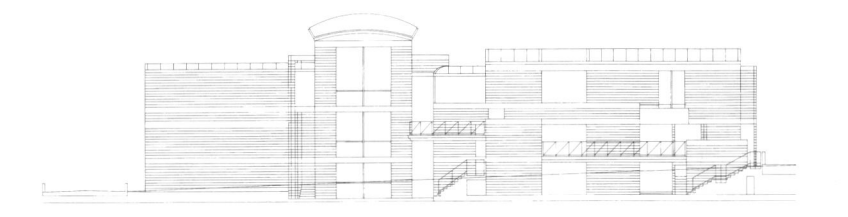

Projeção / Vista a partir do rio.

TIME'S II 1986-91
Kyoto

Este acréscimo ao prédio do TIME'S I consiste de um volume de quatro andares, quadrado na planta, e de um muro que encerra o terreno no limite da propriedade. O último andar do edifício é um espaço de altura dupla, coberto por um teto arqueado. Enquanto o TIME'S I tem um eixo paralelo ao rio e uma expressão horizontal linear, a abóbada do TIME'S II enfatiza deliberadamente a organização centrípeta do prédio, concedendo-lhe uma expressão vertical. As praças interligadas, situadas em níveis diferentes por todo o prédio, oferecem diversos pontos de vista. O resultado, na combinação dos dois projetos, é uma configuração de caminhos muito mais complexa e tortuosa.

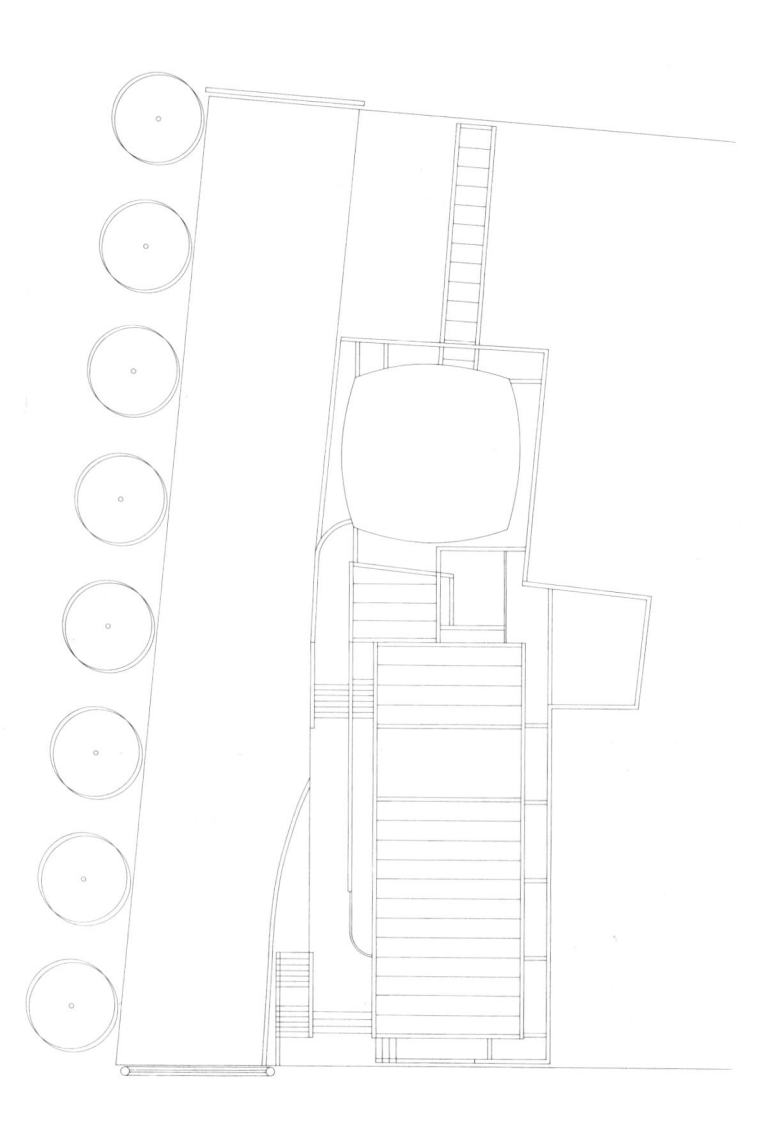

Planta da locação / Página da direita: vista aérea geral.

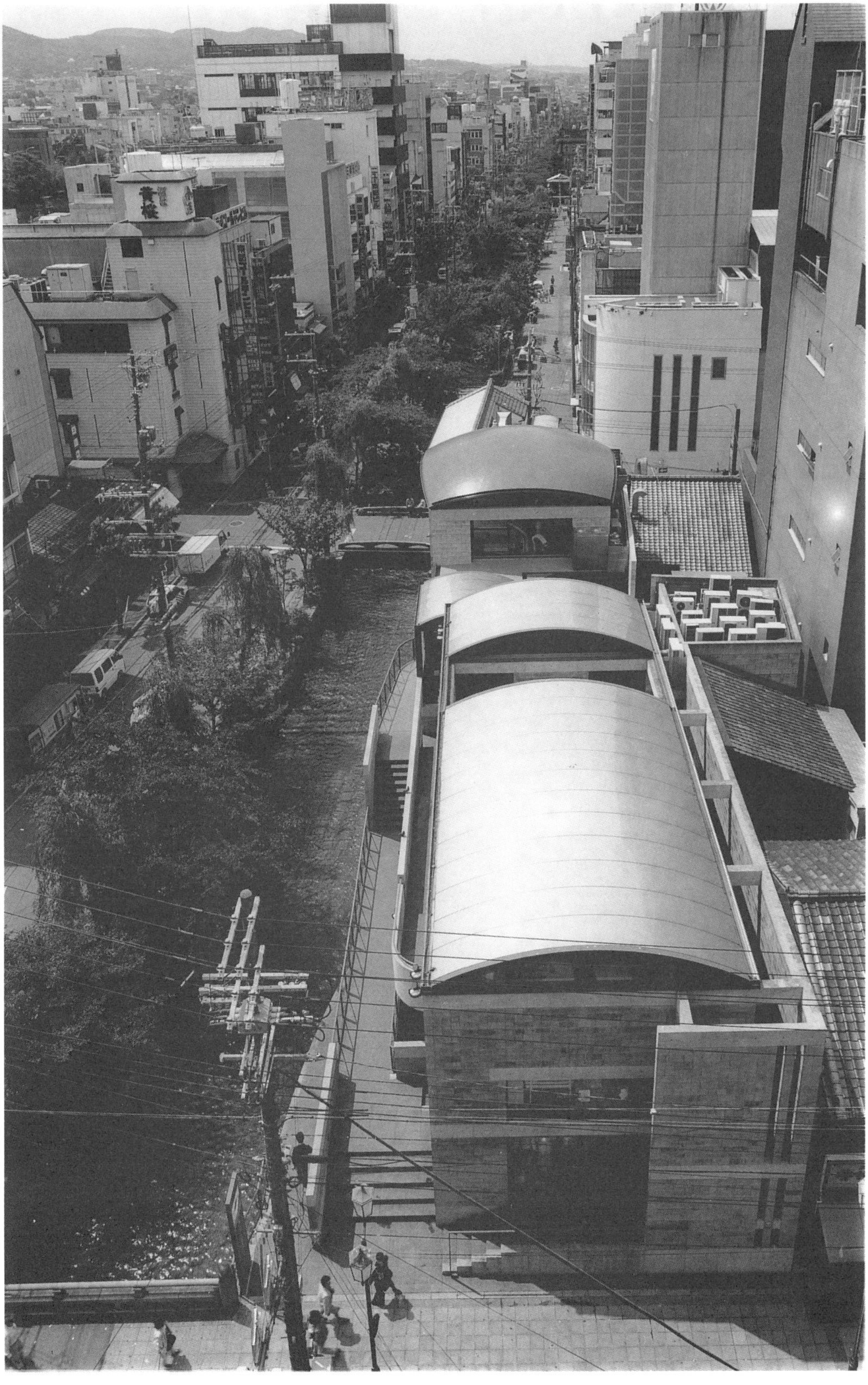

"Mon-petit-chou" 1983-85
Kyoto

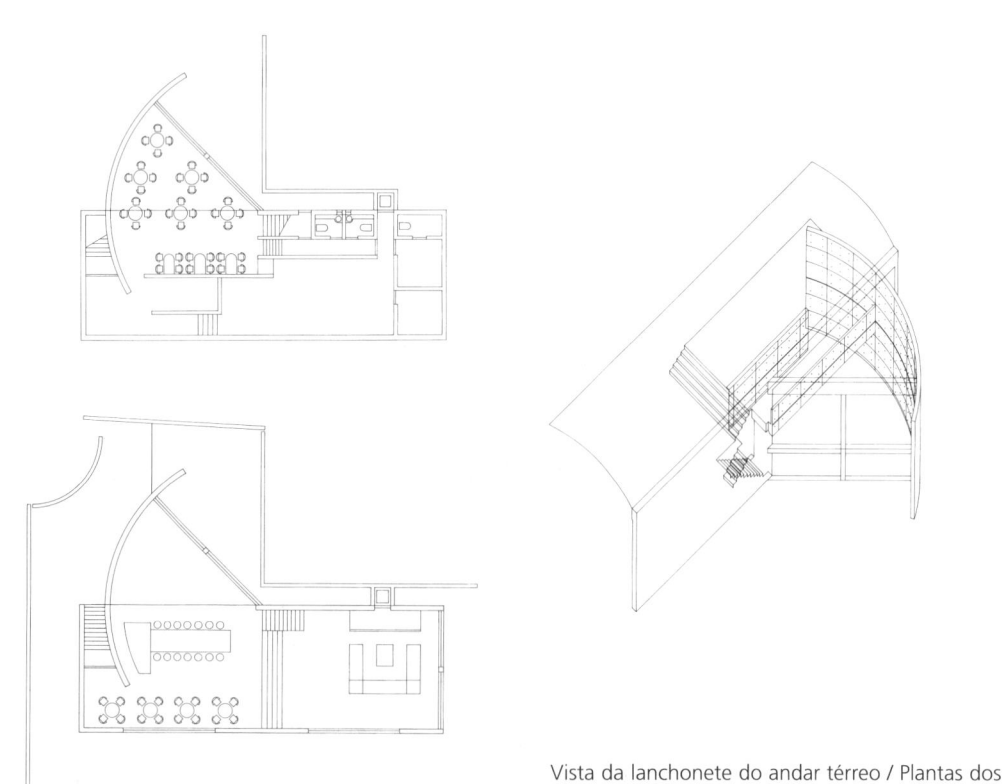

Vista da lanchonete do andar térreo / Plantas dos andares superior e térreo / Vista axonométrica.

"BIGI 3rd"   1986
Osaka

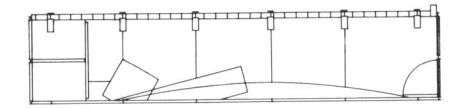

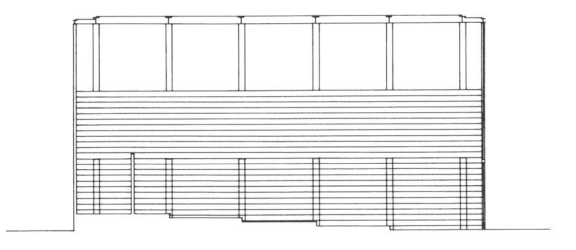

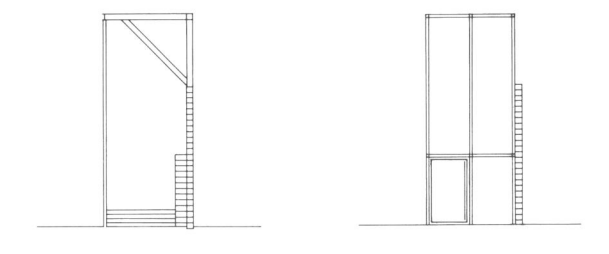

Planta / Cortes / Projeção / Vista da fachada.

"VELHO/NOVO Rokko"   1985/86
Kobe

A localização do complexo VELHO/NOVO, sobre um gradiente de mais de 1:8, permite-lhe uma vista distante do oceano. Um salão de entrada de vários andares separa, e ao mesmo tempo aproxima intimamente, os espaços dos quatro restaurantes, que são tanto típicos japoneses como ocidentais. Todo o prédio foi composto para preservar três velhas canforeiras, que já existiam no terreno. O muro de arrimo perimetral, usando pedras de granito extraídas das redondezas, é característico de residências tradicionais nessa área.

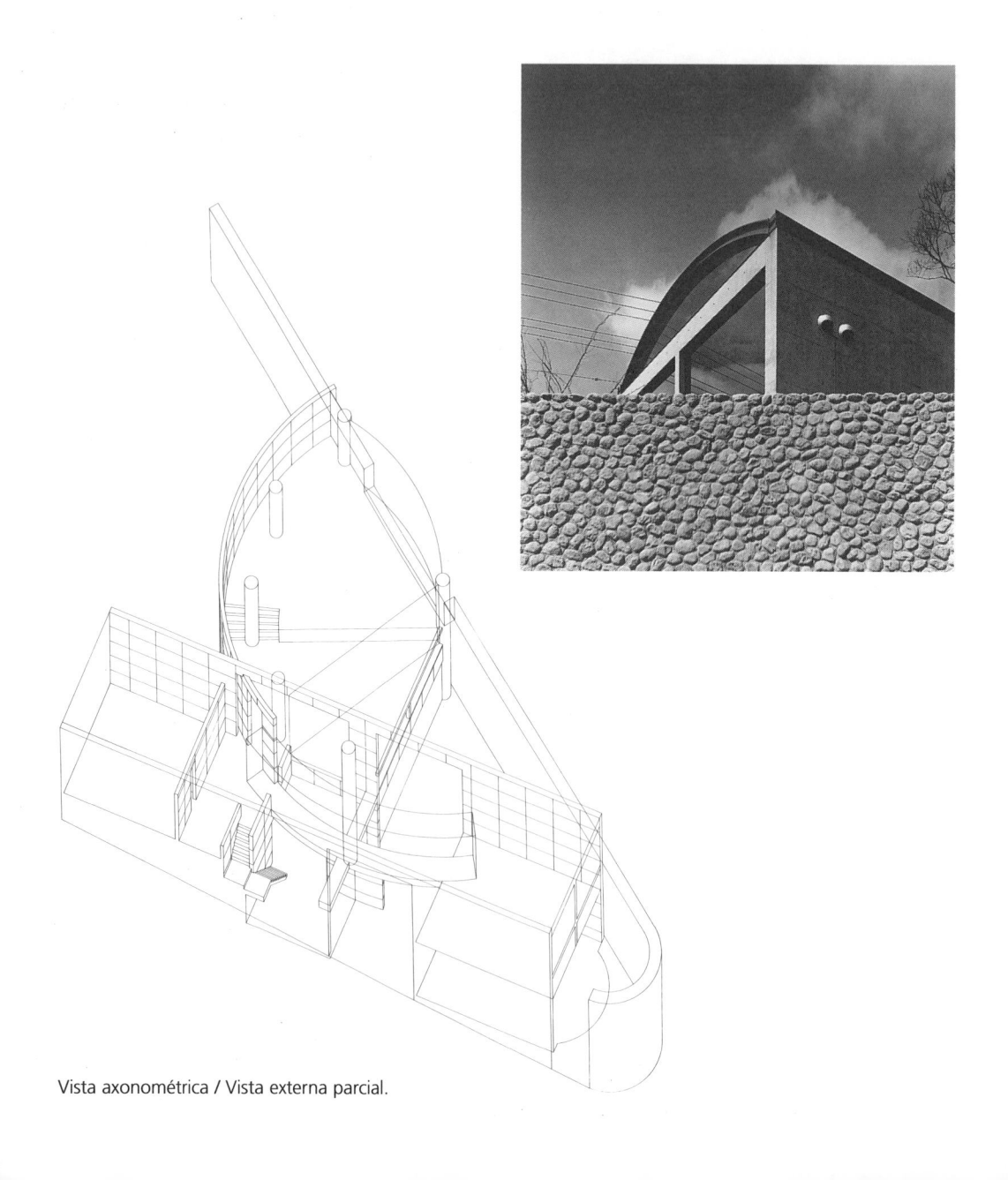

Vista axonométrica / Vista externa parcial.

"OXY Unagidani" 1986/87
Osaka

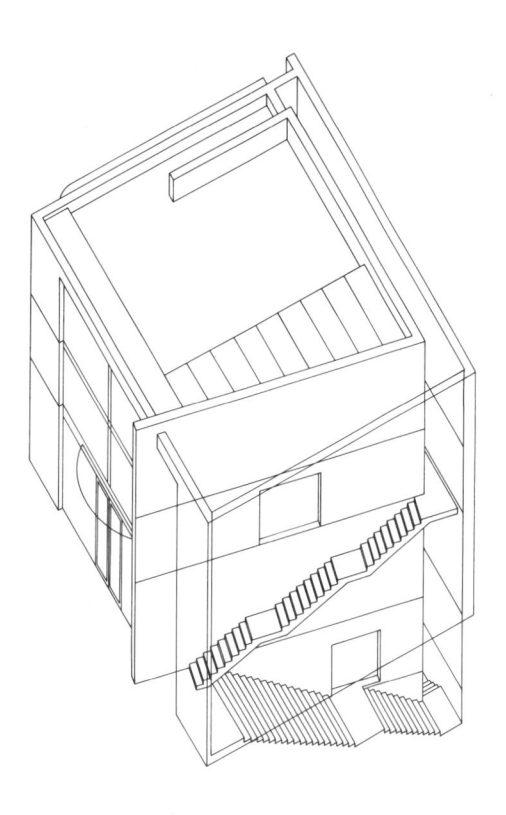

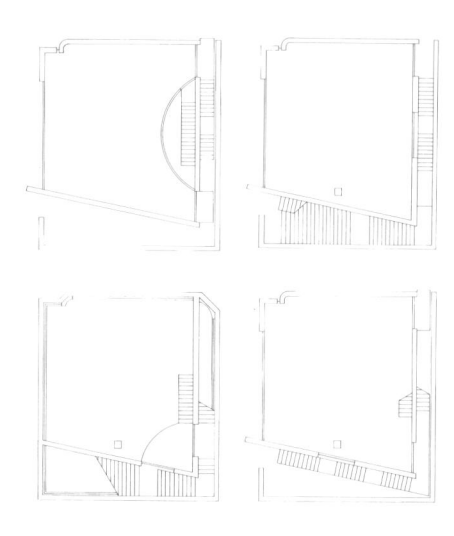

Vista da fachada / Vista axonométrica /
Plantas: térreo, subsolo, segundo andar
e primeiro andar.

GALLERIA (akka) 1985-88
Osaka

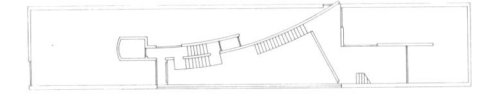

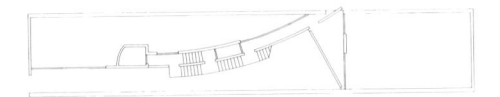

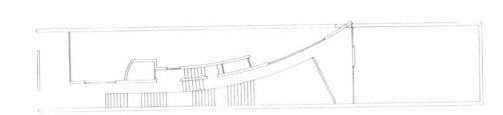

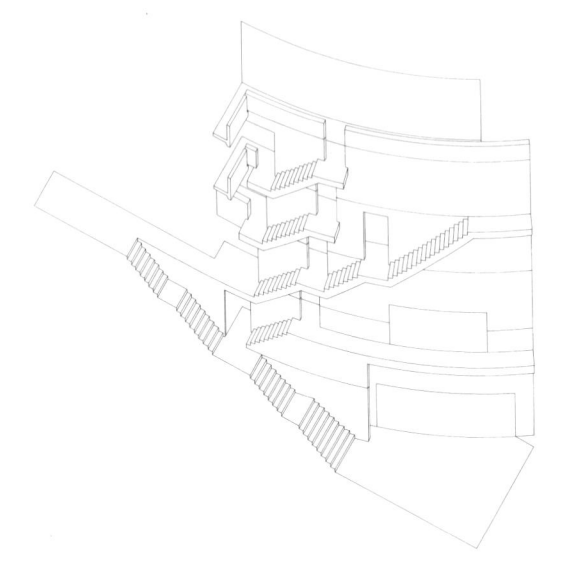

Plantas do segundo andar, primeiro andar e térreo / Vista axonométrica / Último andar / Andar inferior / Página da direita: pátio.

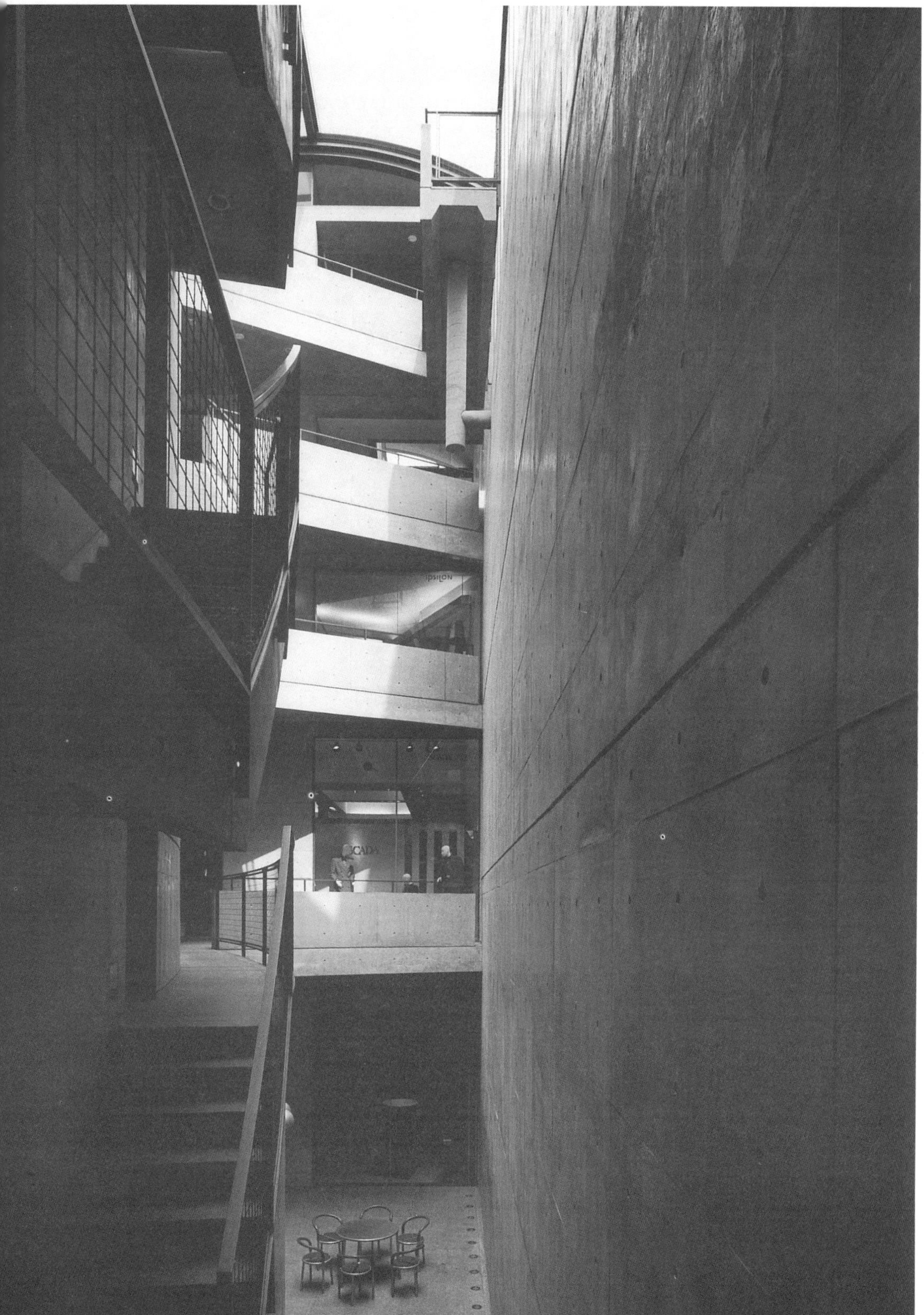

COLLEZIONE   1986-89
Tóquio

Centro comercial situado numa região elegante de Tóquio, o COLLEZIONE consiste de dois volumes retangulares transpostos por um cubo, um volume cilíndrico interligado e um muro perimetral protetor em arco. Para relacionar o edifício ao nível de sua vizinhança, metade de seu volume está abaixo do solo. O andar inferior do subsolo contém um estacionamento, e os dois superiores do subsolo abrigam um clube de ginástica e uma piscina. Lojas de roupas ocupam o térreo e o primeiro andar, e os dois andares superiores acomodam salas de exposições, galerias e a residência do proprietário. Localizados centralmente na composição do prédio estão uma praça escalonada e uma escadaria em espiral ao redor da parede externa do volume cilíndrico.

Fachada / Página da direita: vista axonométrica, plantas do segundo andar e do térreo, corte / Verso: vista da escadaria.

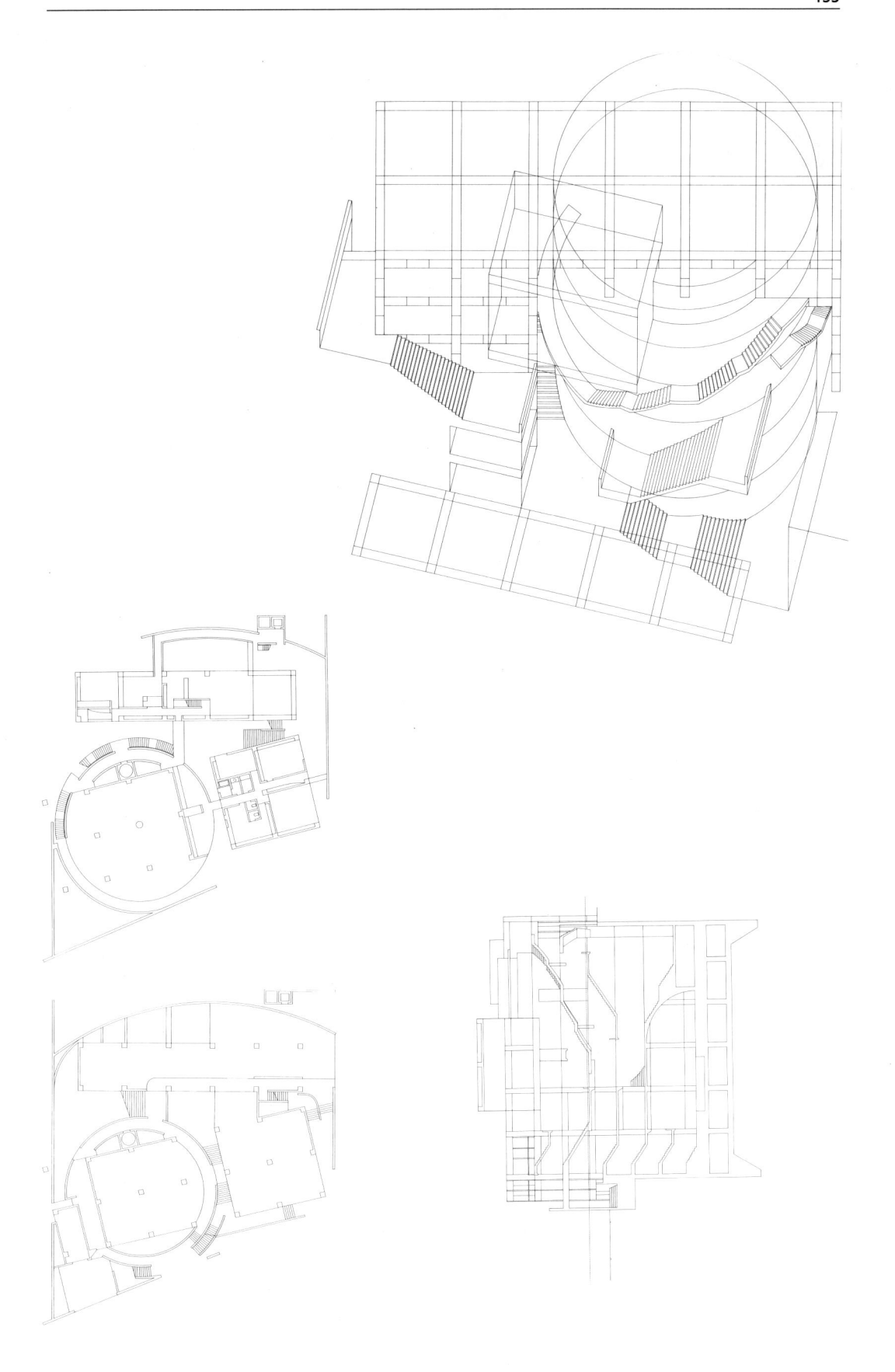

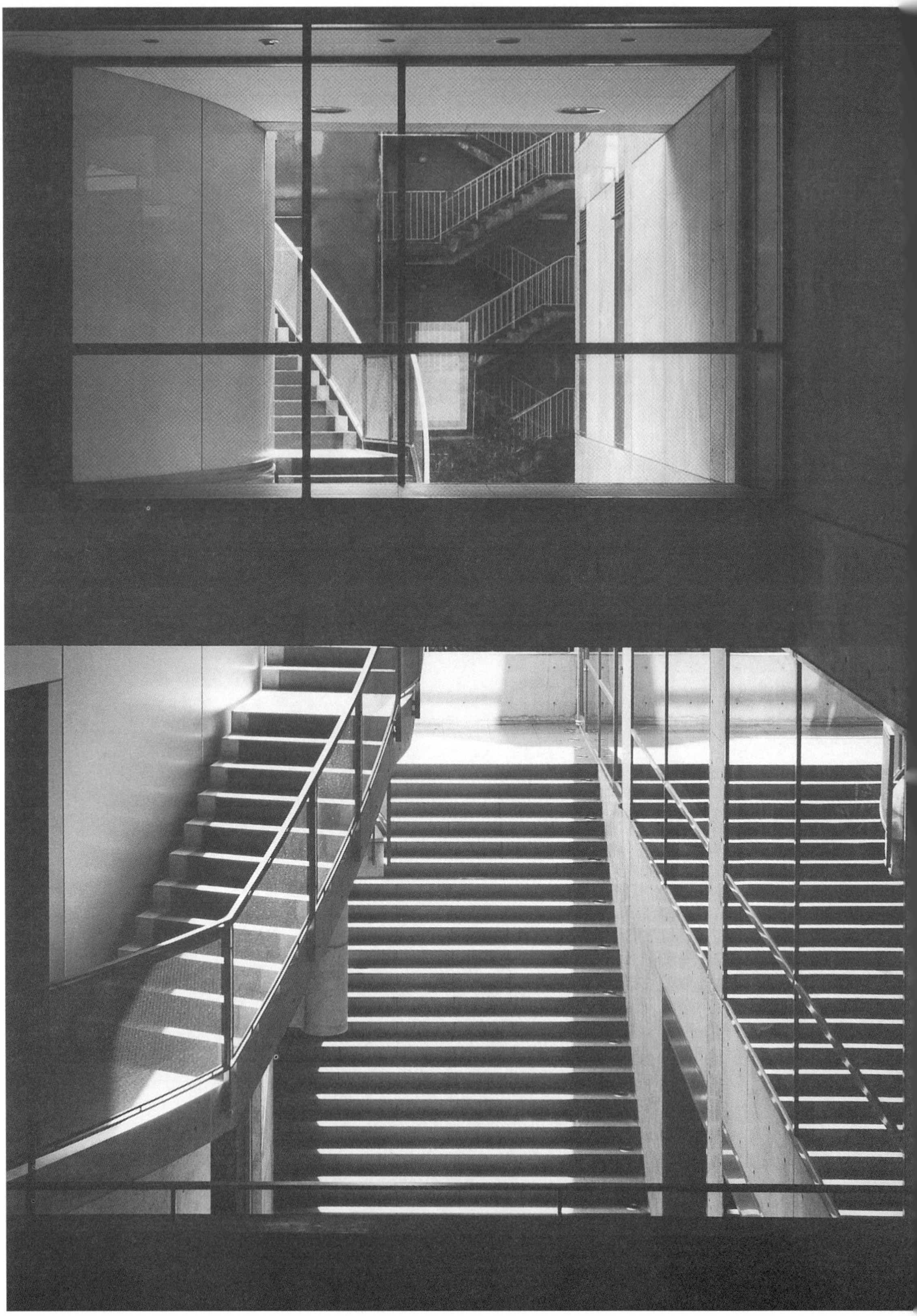

Edifícios culturais

Capela do Monte Rokko 1985/86
Kobe

Esta pequena igreja localiza-se na encosta verdejante de uma montanha, de onde se desfruta de uma vista panorâmica do oceano. O prédio consiste de uma capela e um campanário, uma colunata coberta e um muro livre que encobre parcialmente a paisagem. Enquanto a capela é uma massa concreta, a colunata é uma passagem envidraçada. Virando à direita na extremidade da colunata, somos levados de seu espaço cheio de luz para dentro da capela. Vê-se o altar diretamente à frente e, à esquerda do altar, uma grande janela – dividida por uma viga e um pilar que formam uma cruz – emoldura a vista de uma encosta cultivada.

Vista externa e interna da capela / Página da direita: desenho: vista aérea geral, projeção, corte.

137

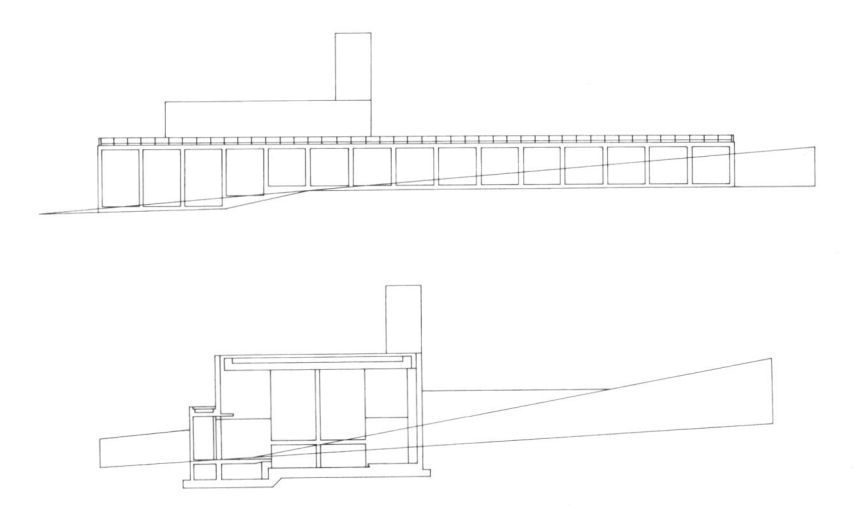

Igreja na Água   1985-88
Hokkaido

Localizada numa planície nas montanhas Yubari, em Hokkaido, esta igreja consiste, na planta, de dois quadrados justapostos de tamanhos diferentes. O prédio é voltado para um lago artificial, criado pelo desvio de um rio próximo. Um muro livre em forma de L se estende ao longo de um lado do lago, e envolve a parte traseira da igreja. Uma suave inclinação, da qual se contempla o lago, ascende ao longo do muro, levando ao topo do volume menor onde, dentro de um espaço envolvido por vidros e aberto para o céu, quatro grandes cruzes estão arranjadas em quadrado, seus braços quase se tocando. Deste ponto, o visitante desce por uma escada escura para chegar à parte de trás da capela. A parede atrás do altar é totalmente de vidro, oferecendo um panorama do lago, no qual uma grande cruz emerge da superfície da água. A parede de vidro pode deslizar inteiramente para um lado, abrindo o interior da igreja diretamente para a natureza que a rodeia.

Lago visto da igreja.

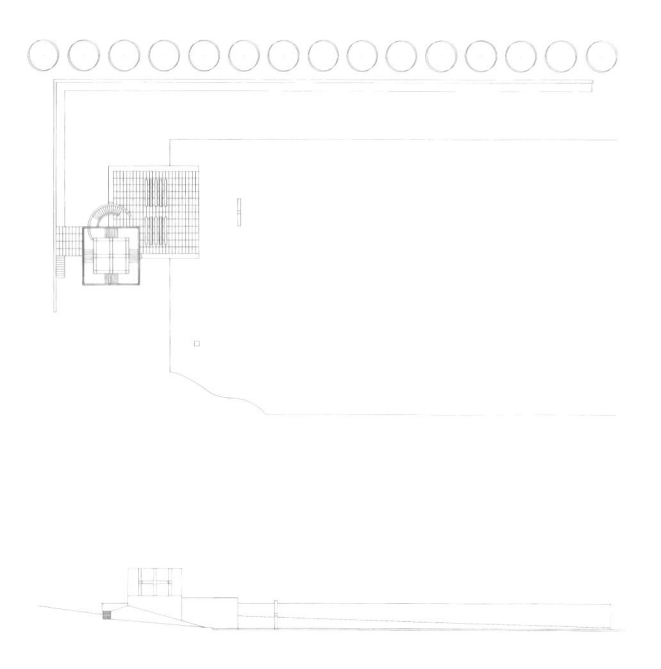

Planta baixa / Projeção / Desenho: vista aérea geral /
Vista externa.

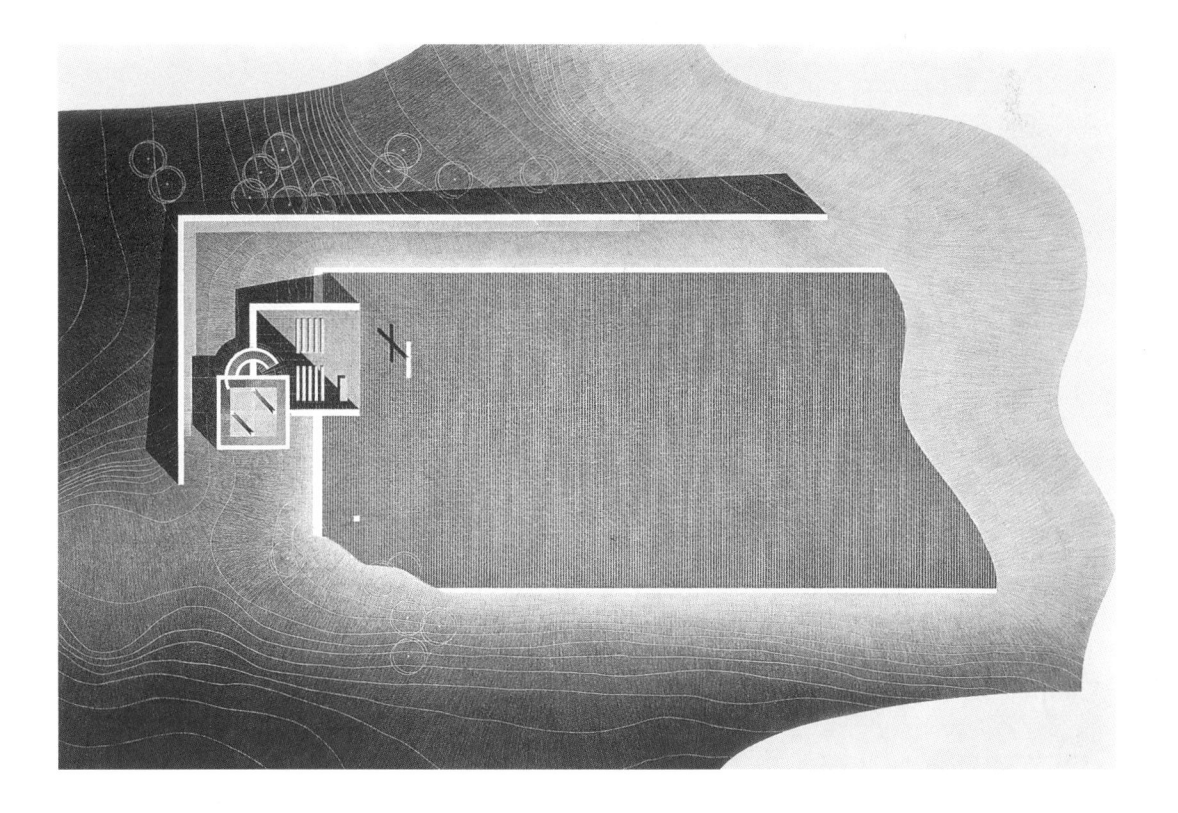

Cadeira de Aço   1985

Estas cadeiras simples feitas de ferro foram concebidas especialmente para o interior da *Capela do Monte Rokko*. As cadeiras – com seus braços e pernas de aço reduzidos às menores dimensões e pintados de preto – têm uma silhueta austera que aumenta o ar de tensão de um espaço sagrado.

A cadeira e seu ambiente / Cortes.

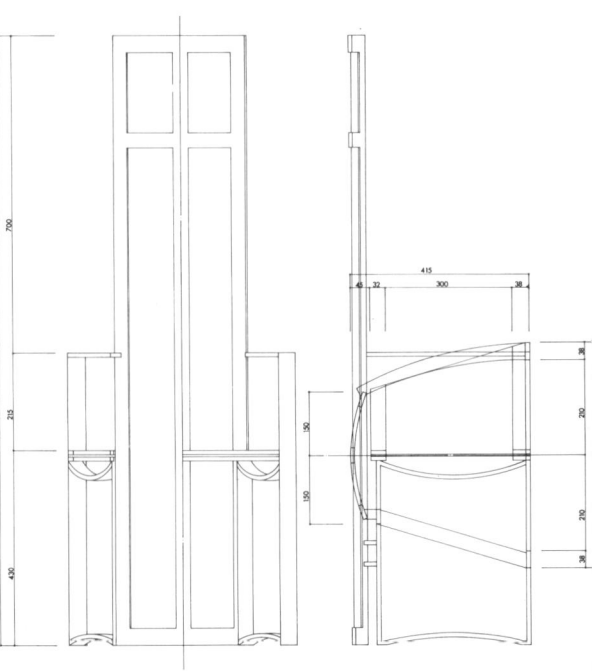

Cadeira de Madeira 1988

Estas cadeiras foram concebidas para a *Igreja na Água*. Enquanto as cadeiras da *Capela do Monte Rokko* têm um aspecto rígido e introduzem tensão no espaço, estas cadeiras de madeira sugerem o calor das coisas vivas. Por terem não apenas ângulos geométricos, mas também curvas suaves adequadas ao corpo humano, elas enfatizam a suavidade da madeira ao toque. As cadeiras produzem em seus ocupantes um efeito relaxante, ecoando a cordialidade de uma igreja que nos convida a despertar nossos sentidos e confraternizar com a natureza.

A cadeira e seu ambiente.

Igreja da Luz   1987-89
Osaka

Localizada num calmo subúrbio residencial, esta capela deriva sua orientação da direção do sol e da posição de uma igreja próxima, já existente. A igreja consiste de um volume retangular (um cubo triplo), cortado num ângulo de 15 graus por uma parede livre mais baixa, que divide o espaço entre a capela e o espaço triangular da entrada. Entrando através de uma abertura na parede em ângulo, fazemos um giro de 180 graus para ficar de frente para a capela. O chão desce em etapas na direção do altar, atrás do qual a parede é fendida por uma abertura horizontal e uma vertical, que formam um crucifixo. O assoalho e os bancos são feitos de tábuas de madeira de baixo custo que, com sua superfície de textura rústica, enfatizam o caráter simples e digno do espaço.

Vista externa / Planta / Página da direita: vista do interior / Verso: desenho: vista aérea geral.

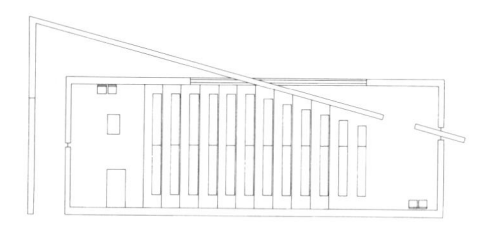

143

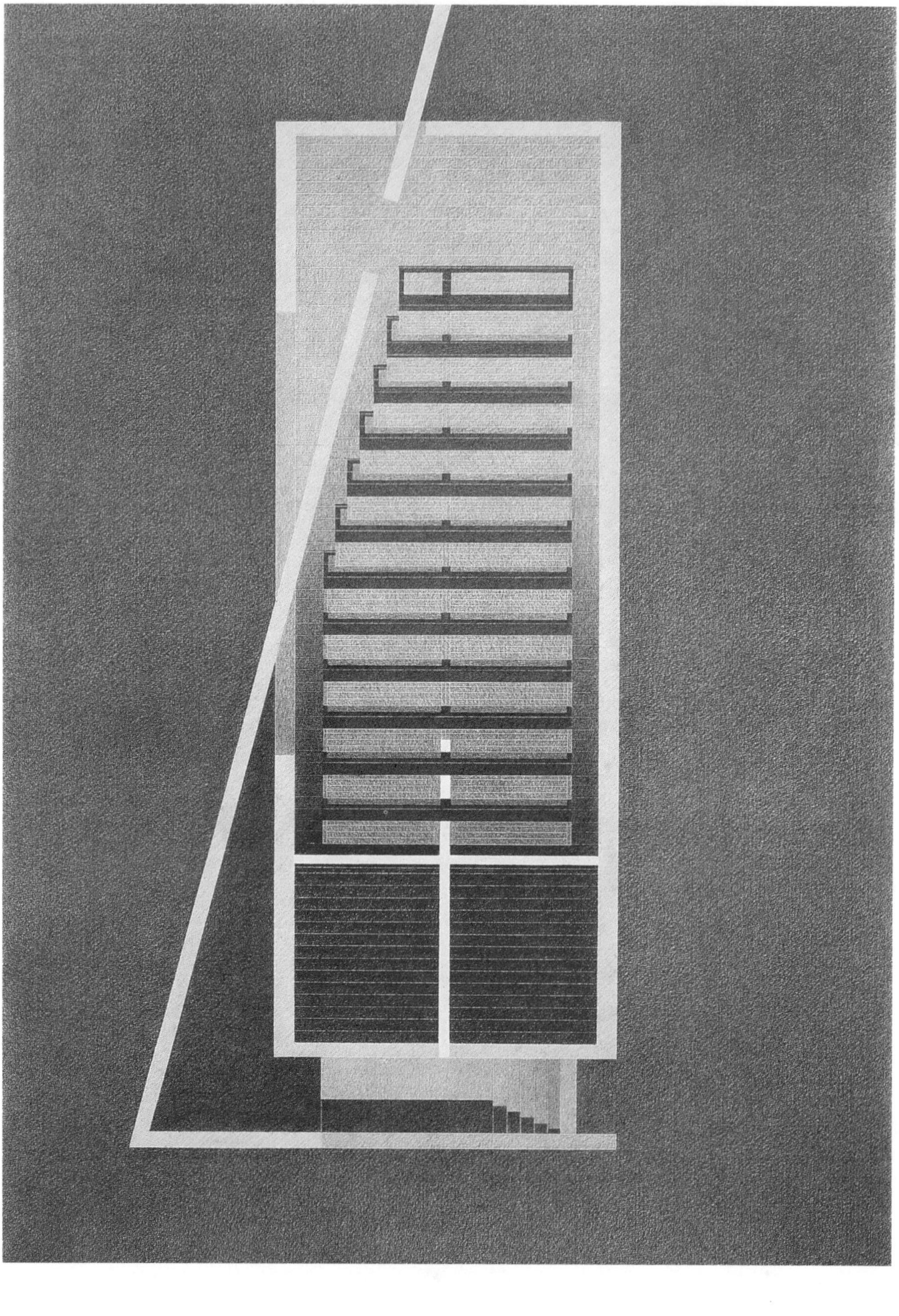

Memorial Natsukawa   1987-89
Shiga

Situado numa área muito construída, o Memorial Natsukawa é um prédio cultural de uma escola secundária particular, fora de seu *campus*. Voltadas para o teatro, a pintura, a música e o cinema, as dependências oferecem um ambiente que facilita a comunicação entre os estudantes. O prédio consiste de uma caixa de concreto, retangular na planta, de aparência externa simples. Um terço desse volume fica abaixo do nível do solo. O subsolo consiste de uma pequena sala de conferências e um salão com múltiplas finalidades. Os níveis superiores compreendem o salão de entrada, uma cobertura ajardinada para reuniões informais e salas de conferência. Uma rampa e uma escada em espiral funcionam conjuntamente para conduzir as pessoas através de vários vazios espaciais, conferindo ao interior um aspecto de labirinto.

Plantas: subsolo e andar térreo / Vista axonométrica / Rampa.

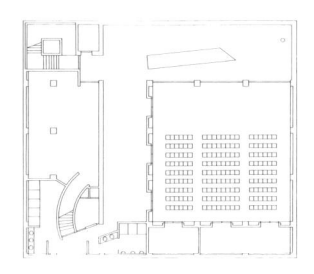

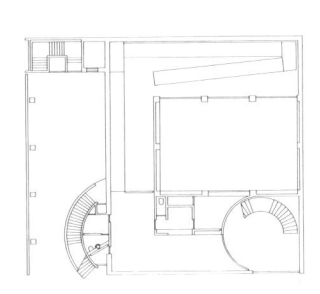

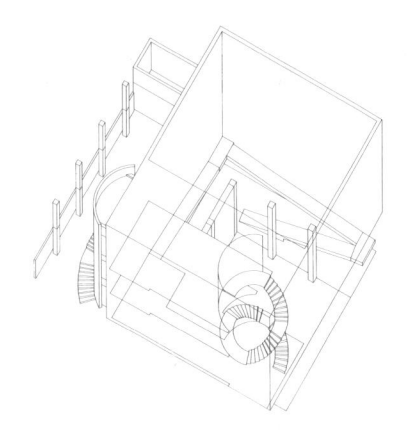

Templo da Água   1989-91
Ilha Awaji

Uma colina na ilha Awaji, que oferece uma ampla vista da baía de Osaka, é o local do *Hompukuji*, um novo templo, matriz da seita budista Shingon. O salão do templo localiza-se abaixo do nível do solo, sob um grande lago oval cheio de lótus-verdes. Entra-se no salão por meio de uma escadaria, que desce a partir da superfície do lago, dando a impressão de levar os visitantes para debaixo da água. O salão é composto de uma sala redonda – gradeada com pilares de madeira – que é envolta por um quadrado. O interior do salão e os pilares são de um vermelhão manchado – cor que se torna intensa no final de cada dia, à medida que a luz avermelhada do pôr-do-sol invade o espaço, projetando longas sombras dos pilares para o fundo do espaço subterrâneo. O projeto do templo cria uma série de experiências que transcendem a vida cotidiana.

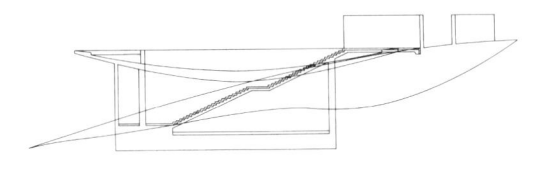

Corte / Salão do templo / Página da direita: vista geral / Verso: vista da escadaria.

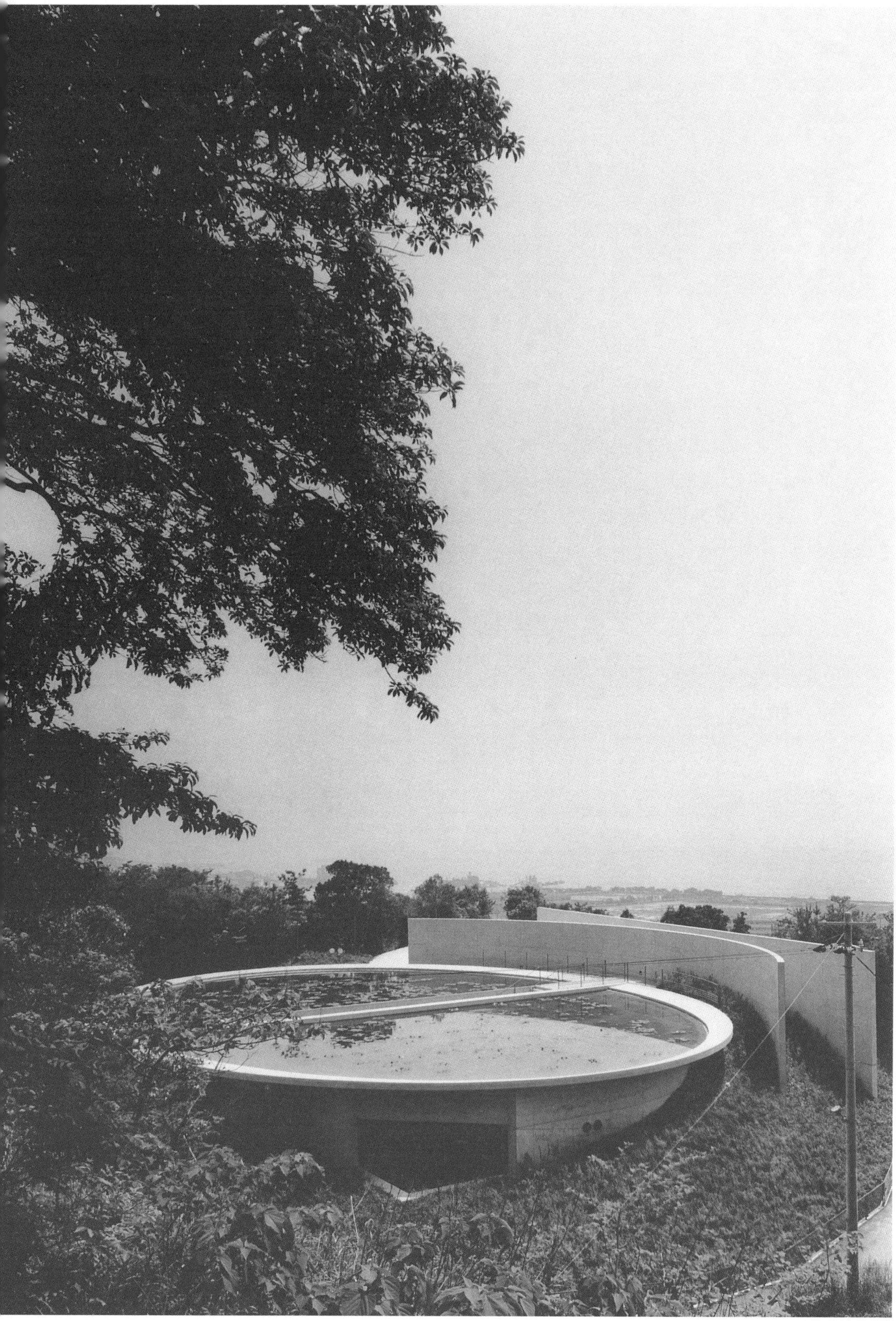

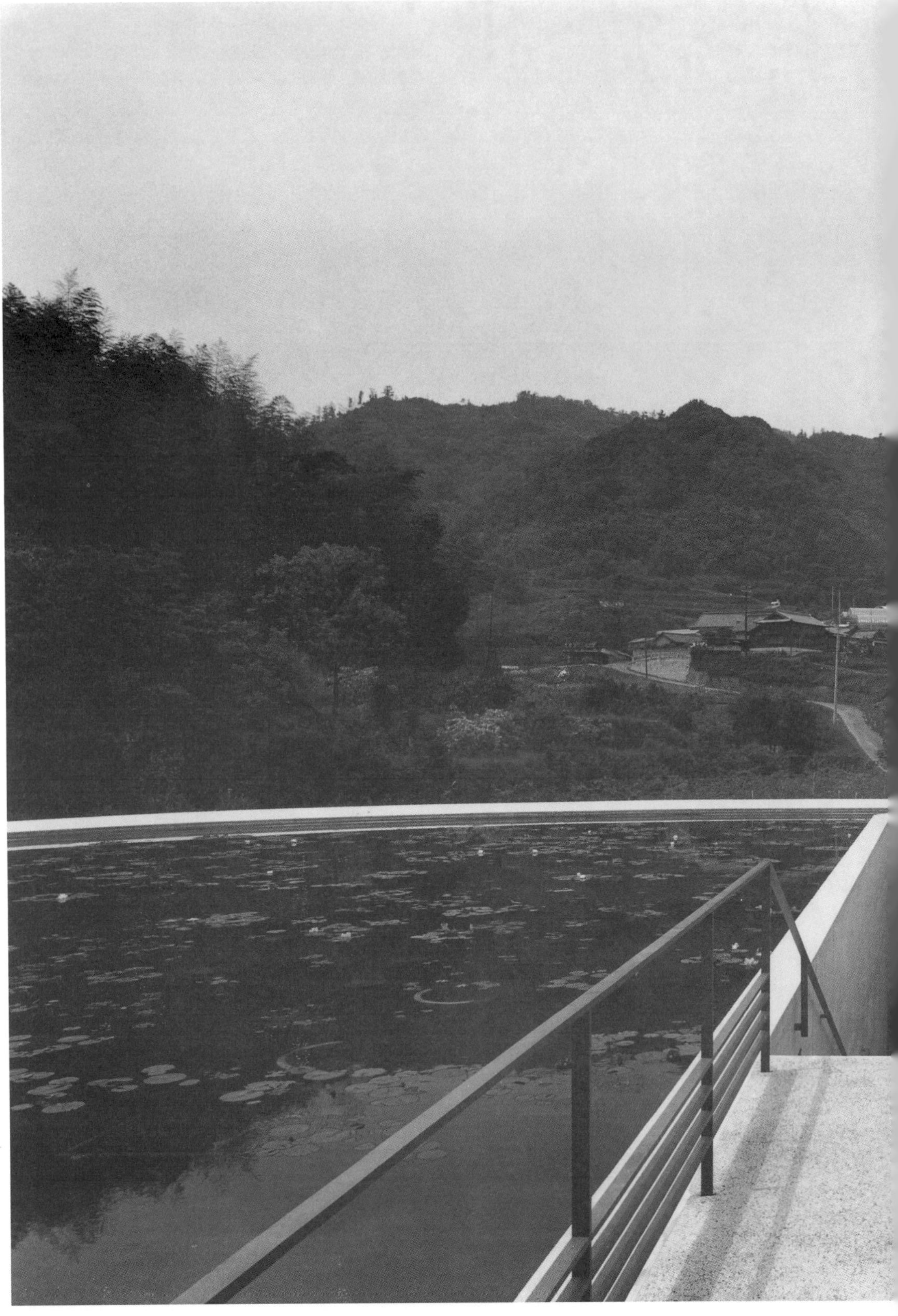

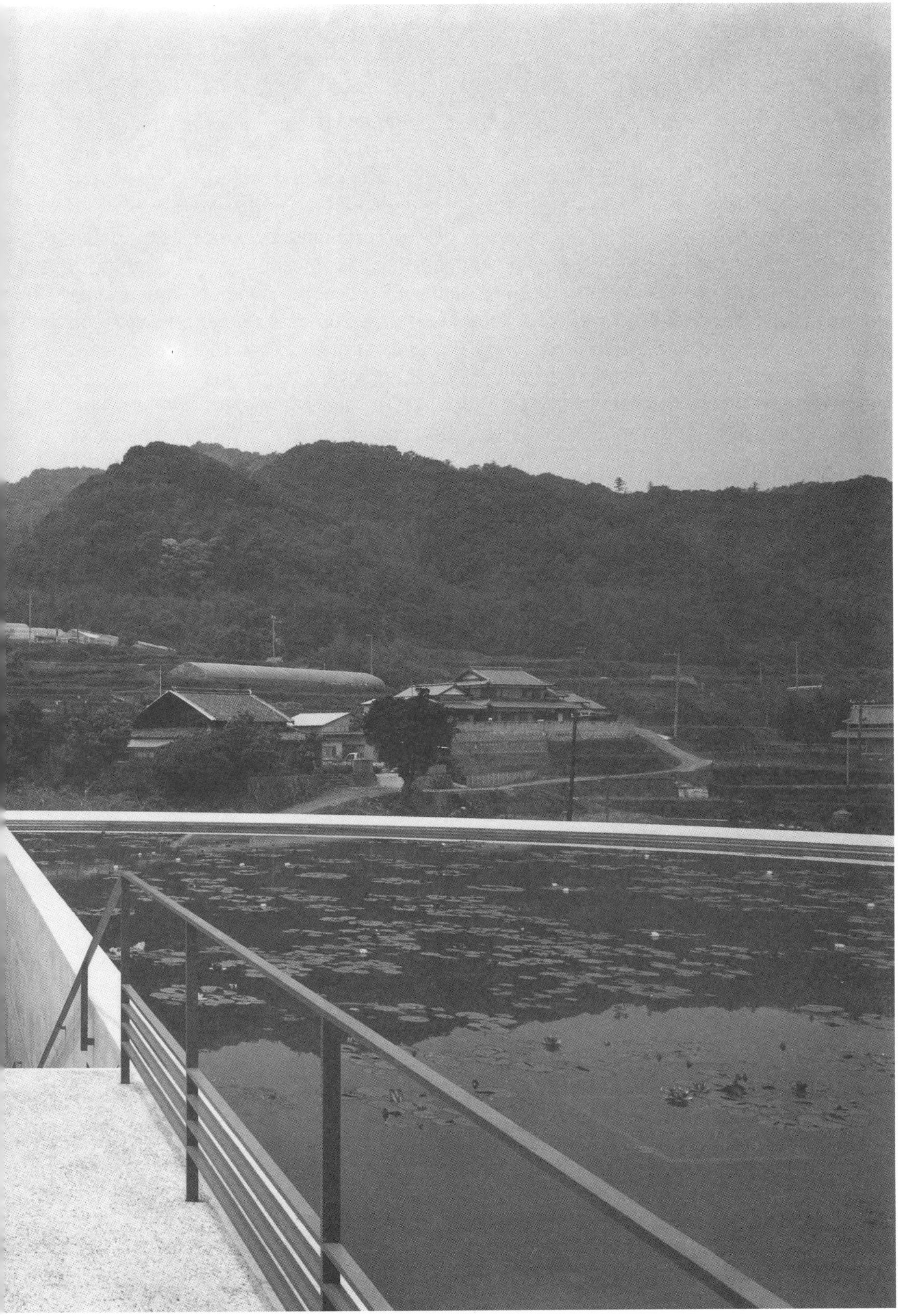

Centro de Artes Otemae   1989-92
Hyogo
Este estabelecimento educacional de cultura, projetado para uma universidade, está localizado num distrito residencial suburbano de origens prestigiosas, que datam do início deste século. A estrutura acomoda um espaço de estúdios, onde os estudantes podem desenvolver pinturas e outros ofícios, e uma galeria para mostras e exposições de arte. Para que o prédio combine com sua vizinhança, um terço de seu volume fica debaixo do solo, e seu perímetro é guarnecido de árvores. O saguão do andar térreo – um grande espaço, como se fosse um átrio, atravessado por rampas – é invadido pela natureza através de grandes aberturas nas paredes. Todas as salas têm alguma conexão com esse espaço, que funciona como um palco das idas e vindas dos estudantes. O subsolo acomoda uma galeria de arte e um salão de várias utilidades, com capacidade para 200 pessoas. No primeiro e no segundo andares fica uma praça com jardim e um café. As grandes aberturas nas paredes do edifício transmitem a presença da natureza para as ruas adjacentes da cidade. Ao se preservarem uma casa de chá, um portão e um muro de pedra que já existiam anteriormente, pertencentes a uma casa de madeira, deu-se continuidade à memória do passado.

Planta da locação / Projeção / Página da direita: vista externa.

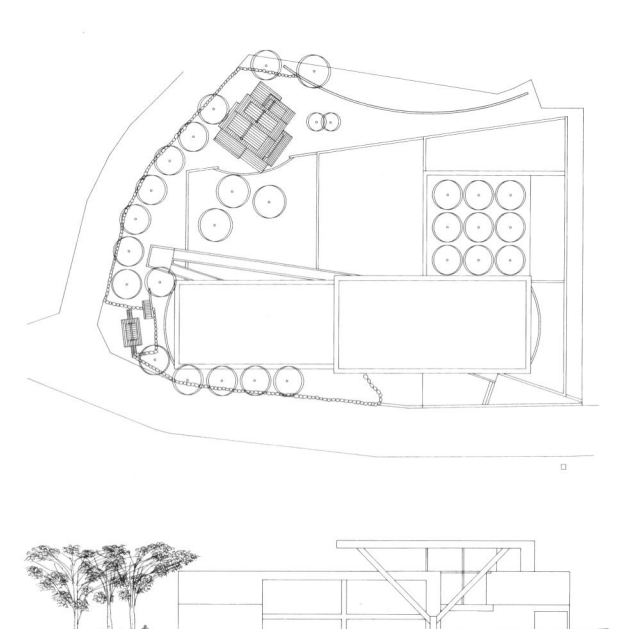

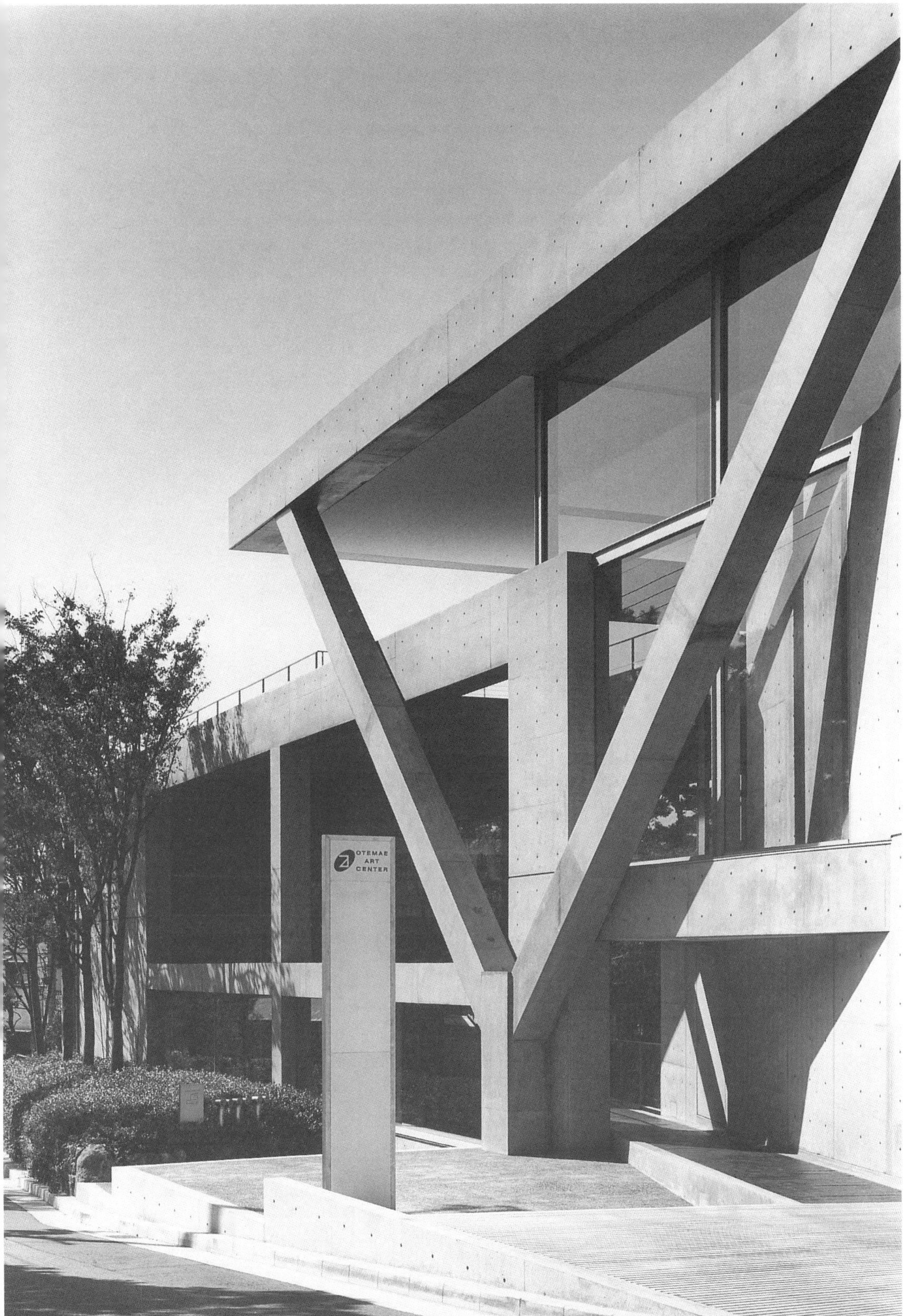
OTEMAE
ART
CENTER

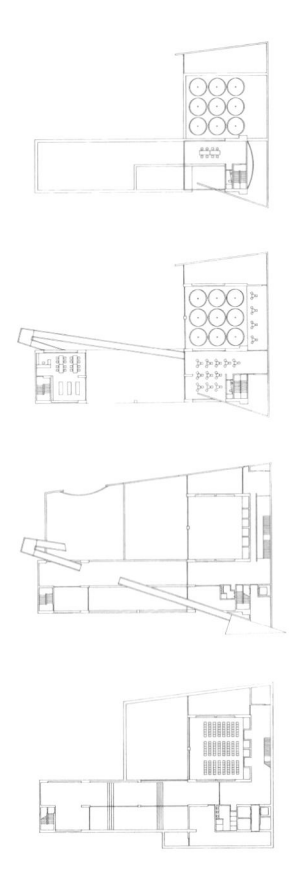

Vista a partir do café / Plantas: segundo andar, primeiro andar, térreo e subsolo.

Museu Naoshima de Arte Contemporânea 1988-92
Okayama

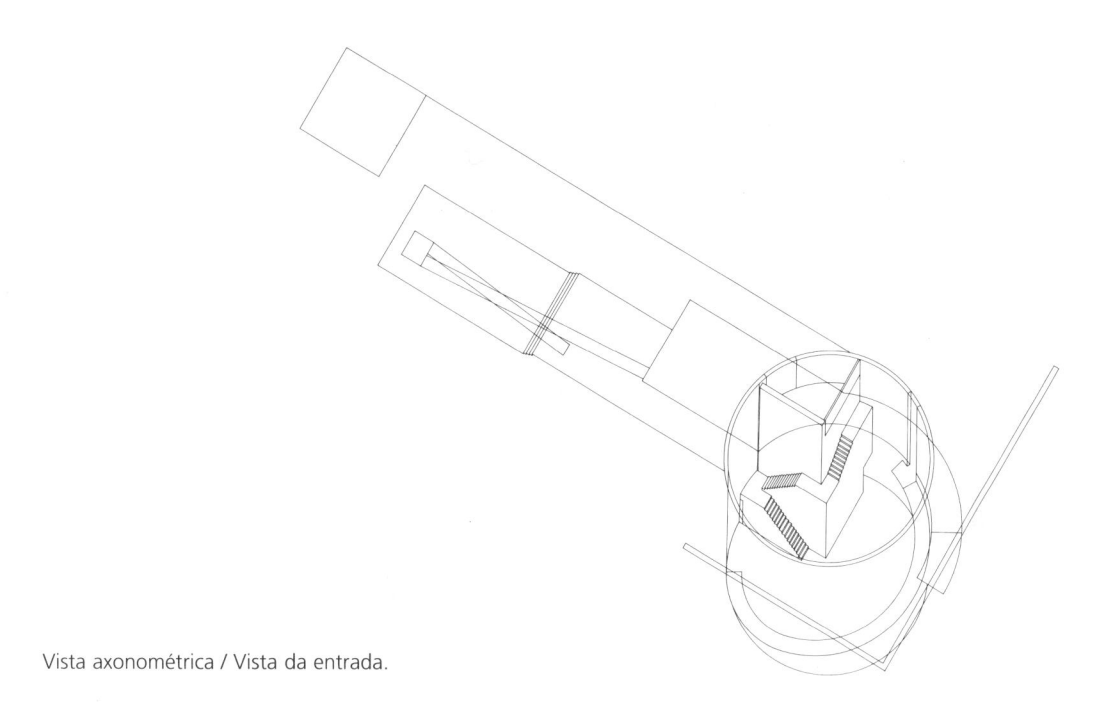

Vista axonométrica / Vista da entrada.

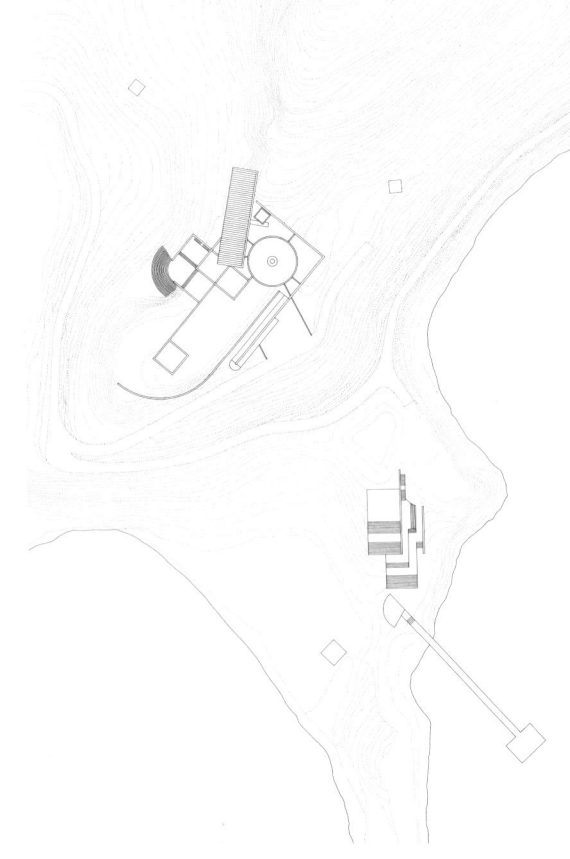

Terraço com degraus / Galeria circular (com instalação para a exposição de Issey Miyake) / Vista do trapiche a partir da galeria sob o terraço com degraus / Planta da locação / Página da direita: vista geral a partir do mar.

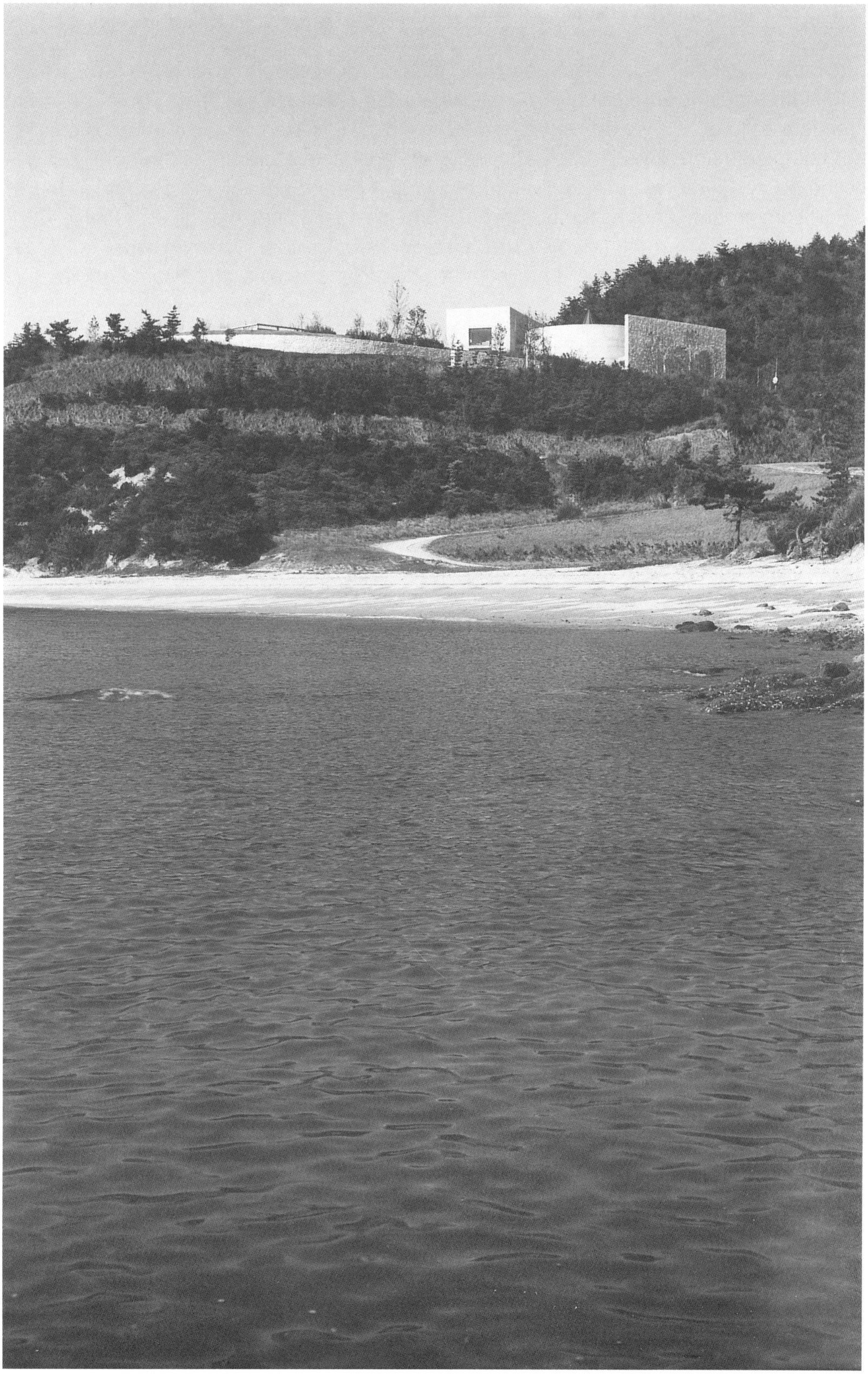

Centro Estudantil da Universidade Konan   1991-
Kobe

Este projeto, para uma dependência universitária de utilização múltipla, tenta fornecer aos estudantes um ambiente estimulante para sua experiência universitária. O prédio tem um grande espaço ao ar livre ao centro, em torno do qual existem espaços internos e externos complexamente entrelaçados. O cilindro do lado leste é um anfiteatro ao ar livre rodeado por restaurantes em três níveis. Interligado a ele, há um volume retangular de três níveis, com um teto abobadado duplo, que contém espaço para lojas de estudantes. O cilindro do lado oeste é um salão coberto para várias utilizações, com um átrio de três níveis. Este cilindro é coberto pela praça no segundo andar e pela praça com degraus que dá acesso ao edifício.

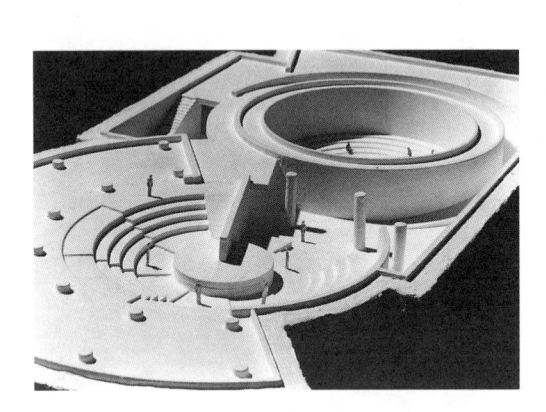

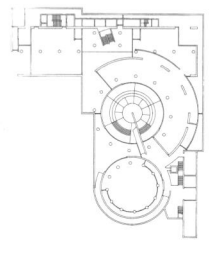

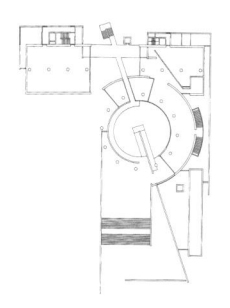

Modelos / Plantas: subsolo, andar superior.

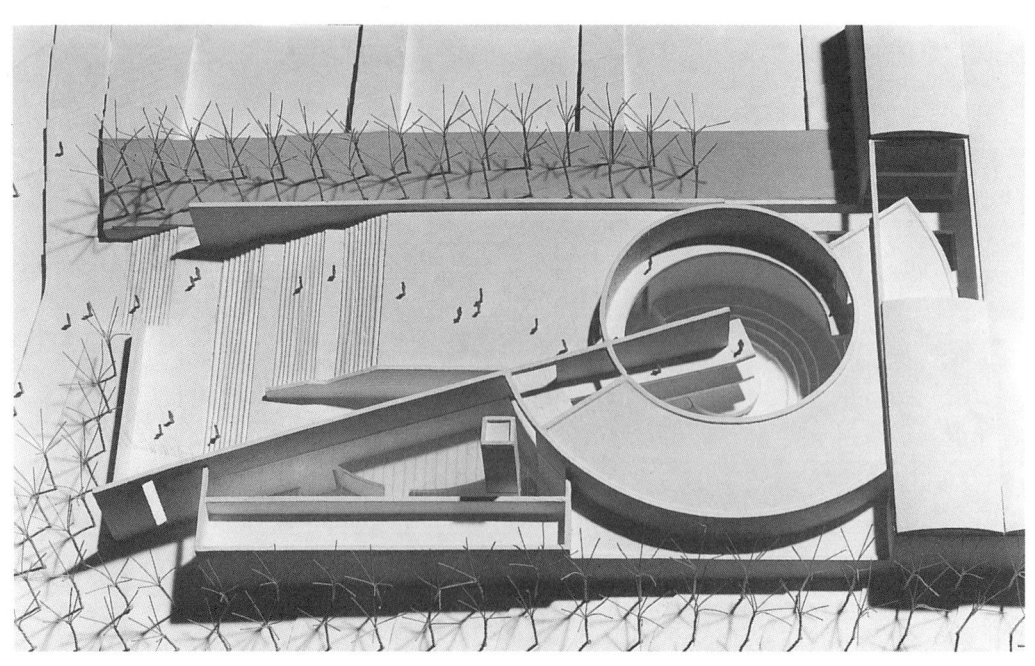

Pavilhão de Conferências VITRA   1989-93
Weil am Rhein (Alemanha)

Este pavilhão de conferências foi projetado para uso de executivos de uma empresa de móveis e está localizado perto da fábrica da empresa, na Alemanha. A altura do prédio foi minimizada nesta locação plana, com parte de seu volume no subsolo. É composto de três elementos – um volume retangular que corre paralelamente às paredes do pátio quadrado e rebaixado, um volume retangular que penetra no pátio formando um ângulo de 60 graus e um volume cilíndrico – formando uma lacuna espacial – que se conecta com dois volumes retilíneos. O edifício tem dois níveis, acomodando salas de conferências, uma biblioteca, gabinetes e um saguão – todos se abrindo para a tranqüilidade do pátio rebaixado.

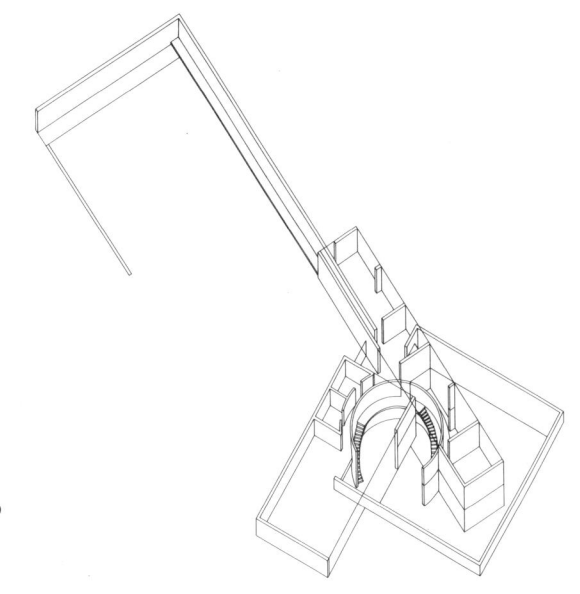

Vista axonométrica / Modelo (à direita, Museu do Desenho, projetado por Frank Gehry).

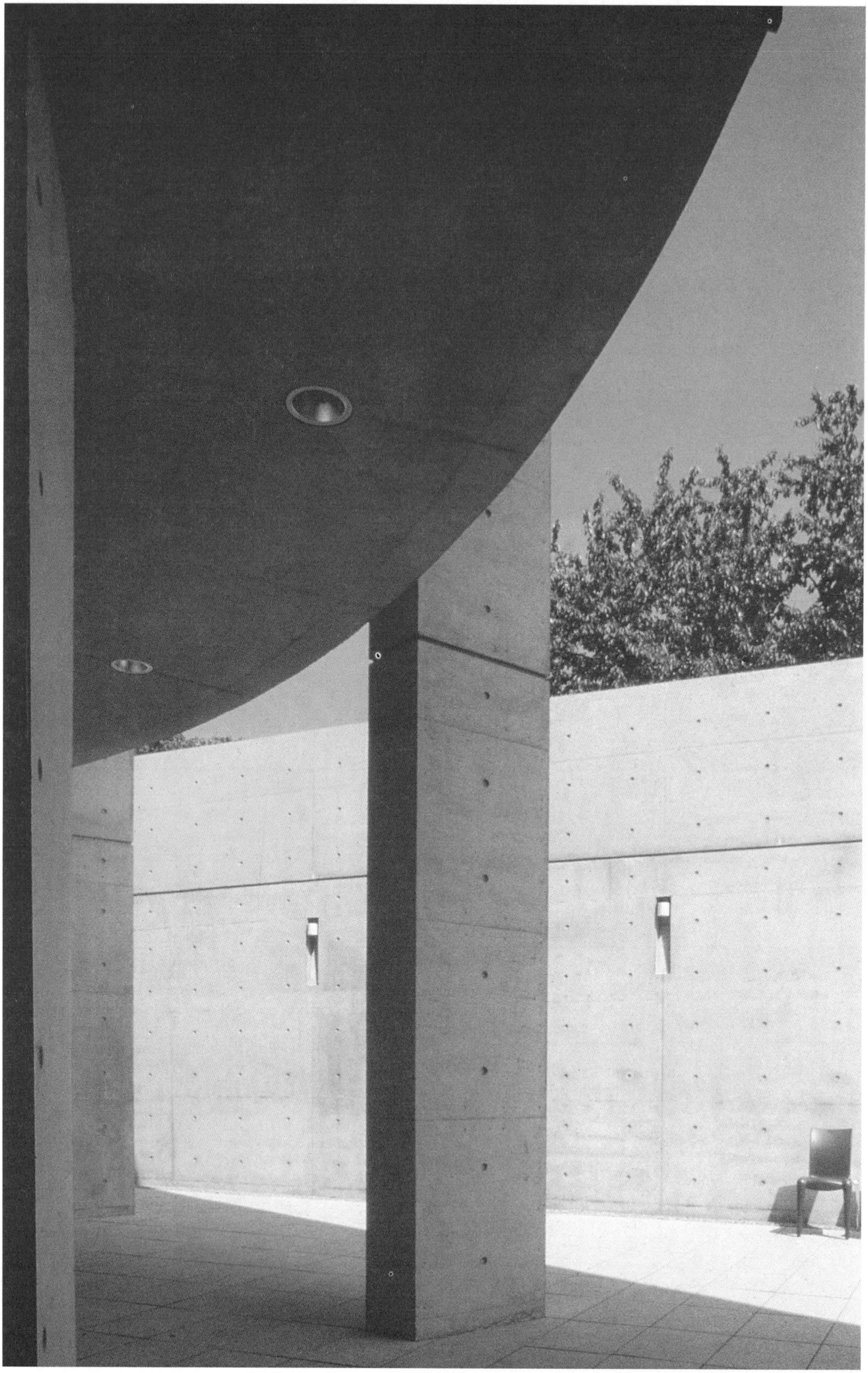

Página da esquerda: Vista parcial do pátio rebaixado /
Vista externa / Escada no volume cilíndrico / Vista do
pátio.

Museu Suntory   1991-94
Osaka

Por meio deste projeto, que tenta unir a *plaza* de um museu do litoral com uma *plaza* que desce até a zona portuária, Ando procurou introduzir a familiaridade com a água na vida diária. Cinco pilares monumentais estão dispostos margeando a água e são repetidos no quebra-mar a 70 m da praia – não somente expressando uma vontade do arquiteto, mas também para reforçar um senso de continuidade entre a *plaza* e o oceano. A construção inclui um grande volume em forma de tambor ou cone invertido (40 m de diâmetro no topo) que é penetrado por dois volumes retangulares. O volume em forma de tambor contém uma esfera de 32 m de diâmetro, que aloja um teatro IMAX.

Vista geral.

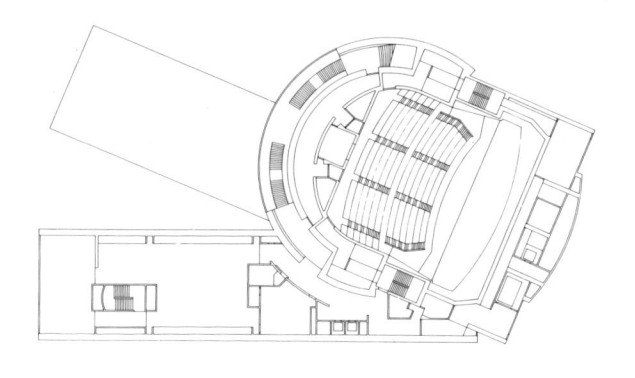

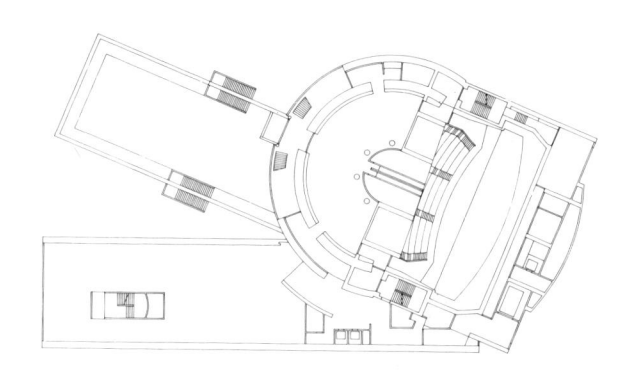

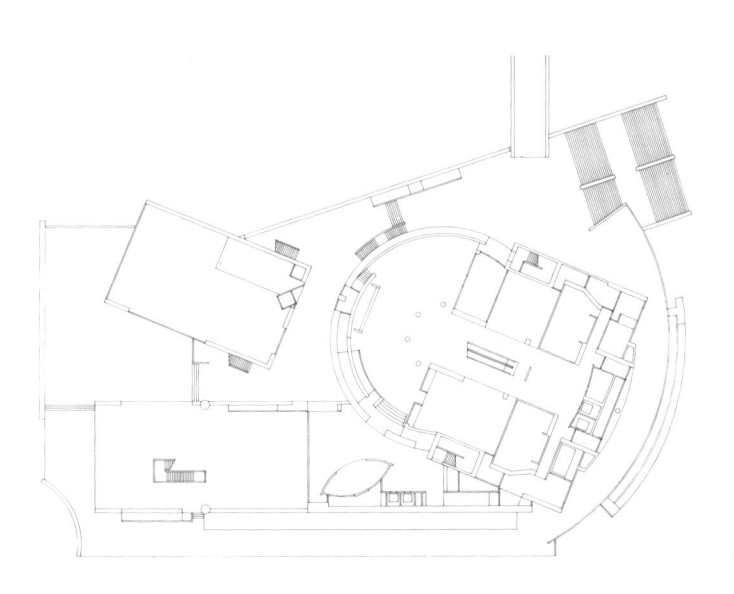

Planos: andar superior, terceiro
e quarto andares.

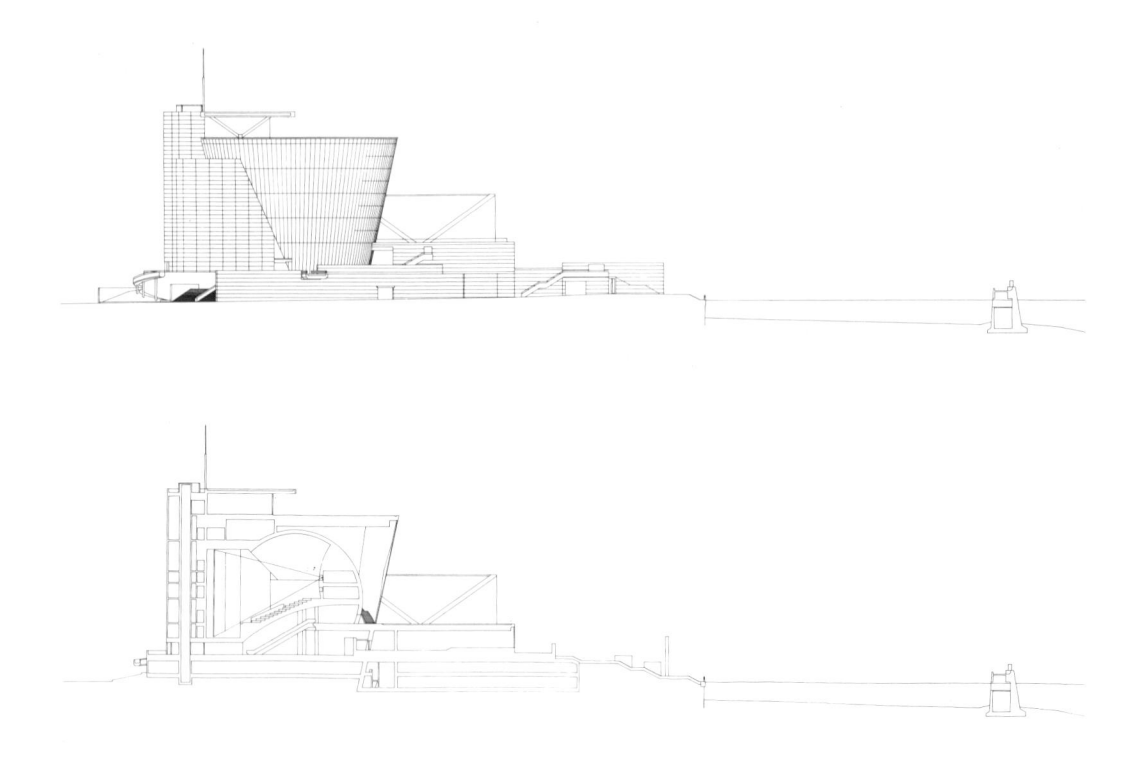

Elevação / Corte / Vista parcial interna / Página ao lado: *plaza* e passeio público.

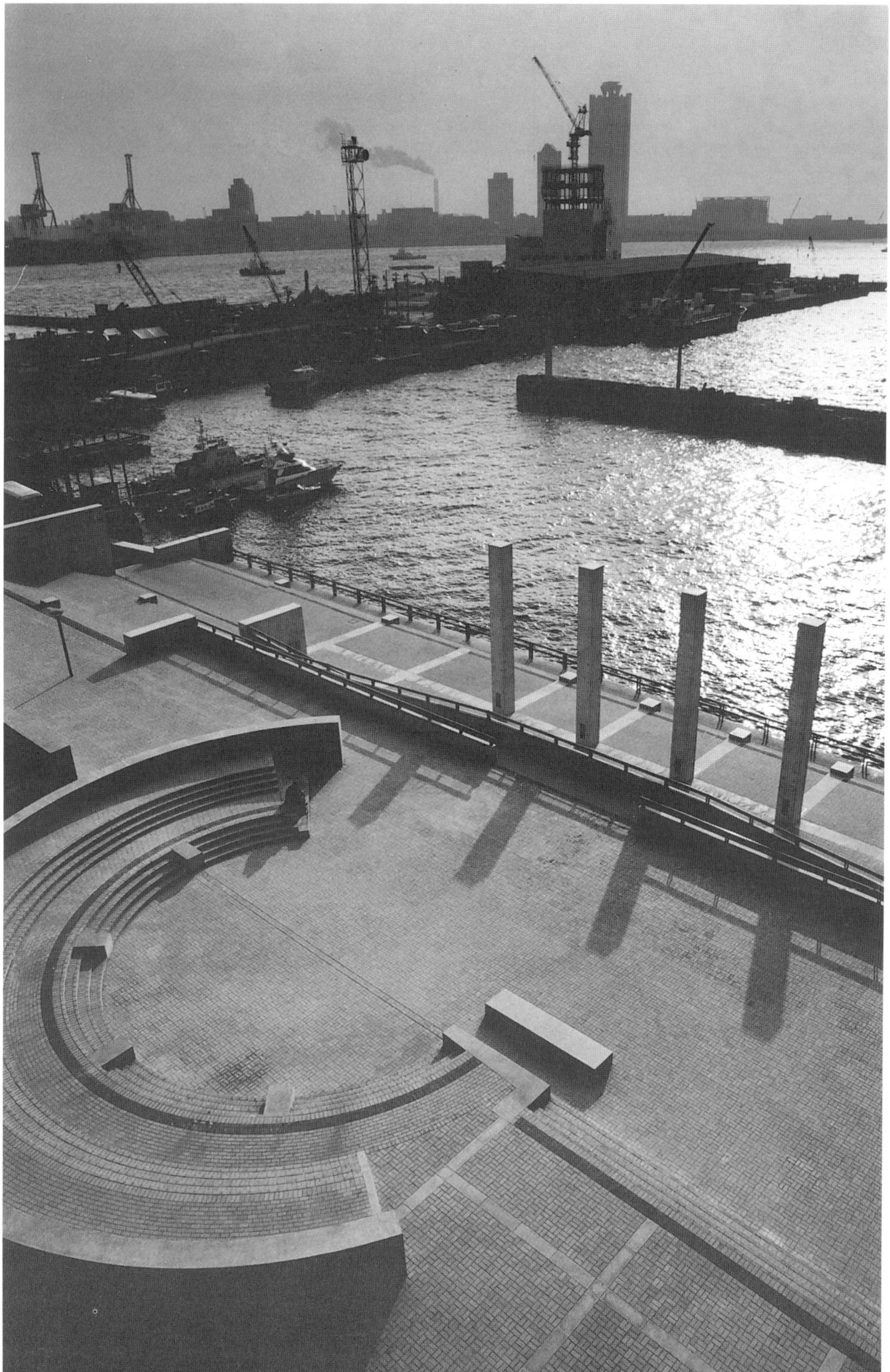

Museu Naoshima de Arte Contemporânea
Anexo   1993-95
Kagawa

No topo da colina, Ando criou uma extensão para o hotel atrás do terreno do museu de arte e do complexo do hotel (completado em 1992). Este anexo, 40 m acima dos prédios mais baixos e com acesso por um pequeno vagonete suspenso, incluiu espaços múltiplos para serem usados como galeria. Construído como um plano oval de um único andar, torna-se um ponto-base para se plantar em toda a colina uma ampla variedade de árvores. O anexo, que em sua maior parte está encravado na colina, ocupa um plano oval com um eixo maior, de 40 m, e um eixo menor, de 30 m. O centro foi projetado como um jardim de água circundado por uma colunata, que pode ser usada como uma galeria parcialmente ao ar livre. Uma cascata de água decora a entrada, enquanto um jardim verde foi colocado entre as divisas dos perímetros oval e quadrado. A água parece imergir diretamente no oceano. O jardim, voltado e aberto para o mar como a extensão de uma cobertura ajardinada, é uma continuação da tela de fundo proporcionada pelo verde circundante.

Jardim de água.

Plano da locação / Corte e plano.

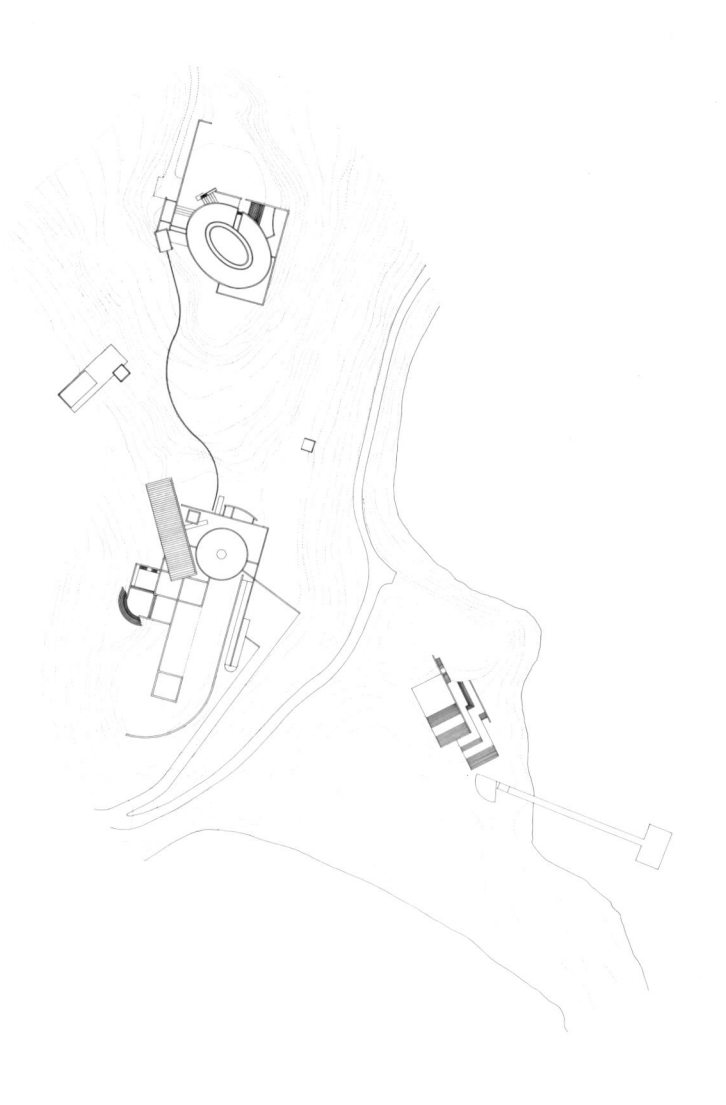

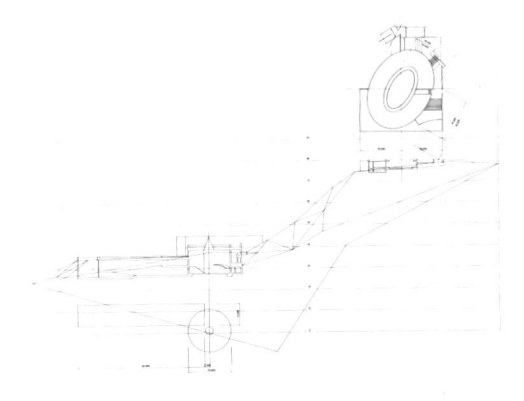

Vistas.

Espaço para Meditação, Unesco   1994/95
Paris

Em 1995, para comemorar seu 50º Aniversário, um "Espaço para Meditação" foi construído no local da Sede da Unesco em Paris. Este espaço é um lugar de prece pela paz eterna e global de todos os povos do mundo, transcendendo suas diferenças e conflitos religiosos, étnicos, culturais e históricos. O espaço para meditação da Unesco é uma estrutura de concreto de um andar, que mede 6,5 m de altura e ocupa uma área térrea de 350 m². De acordo com suas funções, ele tem uma aparência serena e solene. Com a cooperação da cidade de Hiroshima, e como uma prece pela paz eterna na Terra, o granito exposto à radiação da bomba atômica foi usado no piso e na base do lago artificial.

Vista externa.

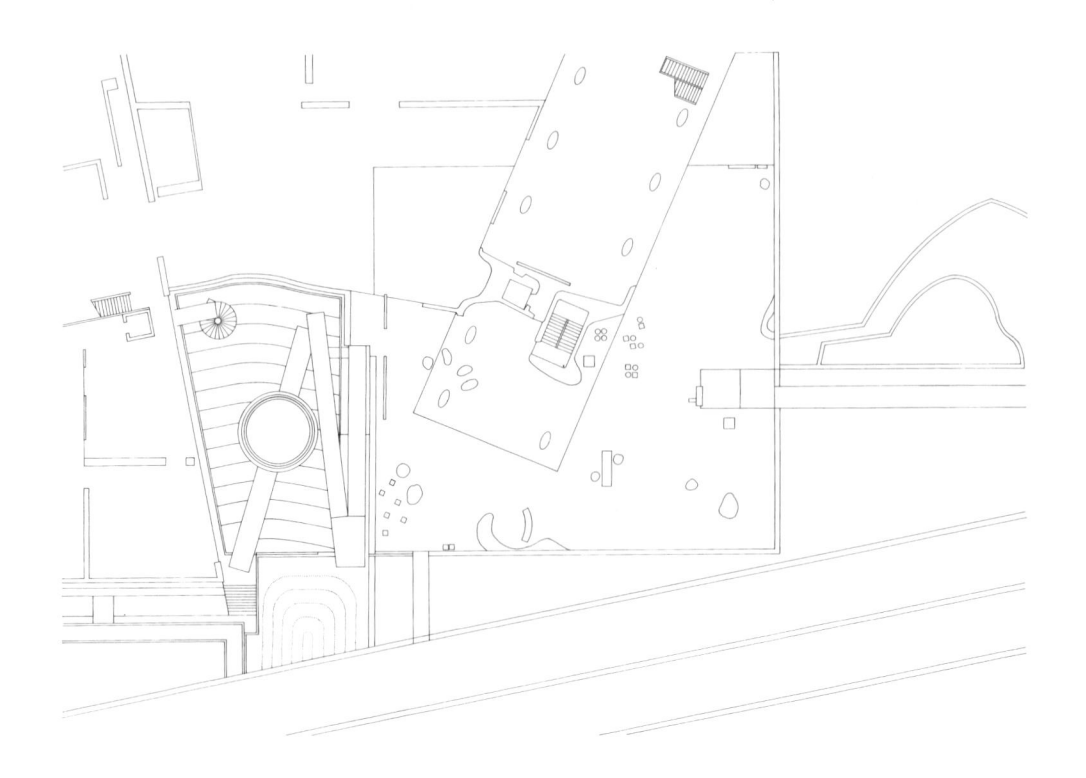

Plano de locação / Vista do teto.

Museu Villa Oyamazaki   1991-95
Kyoto

Este projeto é uma tentativa de dar à antiga *villa*, construída na década de 20, nos subúrbios de Kyoto, uma nova vida como museu de arte. Ando tentou produzir um intenso diálogo entre a arquitetura estilística existente, com seus detalhes expressivos e a arquitetura moderna com seu espaço simbólico. Por causa da antiga construção e para evitar destruir o exuberante ambiente natural, a nova estrutura, que inclui uma galeria cilíndrica de 6,5 m de diâmetro, foi fixada abaixo do solo. A galeria liga-se à nova construção por uma escadaria linear. Trabalhos em cerâmica são exibidos na construção antiga, enquanto *Nenúfares* de Monet estão expostos na nova galeria. Os dois espaços autônomos – acima e abaixo do solo – exigem, respondem e ainda diferenciam um ao outro, mantendo a força de sua existência individual.

Vista de cima.

Vista geral: prédio antigo e novo / Planos: térreo,
subsolo / Corte / Elevação.

Edifícios públicos

Museu das Crianças   1987-89
Hyogo

Localizado numa colina de frente para um grande lago, o Museu é um estabelecimento cultural para a educação artística de crianças. O prédio consiste de três partes – o museu principal, uma praça intermediária e um conjunto de oficinas –, todas ligadas por uma longa trilha marcada por uma série de muros que cortam radicalmente a encosta da colina. O museu principal é um complexo multifuncional, contendo uma biblioteca, teatros fechados e ao ar livre, uma galeria de exposições, um salão com várias utilidades e um restaurante. É composto de dois volumes escalonados, um dos quais se liga a um volume em forma de leque, que abriga os teatros. Uma série de lagos artificiais rodeia o museu. A praça intermediária é um espaço externo envolvido por muros, contendo dezesseis colunas de 9 m de altura, dispostas em simetria. O conjunto de oficinas consiste de um prédio de dois andares, de planta quadrada e instalado dentro de um pátio.

Planta da locação / Página da direita: vista do prédio principal, a partir do lago artificial.

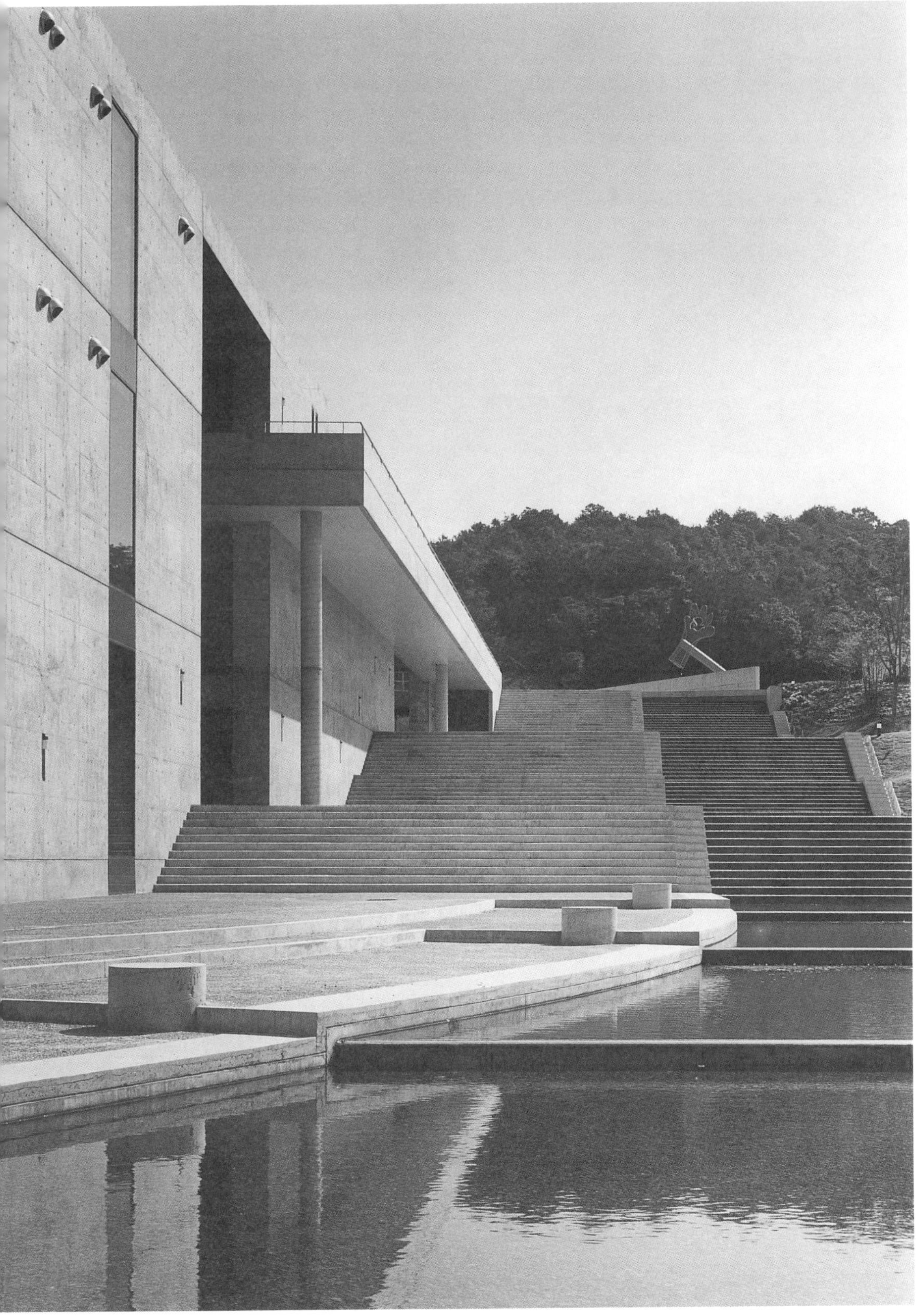

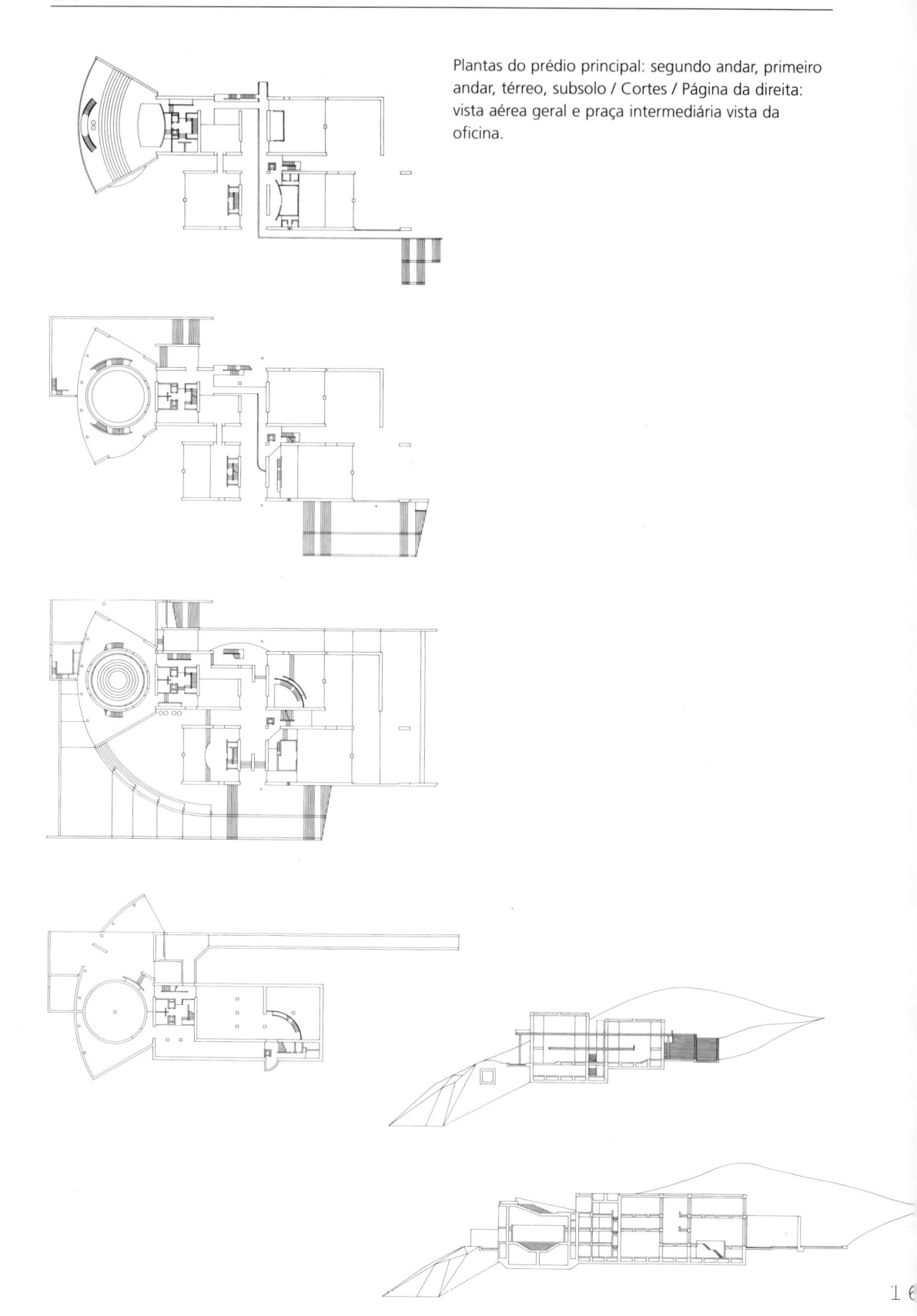

Plantas do prédio principal: segundo andar, primeiro andar, térreo, subsolo / Cortes / Página da direita: vista aérea geral e praça intermediária vista da oficina.

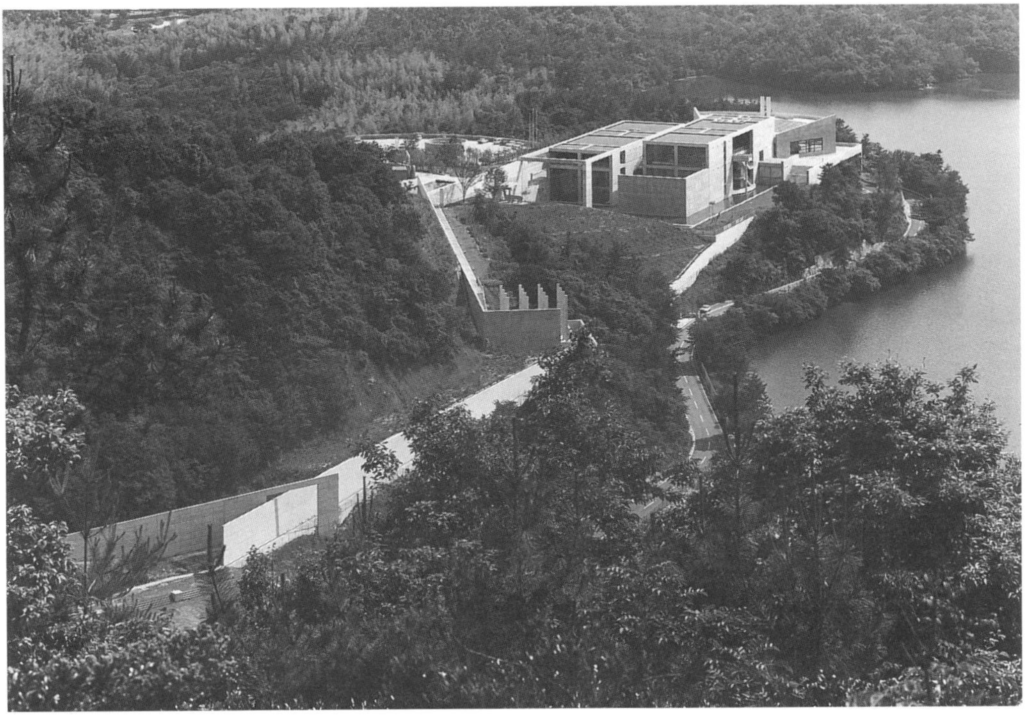

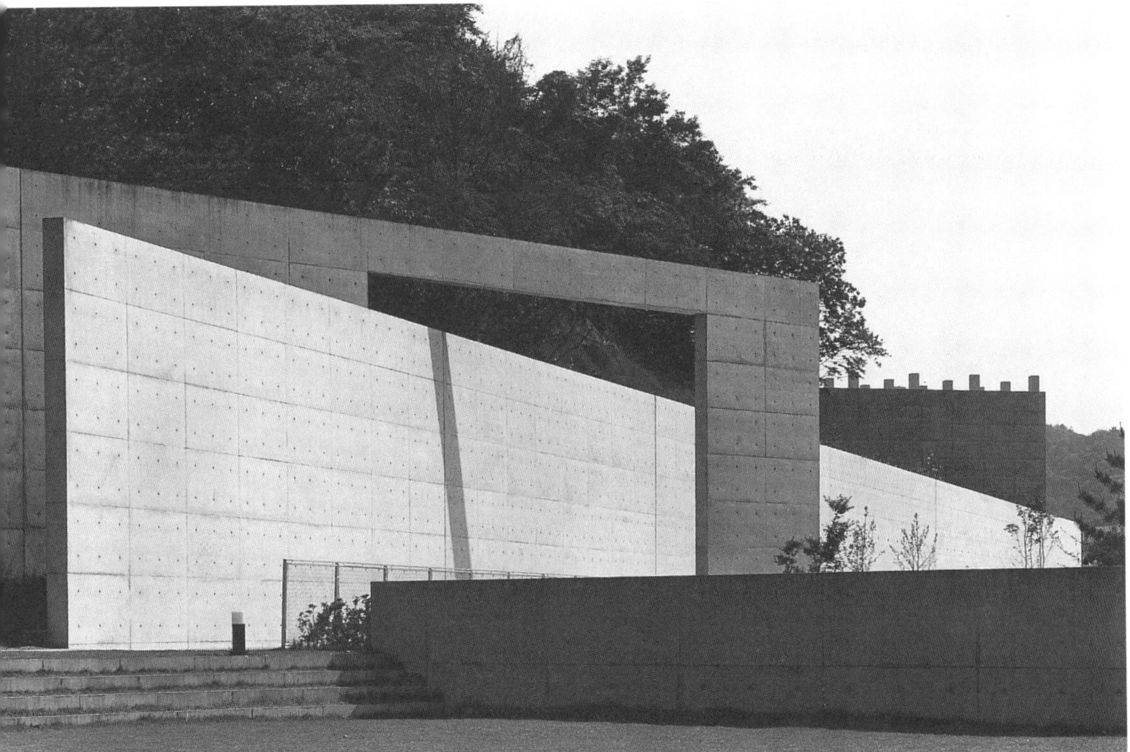

Museu de Literatura   1988-91
Himeji

O Museu de Literatura abriga um salão de conferências e um espaço de exibições para mostras relacionadas aos autores que têm uma ligação importante com a localidade. O projeto do prédio enfoca a sua relação com o marco histórico dessa região, o Castelo Himeji, e o museu é envolvido por jardins e lagos artificiais. O prédio, com três andares acima do solo e um no subsolo, é composto de três volumes cúbicos – cada um baseado em módulos de nove unidades – que se superpõem num ângulo de 30 graus. Um volume cilíndrico envolve um dos cubos e contém um vão de três andares. Rampas seguem seu caminho sinuoso ao redor das paredes do cilindro, tanto as externas como as internas.

Planta da locação / Vista geral / Página da direita:
o Museu e o Castelo Himeji.

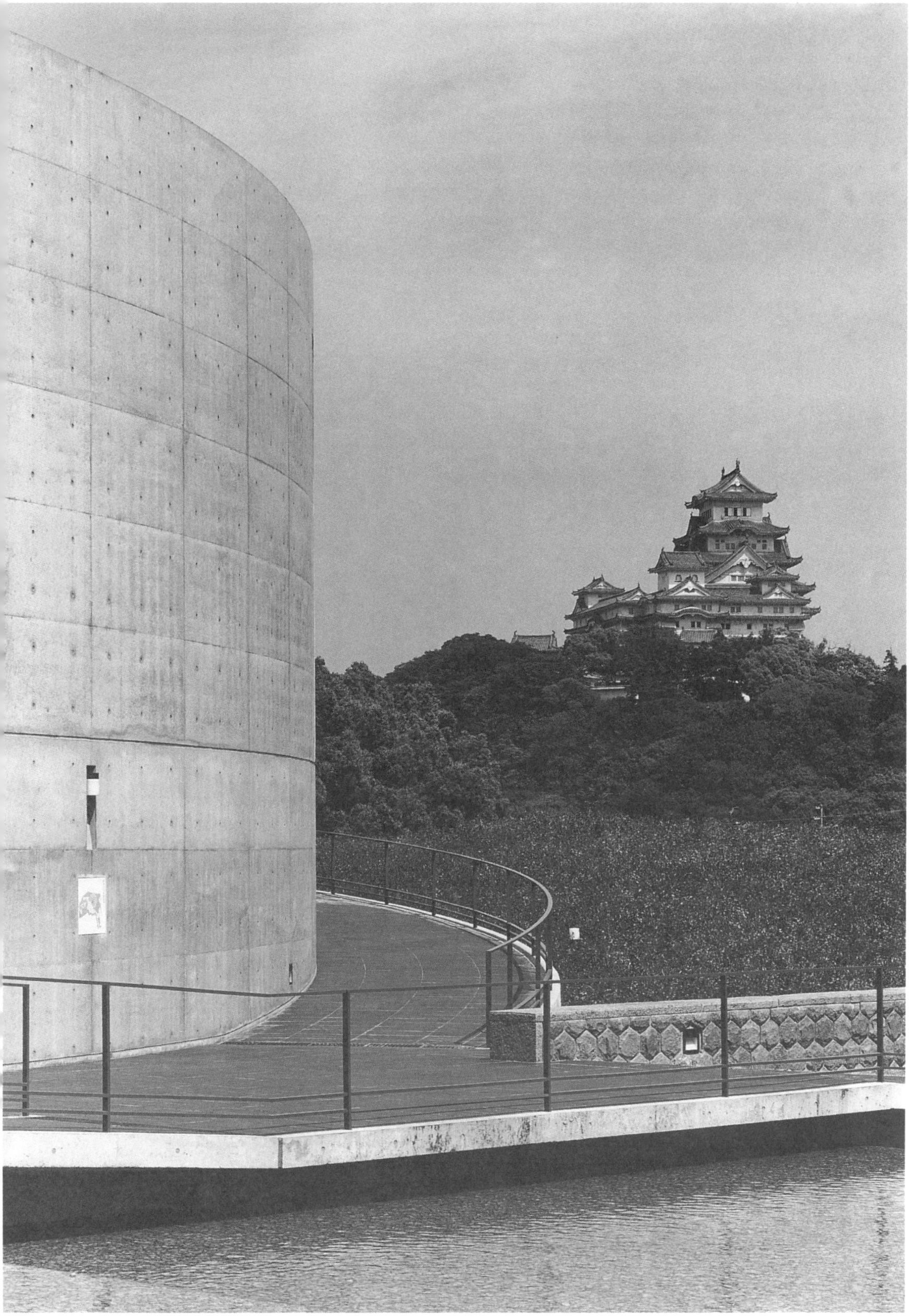

Centro de Formação de Crianças   1990-92
Himeji

Vista geral / Planta do andar superior.

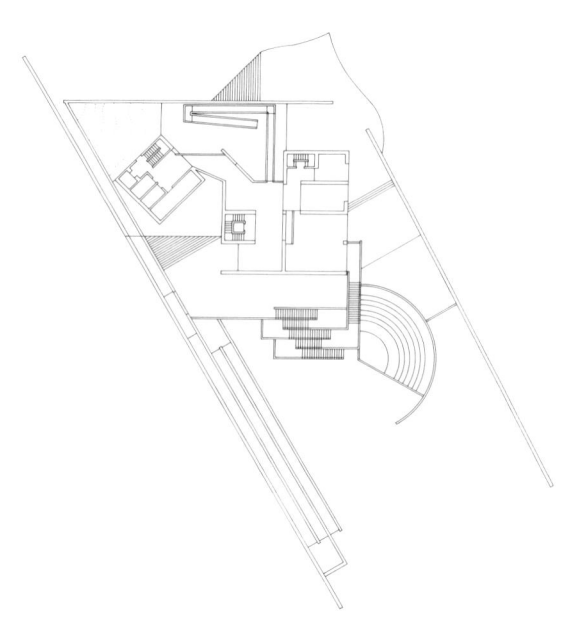

Galeria no Art Institute of Chicago 1989-92
Chicago (EUA)

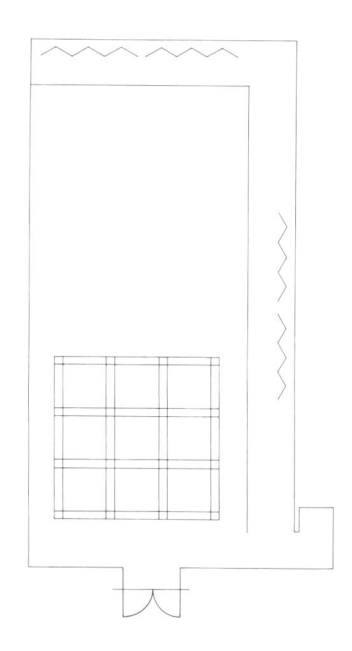

Vista do interior / Planta baixa.

Museu Floresta dos Túmulos   1989-92
Kumamoto

O Museu Floresta dos Túmulos é dedicado à preservação e à divulgação do legado histórico-cultural dos túmulos *Iwabaru* na Prefeitura de Kumamoto do Norte. Para não interferir no espaço mais que o necessário, o museu foi concebido como uma plataforma elevada da qual os túmulos e suas cercanias podem ser avistados, e metade de seu volume está abaixo do nível do solo. Os visitantes chegam ao museu a pé, passando primeiro através de uma exuberante floresta verde. Embora fique a 250 m do famoso *Futago-zuka*, um grande túmulo em forma de fechadura, o museu é simétrico a ele com respeito a um ponto médio, dando a impressão de ser um "túmulo" contemporâneo. O prédio consiste de um volume retangular de 26 m x 79,2 m, um pátio circular de 15,8 m de raio e um muro em formato de L que penetra até o centro do pátio circular. Os sítios de escavação ficam logo atrás do muro do pátio circular. No interior, uma rampa que sobe circundando o muro conduz os visitantes através de artefatos expostos.

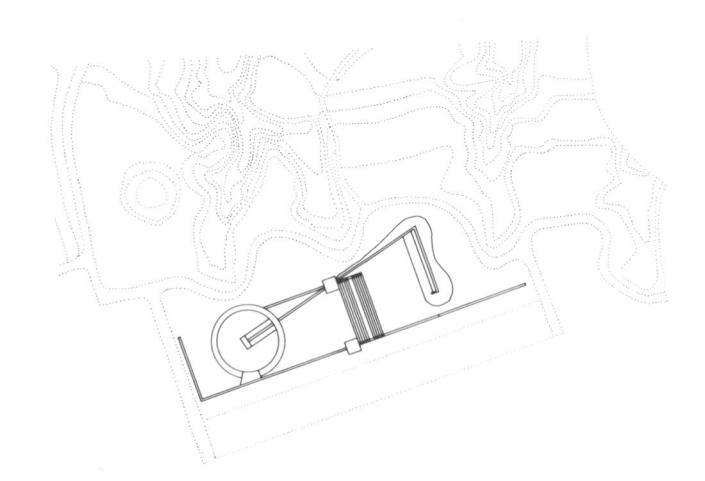

Planta da locação e vista geral.

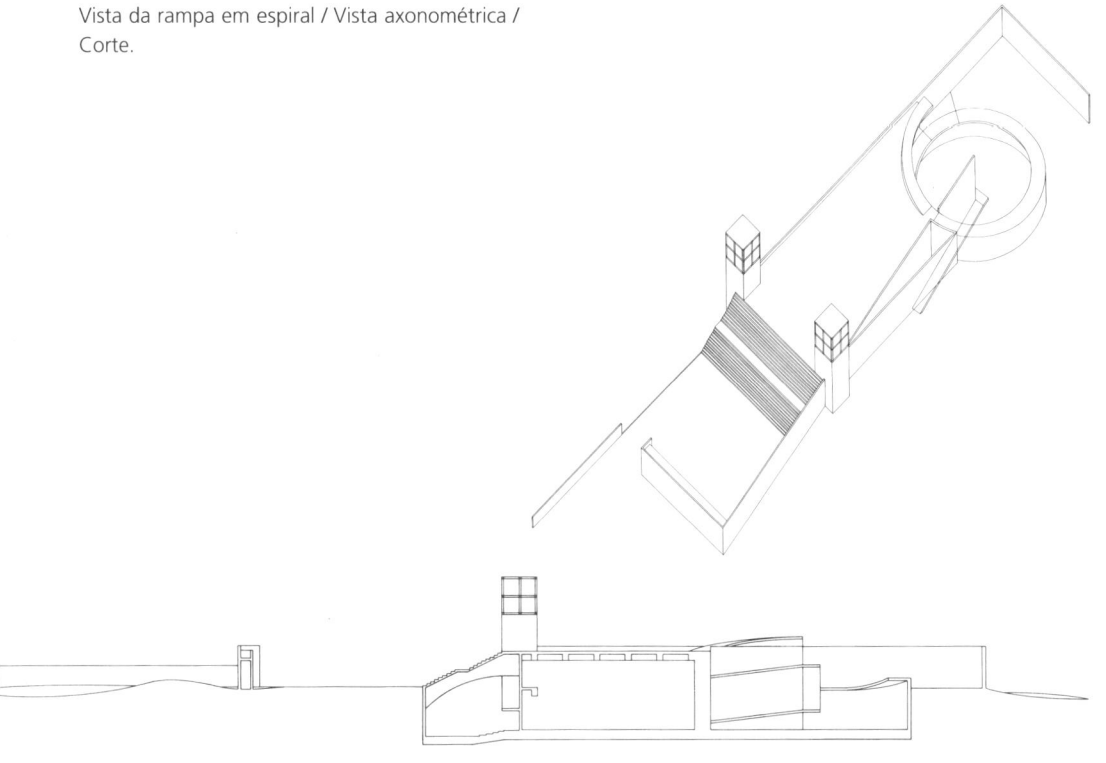

Vista da rampa em espiral / Vista axonométrica / Corte.

Museu Histórico Chikatsu-Asuka   1990-94
Osaka

Chikatsu-Asuka, ao sul do Distrito de Osaka, situava-se no centro da história antiga do Japão. É onde se encontra uma das melhores coleções de túmulos do país (*Kofun*): dentre os mais de duzentos exemplos se encontram quatro tumbas imperiais. O museu se destina à exibição e pesquisa da cultura *Kofun*. A fim de criar uma estrutura que esteja integrada no grupo de túmulos, Ando concebeu o museu como uma encosta escalonada, erguida tectonicamente a partir do terreno natural, de onde o visitante pode ter uma visão do grupo inteiro e da paisagem circundante.

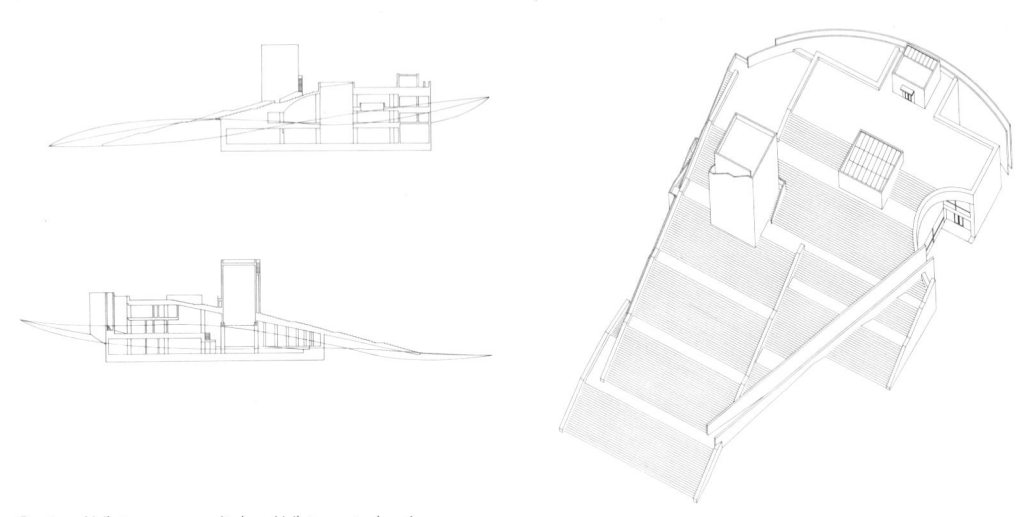

Cortes / Vista axonométrica / Vista exterior / Vista aérea global.

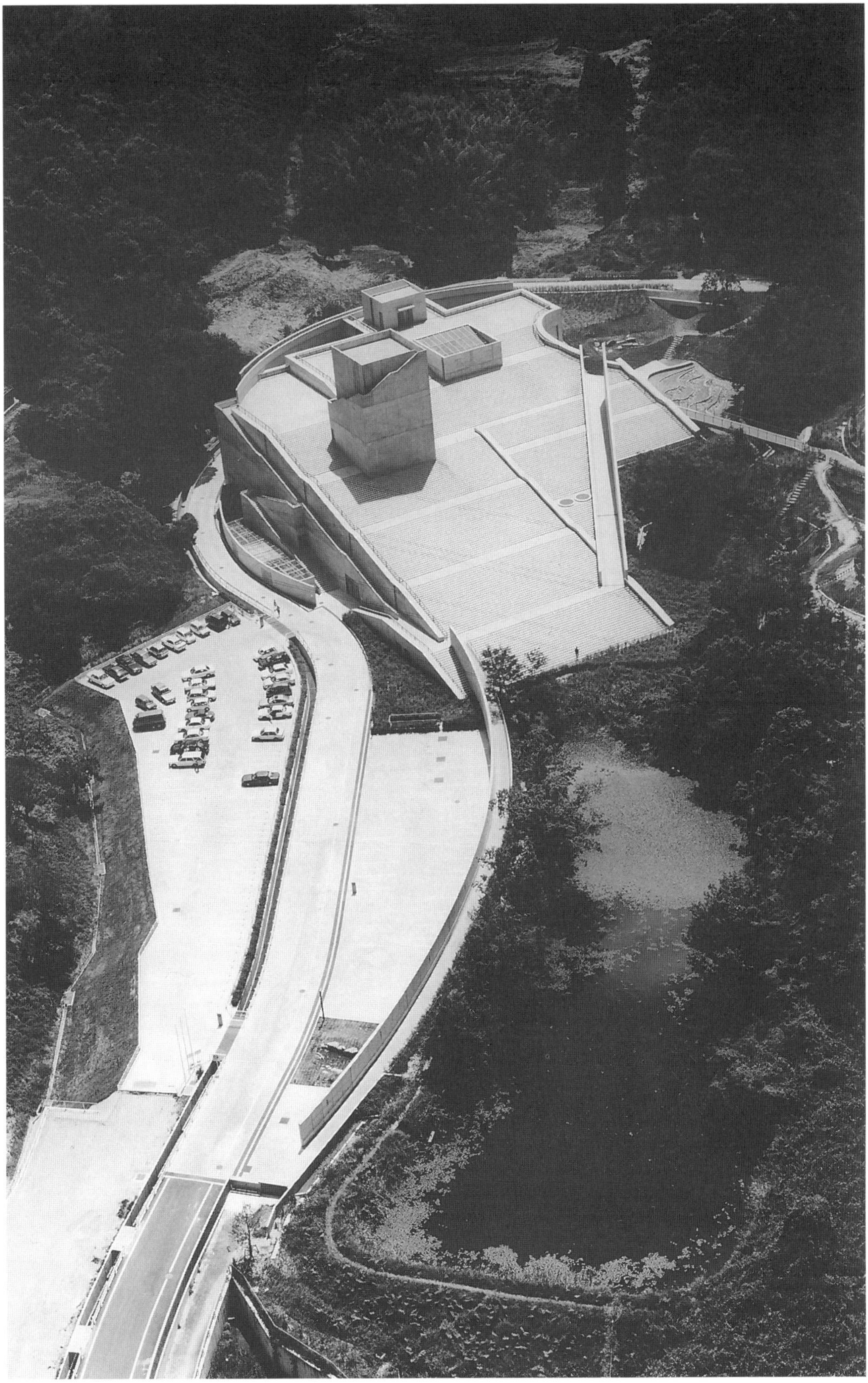

O prédio e os arredores / Planos: andar térreo e subsolo.

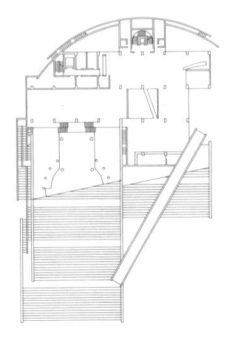

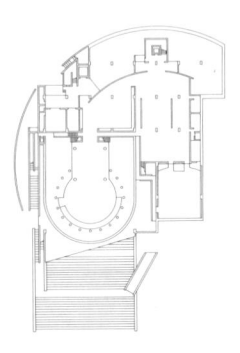

Jardim das Belas Artes   1990-94
Kyoto

O "Jardim das Belas Artes" é um museu ao ar livre localizado perto dos jardins botânicos de Kyoto. A idéia do jardim era permitir que os visitantes apreciassem as grandes obras de arte num cenário natural. Toda a estrutura está submersa abaixo do andar térreo. Em cada nível, três cascatas e piscinas introduzem água na experiência. As paredes de concreto dividem o espaço em zonas visivelmente imersas, dentro das quais um jardim público tridimensional é criado por pontes, deques e encostas. Enquanto desfrutam o panorama diversificado do jardim, os visitantes apreciam algumas das pinturas mais famosas do mundo, reproduzidas em enormes painéis de cerâmica.

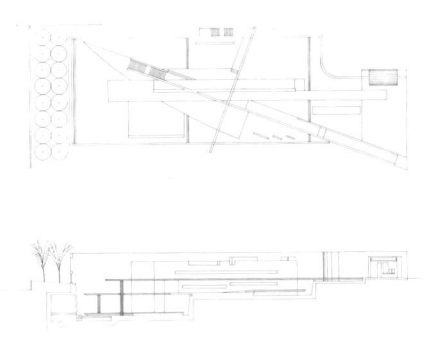

Plano / Corte / Vistas parciais.

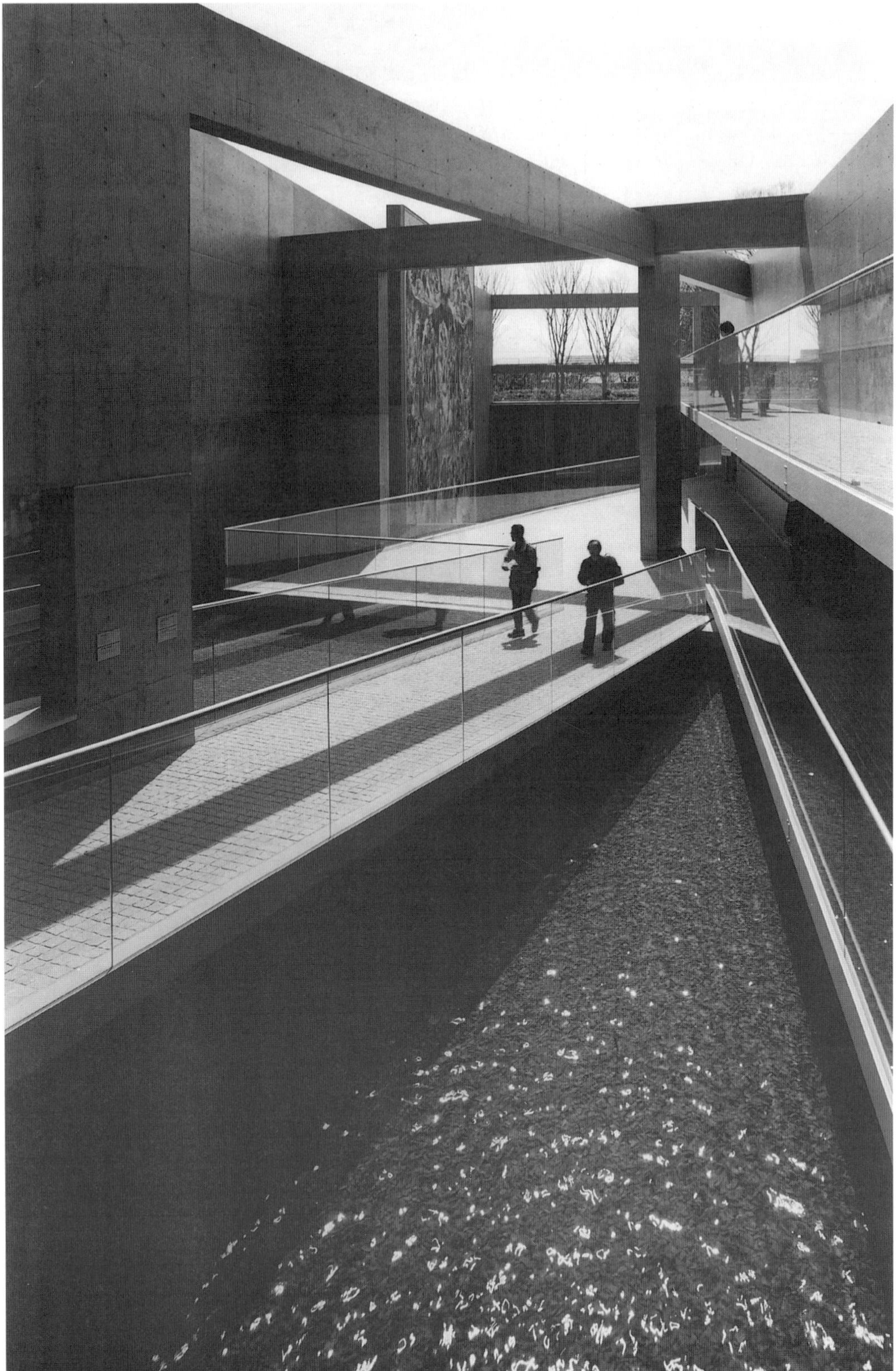

Museu da Madeira   1991-94
Mikata-gun

O Museu da Madeira localiza-se na extremidade noroeste da Província de Hyogo, onde o Japão tem uma área de floresta densa e no inverno neva intensamente. Nos últimos dez anos, essa área tem sido destruída por desenvolvimentistas para a construção de atrações para a indústria de lazer. Para reconhecermos a importância de preservar nossas matas e florestas, será essencial aprendermos a história e as tradições de sua cultura. O museu em forma de anel, de 46 m de diâmetro, está envolto em verde num denso ambiente florestal. No centro do prédio há um vão circular de 22 m de diâmetro aberto em cima e com uma piscina embaixo – uma espécie de ponto de encontro do céu e da água. Os visitantes aproximam-se da construção por um caminho inclinado, que foi criado utilizando-se o declive natural do terreno. Dentro, colunas laminadas e vigas feitas de cedro de Hyogo sustentam o teto 16 m acima; abaixo, escadas, terraços e encostas suaves proporcionam uma seqüência tridimensional rica para apreciar os artefatos de madeira expostas.

Plano e corte / Vista aérea geral / No verso: entrada e vista parcial do interior.

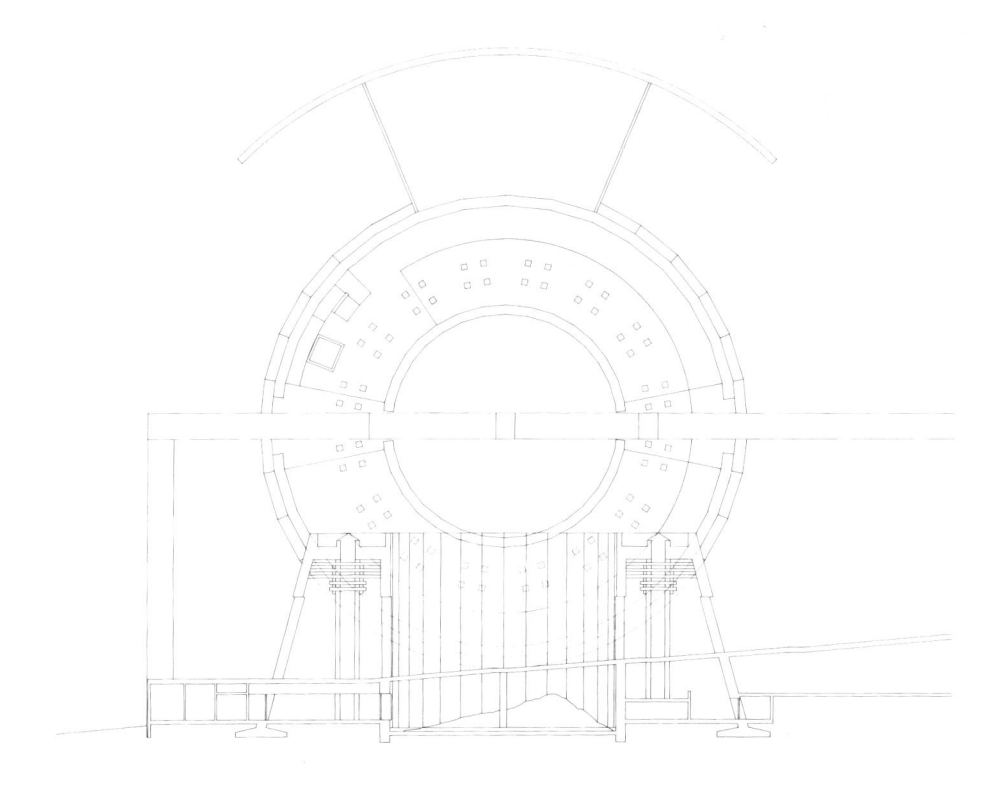

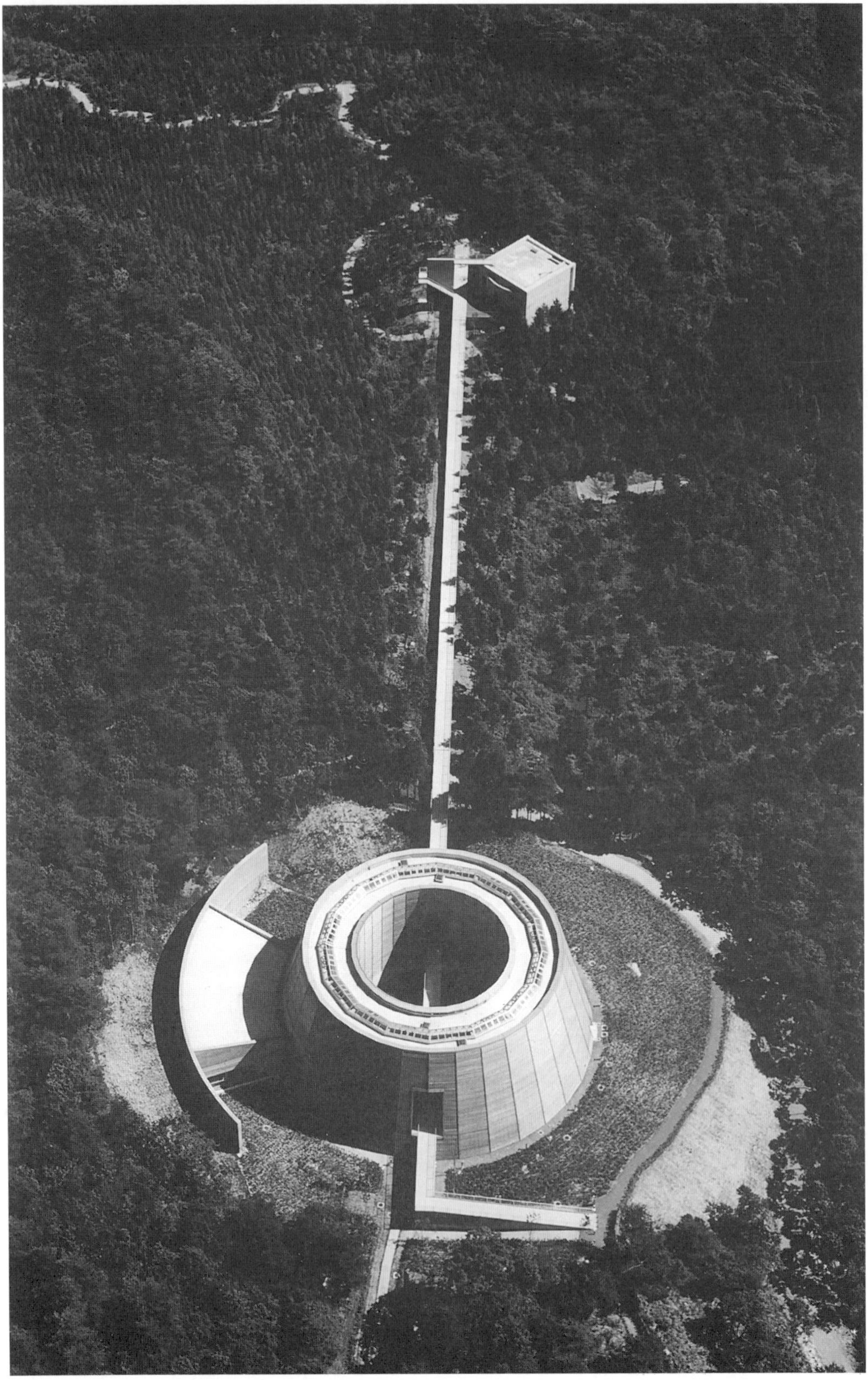

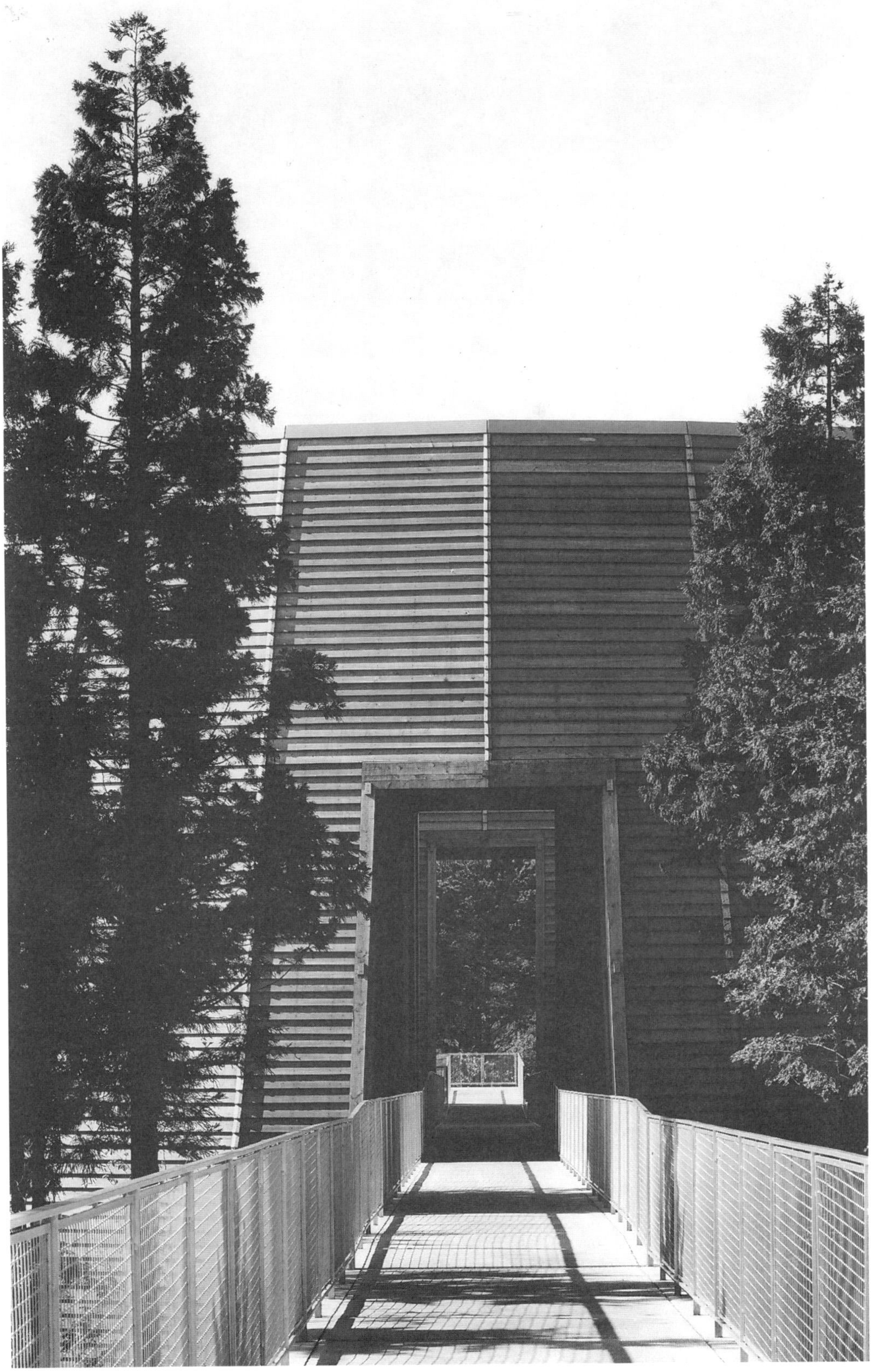

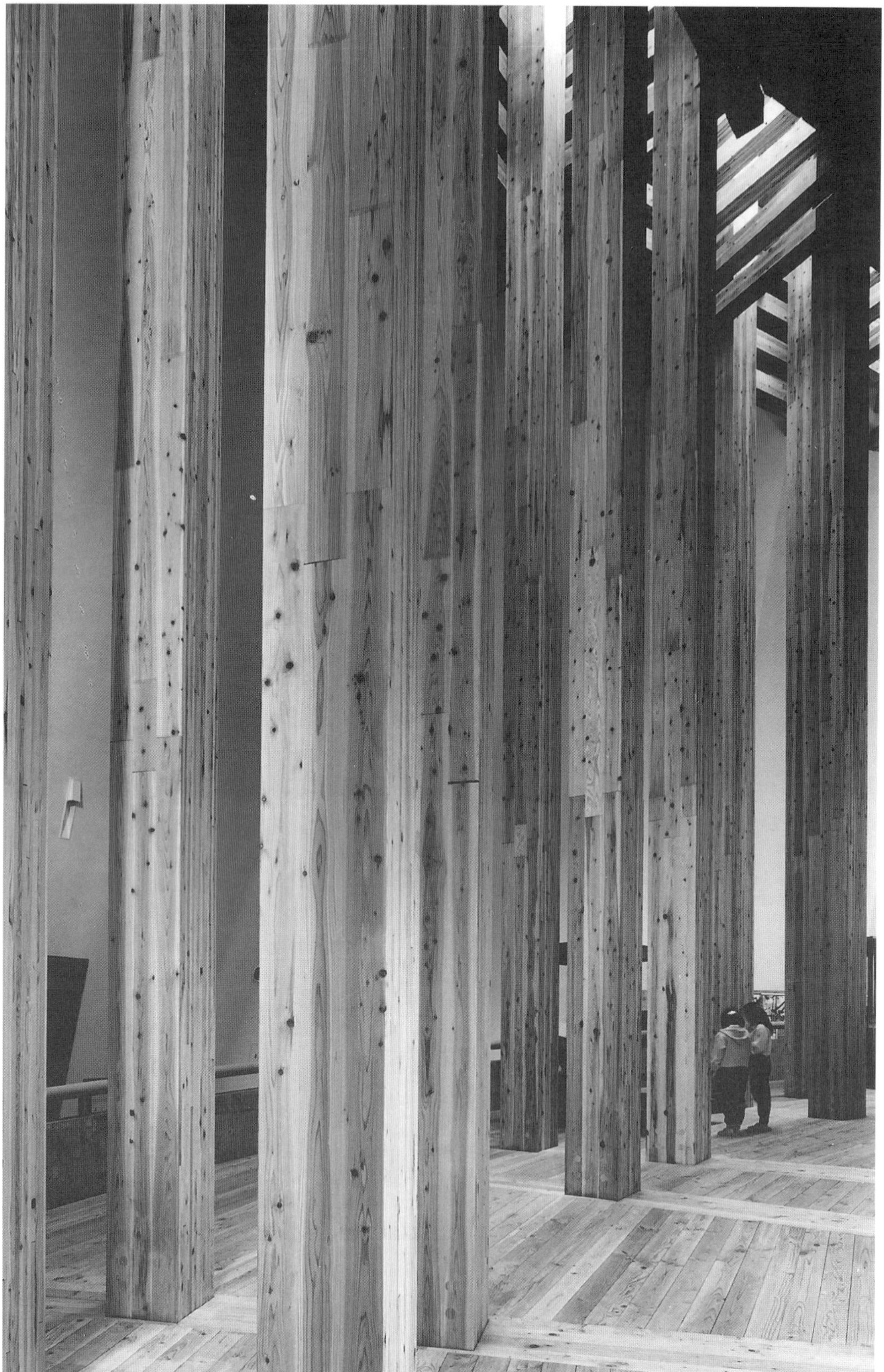

Museu Nariwa   1992-94
Nariwa

Nariwako, uma cidade da Província de Okayama, localiza-se ao norte da cidade de Kurashiki. Por causa das minas de cobre da região, Nariwako foi economicamente privilegiada por muitos anos. É também bastante conhecida pela *Fukiya*, casa popular característica de cor vermelho-ocre. O museu localiza-se entre o terreno de uma antiga residência circundada por uma parede de pedra e uma encosta íngreme para o sul. Ando criou uma outra parede e colocou uma caixa de concreto sobre ela. Ao se aproximarem do museu, os visitantes encontram a antiga parede de pedra – um testemunho da passagem do tempo – e então sobem uma rampa angular em torno da caixa de concreto para embarcar num "*tour* visual" pela encosta cultivada voltada para o norte. Há uma grande superfície de água entre a encosta e o museu. Ando quis fazer do museu um lugar onde a natureza, a cultura e a história se reunissem.

O prédio e os arredores.

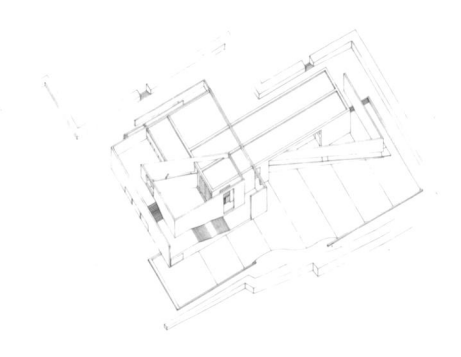

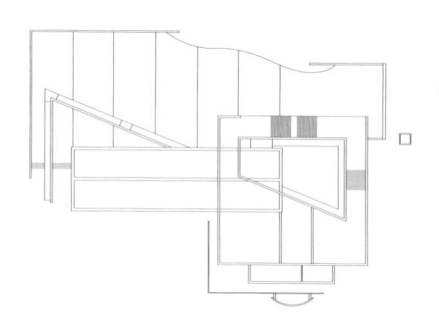

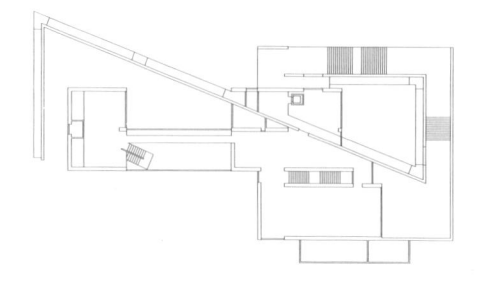

Vista axonométrica / Planos: andar térreo, andar superior e telhado / Vista parcial.
Na página ao lado: vista interna.

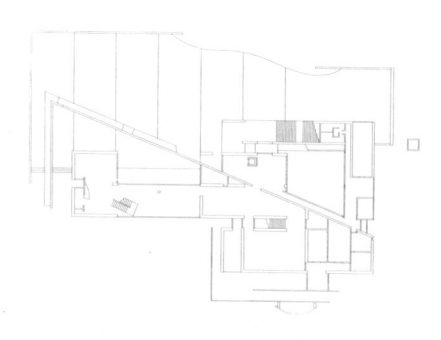

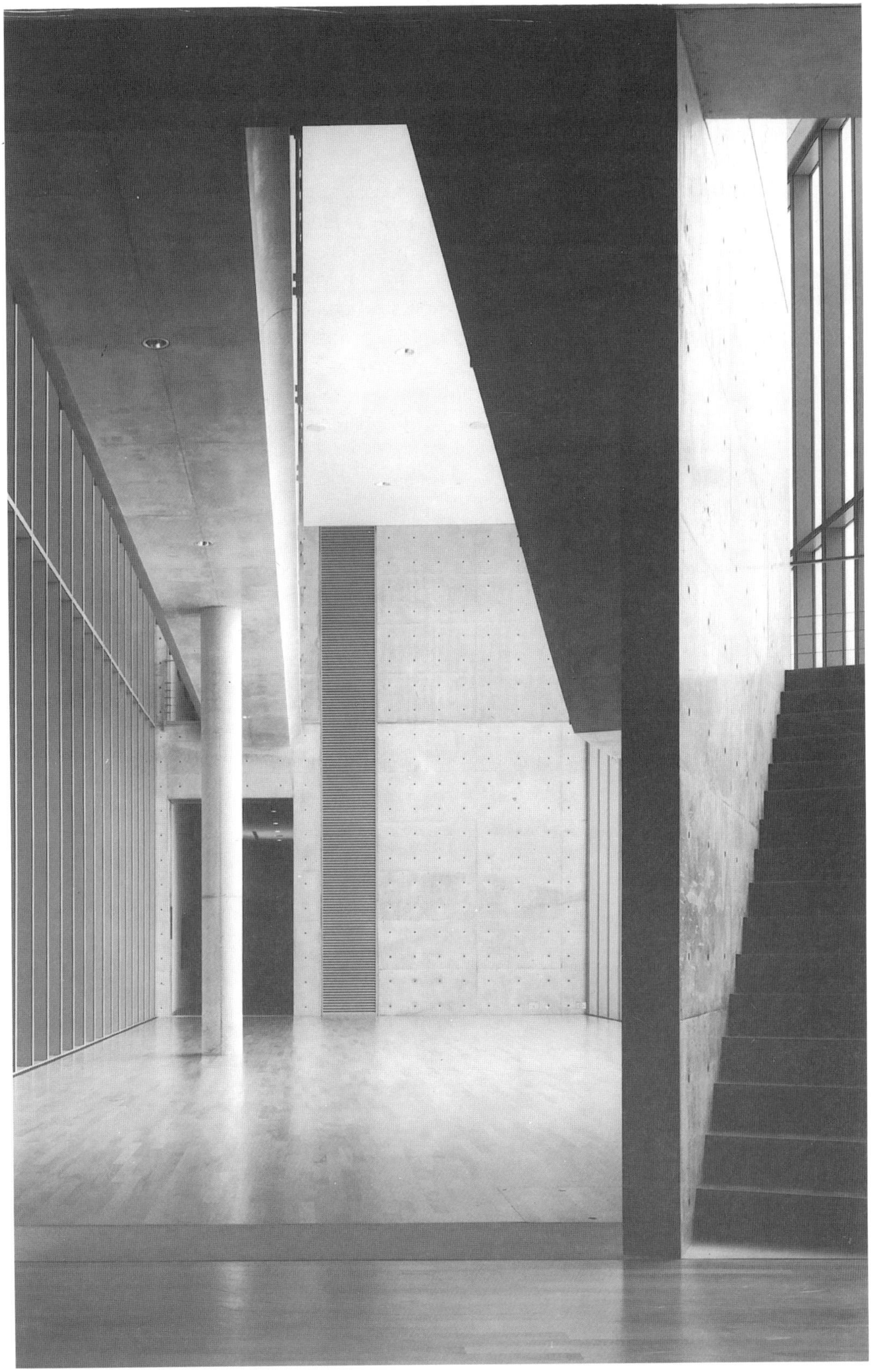

Museu da Cultura Gojyo   1991-95
Gojyo

A cidade de Gojyo, na Província de Nara, desenvolveu-se há aproximadamente 200 anos, durante o Período Edo, como uma grande encruzilhada. Ainda hoje é famosa por suas casas tradicionais e por seus valores culturais. Quando Ando foi encarregado de realizar este projeto, o terreno para o museu não tinha sido selecionado; a decisão final baseou-se em sua proposta de estabelecê-lo no topo de uma colina com vista para a cidade. Ele pretendia plantar árvores em todo o topo da colina, para que o museu parecesse estar escondido na mata. O espaço aberto, circular, criado no centro do museu permite uma vista da cidade abaixo. Para tirar maior proveito dessa vista, Ando está atualmente projetando novos anexos, tais como uma sala para a cerimônia do chá e uma sala de reuniões. O interior do prédio é de concreto aparente, enquanto o acabamento do exterior desse mesmo concreto é de aço galvanizado. Ando espera continuar fazendo experiências com novos materiais – porque forma e materiais são inseparáveis da expressão e porque deve ser dada prioridade à facilidade de manutenção e à durabilidade, especialmente ao se projetarem prédios públicos.

Vista geral.

Vistas parciais / Planos: andar superior e segundo andar / Vista axonométrica / O prédio e os arredores.

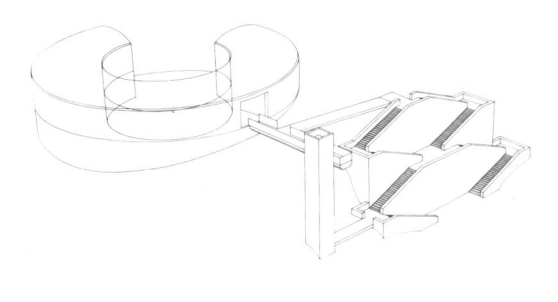

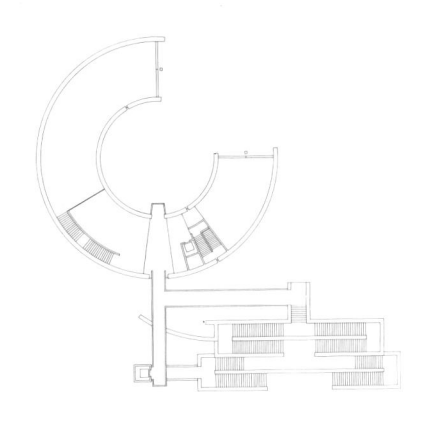

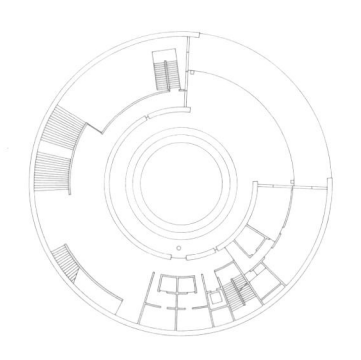

Museu de Literatura II   1993-96
Himeji

Este anexo é uma extensão para o Museu de Literatura em Himeji, que foi completado em 1991. Já que o museu principal dá ênfase às exibições, o anexo foi acrescentado para servir como biblioteca e arquivo para obras do escritor Ryotarou Shiba. O anexo usa a linha do eixo do museu principal e dos prédios. Uma caixa de vidro em paralelepípedo, retangular disposta num plano de três quadrados de 11 m, é penetrada por uma parede de concreto a um ângulo de 30 graus; um cubo de 13 m também é inserido nessa caixa de vidro retangular, a um ângulo de 45 graus. Do interior desse saguão de dois andares dentro da caixa, tem-se a vista do Castelo Himeji, além da fileira de árvores. Quando o prédio principal foi construído, uma antiga *villa* em estilo japonês foi remodelada; o prédio principal do Museu de Literatura e este anexo situam-se agora ao redor de um lago artificial. A área do jardim foi projetada para integrar tudo isso num motivo único.

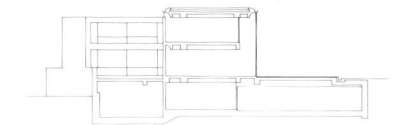

Corte / Fachadas.

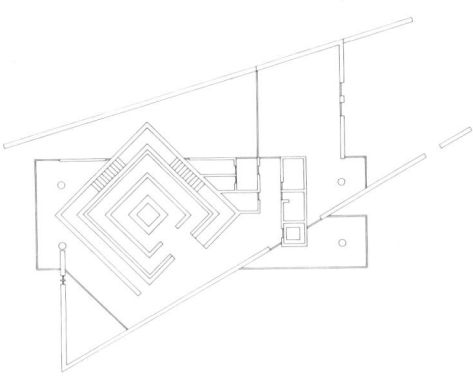

Vista através da fachada de vidro / Planos: andar térreo, andar superior e segundo andar.

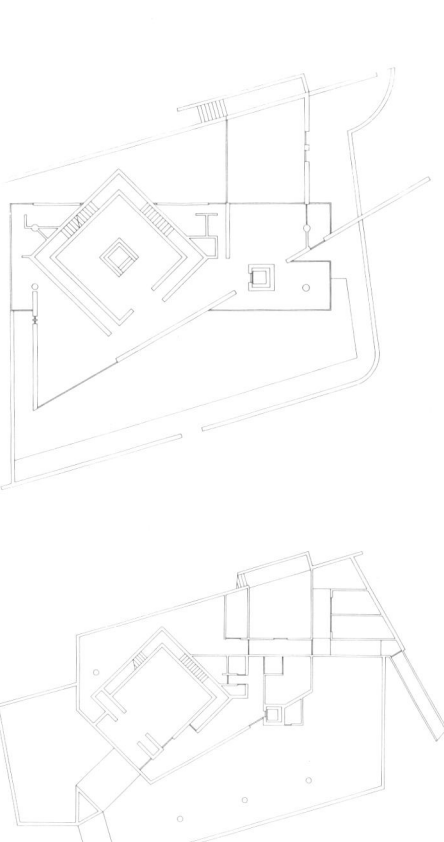

Projeto (Ilha Awaji) Awajishima   1992-
Awajishima

O terreno deste projeto está voltado para a baía de Osaka na parte nordeste da ilha de Awaji. A área foi desnudada pela remoção de terra e areia que serviram de aterro para o Aeroporto Internacional de Kansai. Num comprimento total de aproximadamente 600 m, o projeto, chamado *Yumebulai* ou "Palco dos Sonhos", requer um estabelecimento multiuso que inclui um jardim botânico, um teatro ao ar livre, um salão internacional de convenções e um hotel, numa extensão de terra que cobre quase 100 hectares. Depois que o local foi desnudado em faixas, a área foi completamente desprovida de verde, natureza e topografia como tais, e não proporcionou nenhuma base real para as idéias. O primeiro pensamento de Ando foi contudo reconstituir um pouco de verde: ele criou um jardim, que não tinha nenhuma função especial, como a principal característica do projeto, e projetou as estruturas – que funcionam como jardim botânico, hotel, salão de convenções e similares – como simples extensões dele. Ando decidiu incrustar esses prédios em terrenos inclinados tanto quanto possível, para escondê-los e ao mesmo tempo fazer a experiência do espaço circundado tão rica e variada quanto possível. A configuração total deste projeto centra-se no verde, nas flores e na água. Mediante isso, Ando queria criar a consciência da beleza do ambiente natural cíclico e circulante e a percepção da alegria de viver numa dimensão que transcende o pensamento racional.

Modelo.

Edificações temporárias

Fashion Live Theatre 1979-81
Kobe

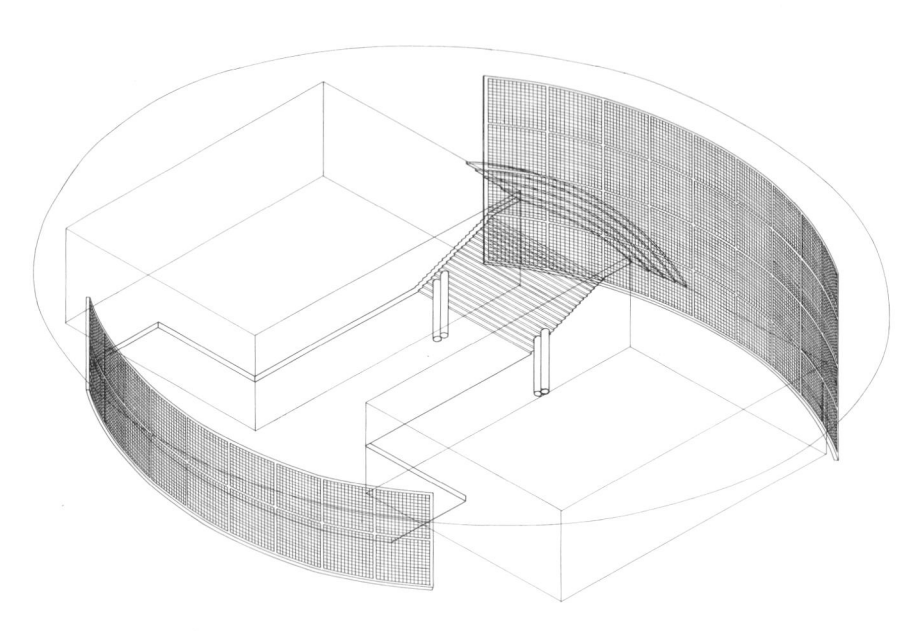

Vista axonométrica / Vista do interior.

Casa de Chá em Oyodo (Casa de Chá de Blocos)   1986
Osaka

Esta casa de chá está situada dentro do andar térreo recuperado de uma antiga casa geminada de madeira. Seu espaço interior, de 1.400 mm de largura, 2.800 mm de comprimento e 2.000 mm de altura, é composto de blocos de concreto que medem 400 mm x 200 mm. Empregados tanto nas paredes quanto no piso, esses blocos de concreto polido têm uma aparência dura e refletem a luz que entra através de um painel de vidro branco gravado com o contorno de uma folha de gincgo. Apesar de seu tamanho diminuto, este espaço restrito é organizado segundo uma ordem definida.

Vista do interior.

Casa de Chá em Oyodo (Casa de Chá com Folheado de Tília)   1985
Osaka

Um acréscimo situado no teto de uma casa geminada de madeira, esta casa de chá não é visível do exterior. Entra-se nela por meio de uma escada interna íngreme. O acabamento do piso, da parede e das superfícies do teto é dado por um folheado de tília japonesa. Entrando na casa de chá, percebemos vários elementos inesperados que criam um ar de nuance oculta. A casa de chá é um volume cúbico, cujas proporções derivam de uma esfera implícita, que se reflete no teto – uma abóbada em forma de um sexto de cilindro.

Vista do interior / Página da direita: planta e corte.

203

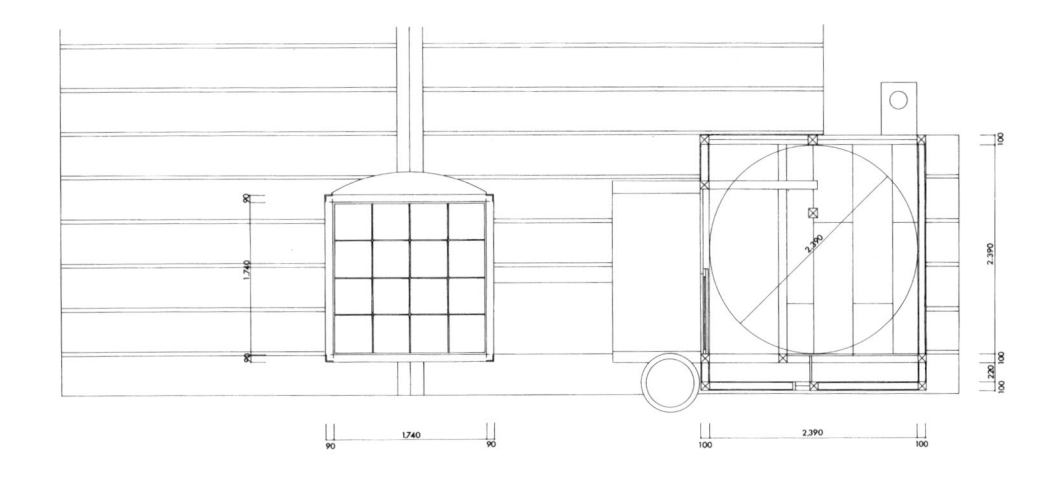

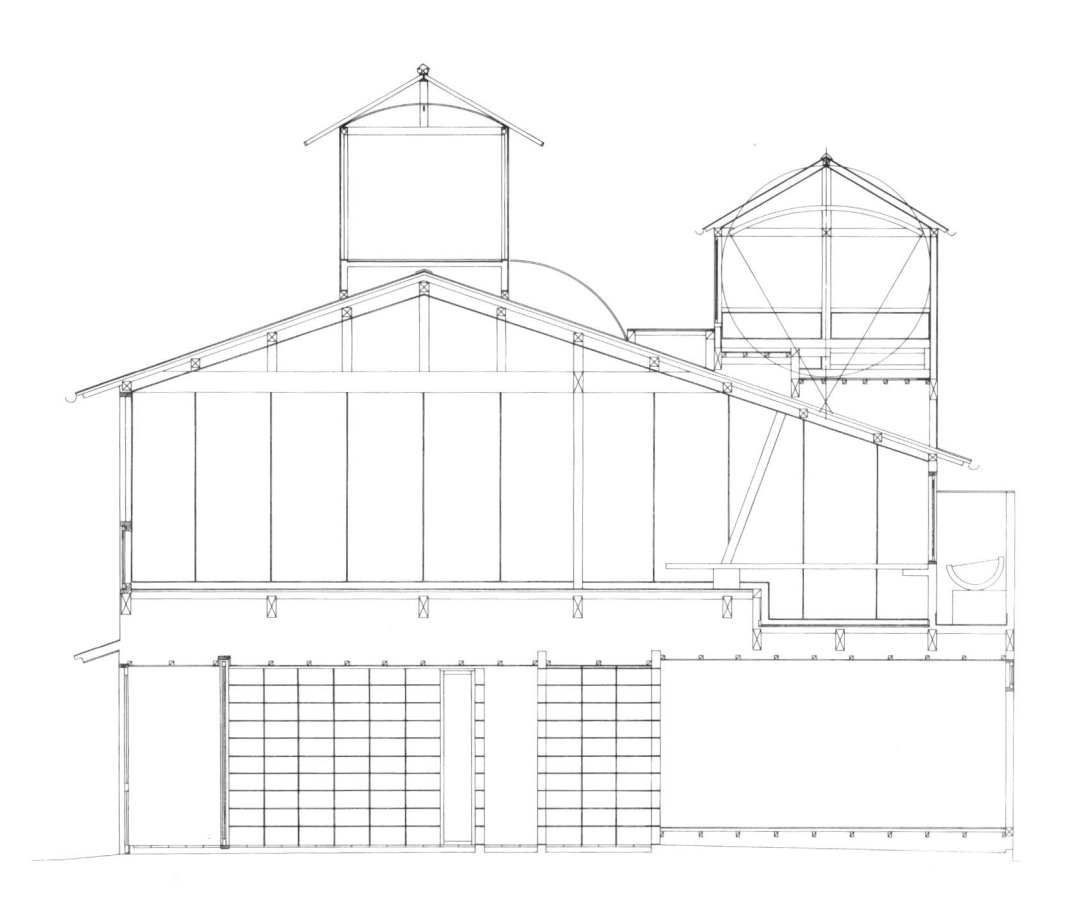

Teatro Kara-za   1985-87
Este teatro móvel com capacidade para 600 pessoas foi projetado para um grupo de teatro de vanguarda. Na planta um dodecágono de 40 metros de diâmetro, o prédio se ergue a uma altura de 27 m, com paredes externas de tábuas de madeira negra e teto de lona vermelha. O teatro reflete a tradição japonesa na ponte arqueada que lhe dá acesso e no *takeyarai* – cerca de bambu entrelaçado – que define seu perímetro. A construção foi originalmente concebida como uma estrutura de madeira lembrando uma torre de vigia. Ao se adotar a idéia de um teatro móvel, a estrutura foi alterada para a armação atual, feita de tubos de aço formando andaimes, que requer apenas cerca de 15 dias para ser erigida e pode ser construída quase inteiramente com materiais disponíveis no local.

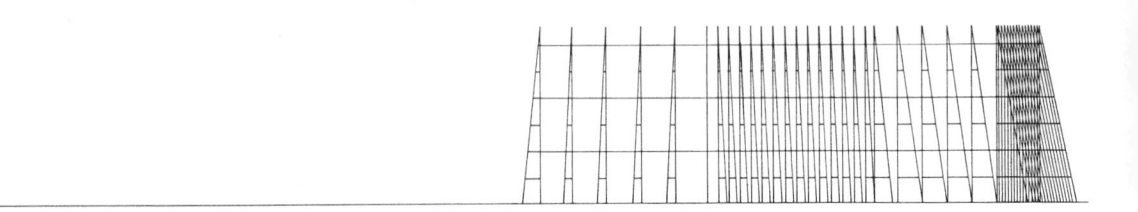

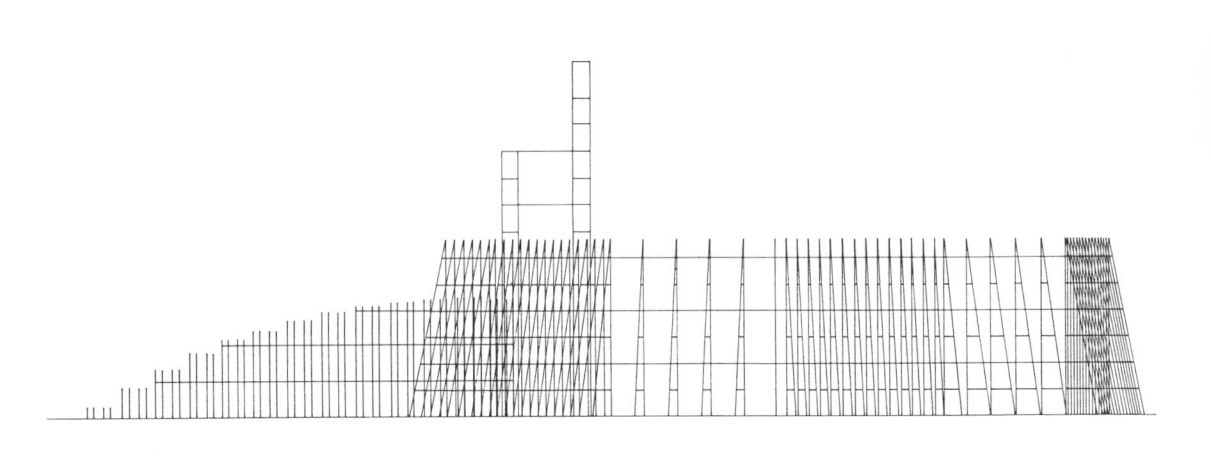

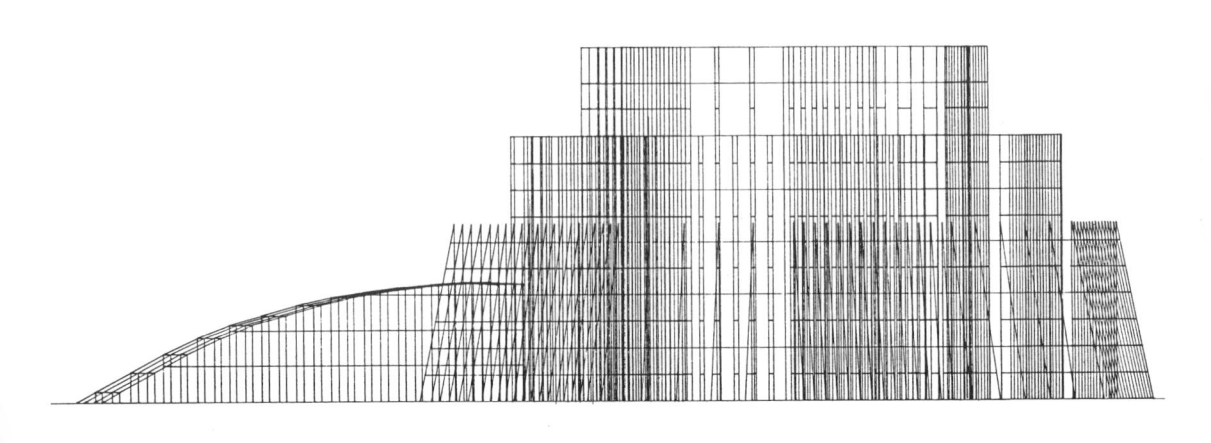

Estágios de construção e vista do interior.

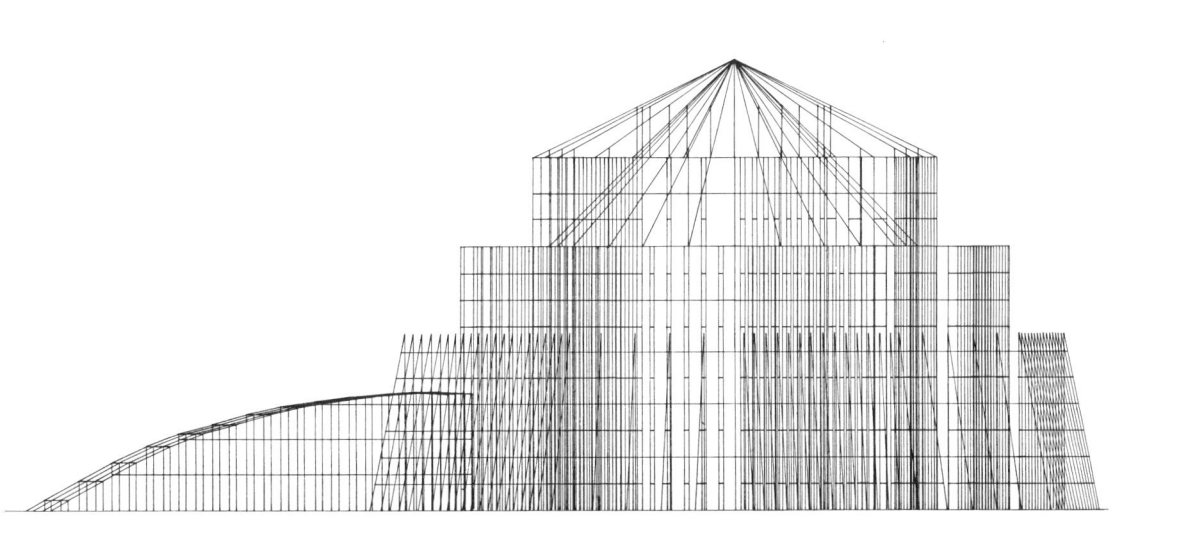

Teatro Temporário para Bishin Jumonji   1990
Tóquio

Este teatro temporário de TV de alta definição apresentou o trabalho de um conhecido fotógrafo, num cenário rico em contrastes tridimensionais. Erigido dentro de um salão de exposições, a instalação consistia de uma caixa retangular sem teto contendo um teatro oval, também sem teto, com capacidade para 30 pessoas, construído com tábuas móveis justapostas, com acabamento escuro e manchado, feito com óleo. O chão ao redor do teatro foi coberto com lona de algodão branca, para acentuar o peso visual intenso da construção negra.

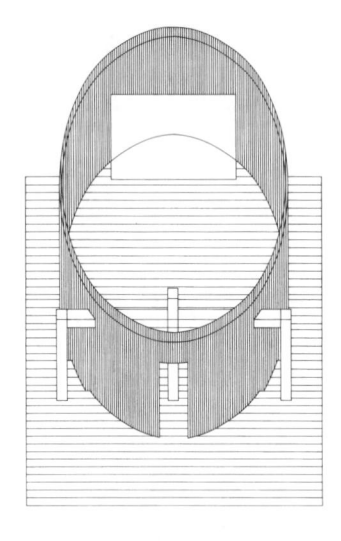

Vista axonométrica / Planta e detalhe / Vista do interior.

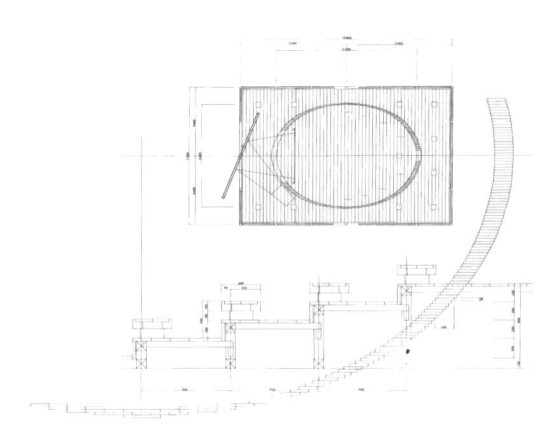

Jardim de Belas-Artes 1988-90
Osaka

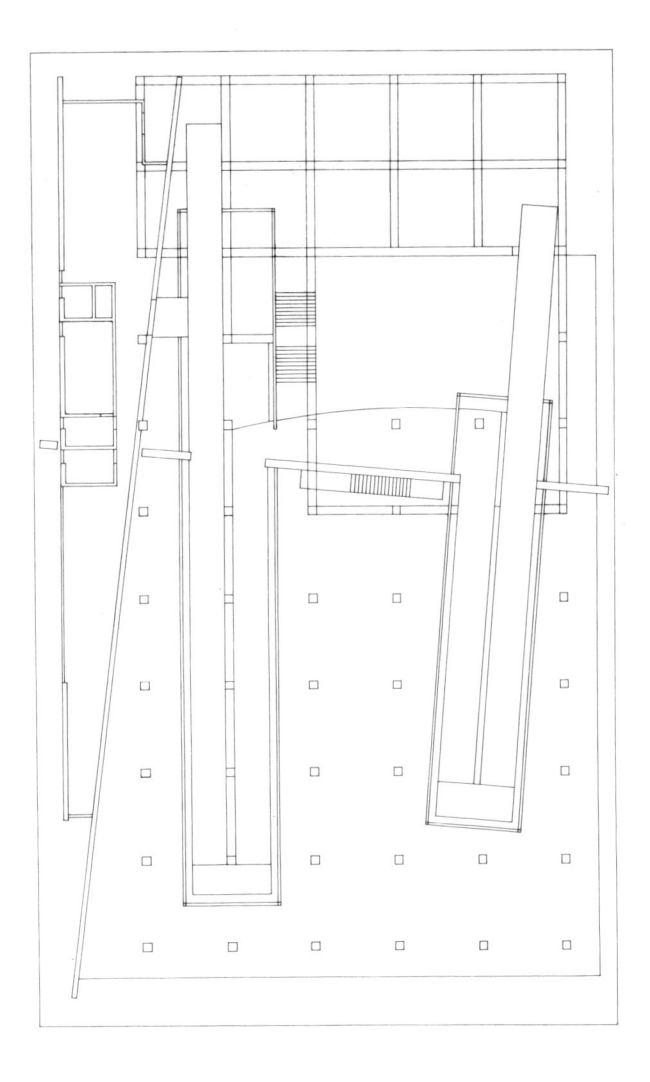

Planta / Corte / Verso: vista geral.

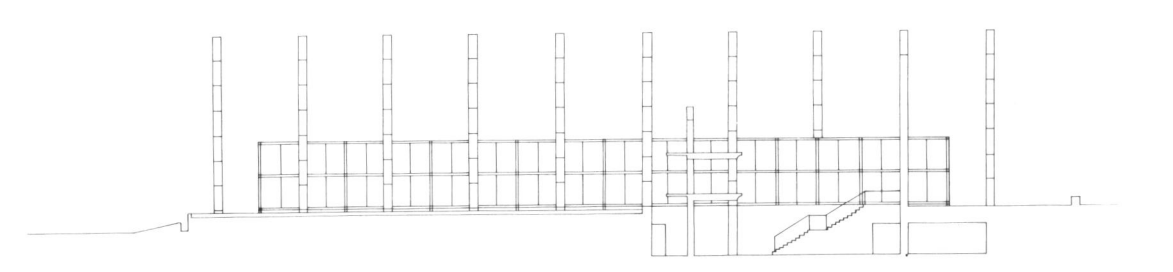

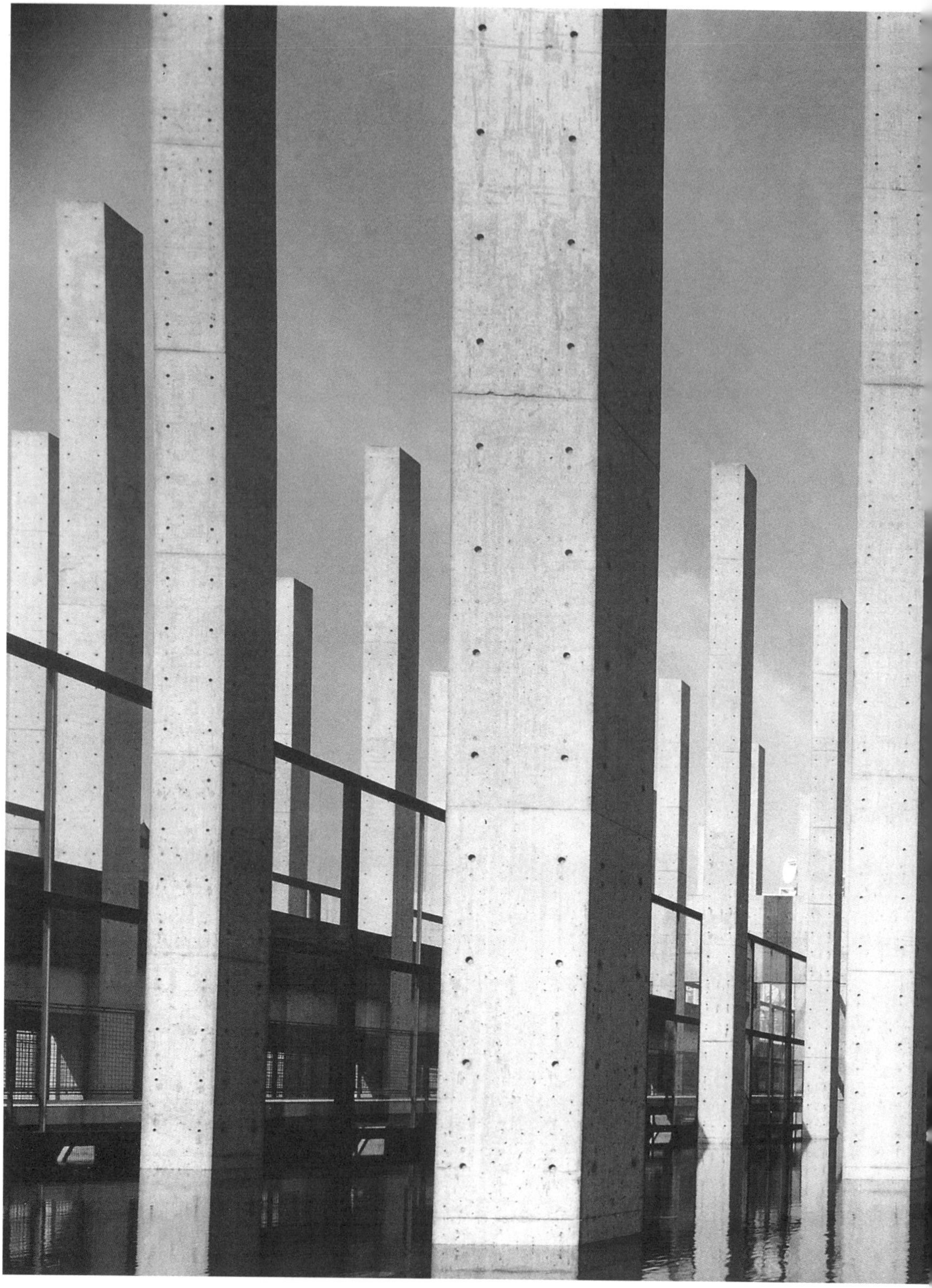

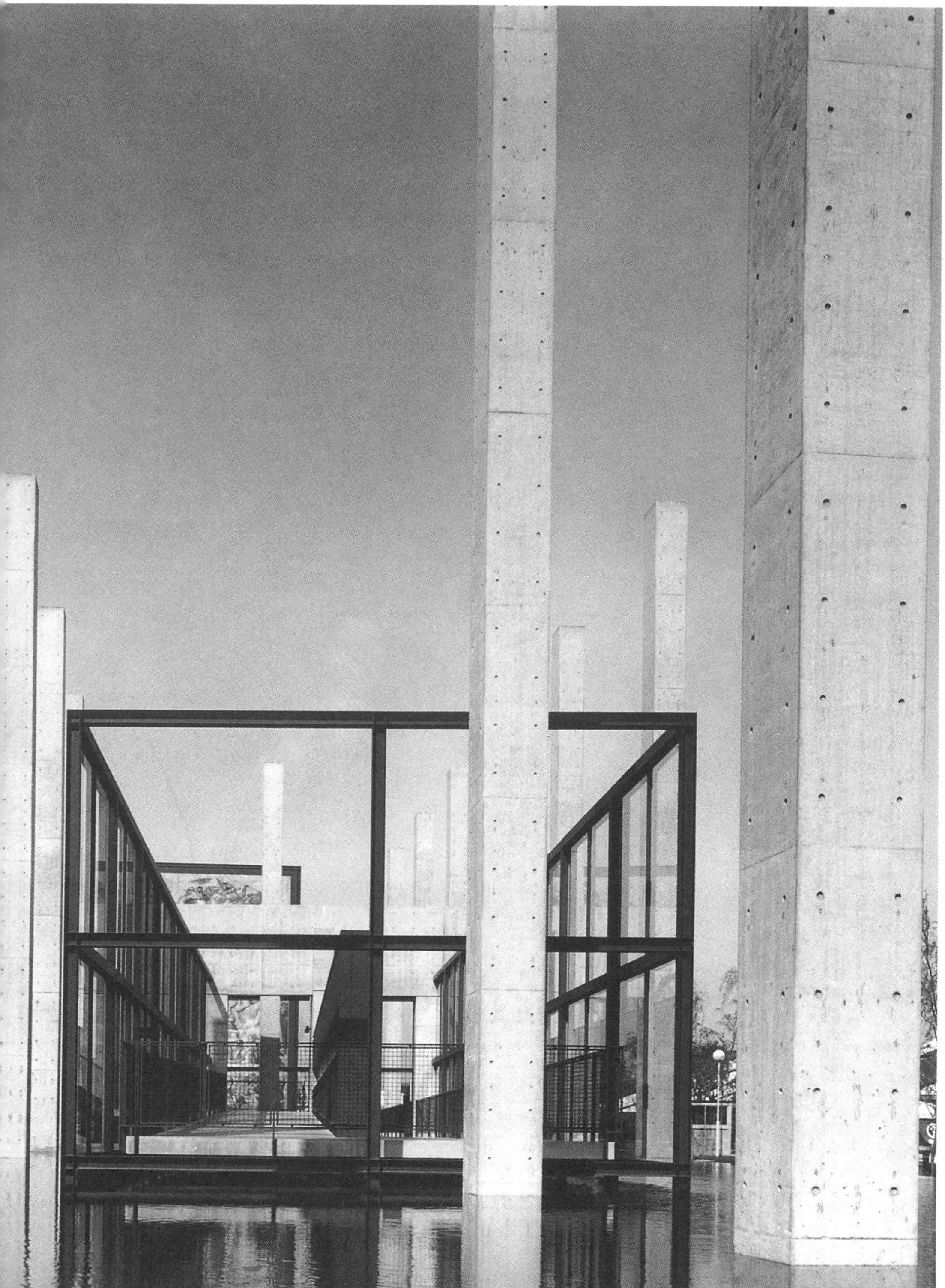

Pavilhão do Japão, Expo '92 1989-92
Sevilha (Espanha)
O Pavilhão do Japão foi planejado para apresentar aos visitantes a estética tradicional do Japão – que venera a simplicidade sem adornos. A intenção foi evocar a cultura tradicional de edificações do Japão, ao mesmo tempo utilizando na construção as mais avançadas tecnologias, assim como materiais de todo o mundo. Com um frontispício de 60 m de comprimento, uma profundidade de 40 m e altura máxima de 25 m, foi uma das maiores

estruturas de madeira do mundo. O prédio tinha quatro níveis. Eram visíveis na parte superior, no quarto andar, as construções de sua estrutura, feitas de vigas e pilares de madeira laminada, cujas silhuetas se viam contra o telhado de tecido coberto de teflon. O exterior da construção exibia a *sori* – a curvatura de suas grandes paredes, revestidas de tábuas laminadas. Os visitantes subiam por uma ponte arqueada para chegar a uma ampla abertura de entrada. Desse ponto, adentravam nos espaços de exposições e começavam a descer um longo caminho através do prédio.

Vista noturna da fachada com entrada.

Vista lateral da fachada /
Vista axonométrica.

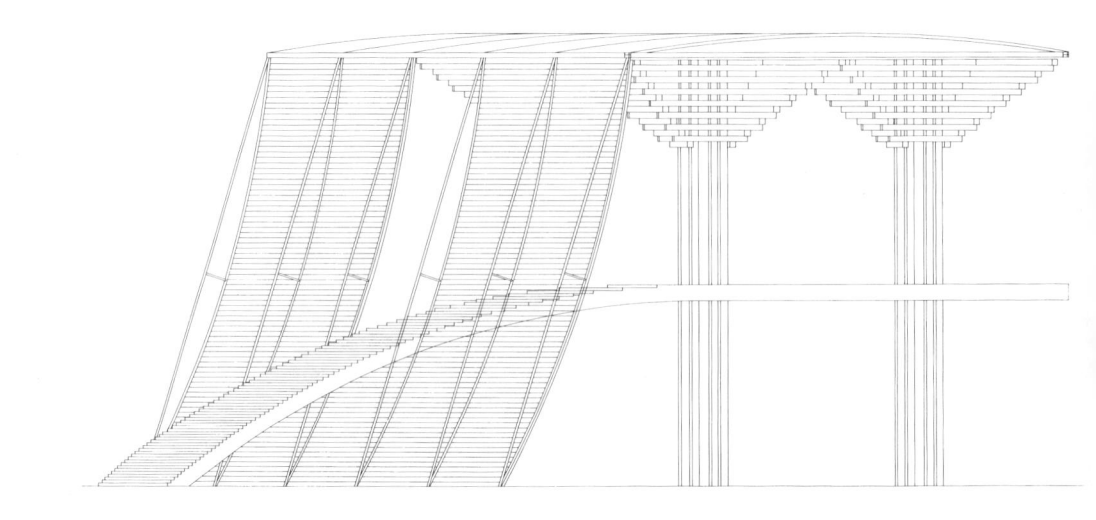

Projetos não-realizados

Complexo Galeria de Arte 1977
Tóquio

Este projeto apresenta uma galeria de arte contemporânea e um teatro para peças de vanguarda, no contexto de escritórios para uma empresa relacionada a projetos. A construção consiste de três unidades compostas de estruturas de concreto aparente. As unidades se ligam com cilindros de blocos de vidro, e a lacuna criada por suas formas irregularmente alinhadas forma um terraço com degraus para várias utilidades, que acomoda a galeria, além do palco e da platéia do teatro.

Vista do modelo.

Projeto Nakanoshima I 1980
Osaka

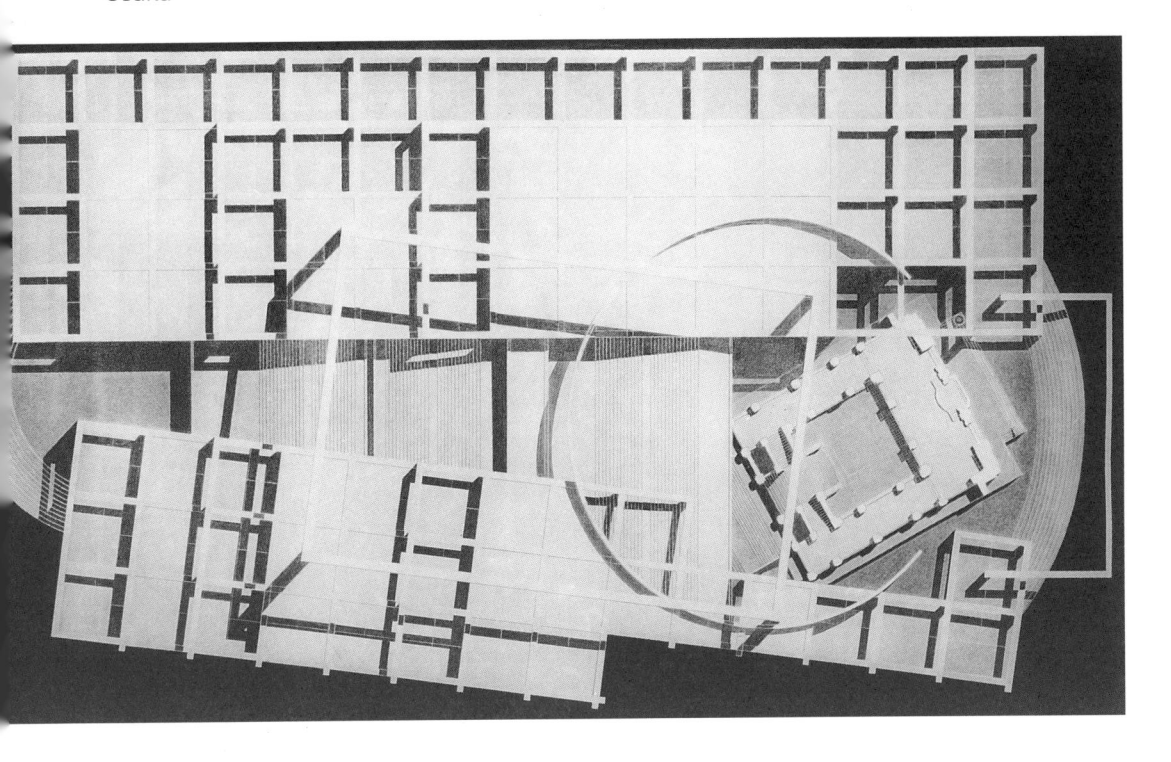

Desenhos: vista aérea e corte.

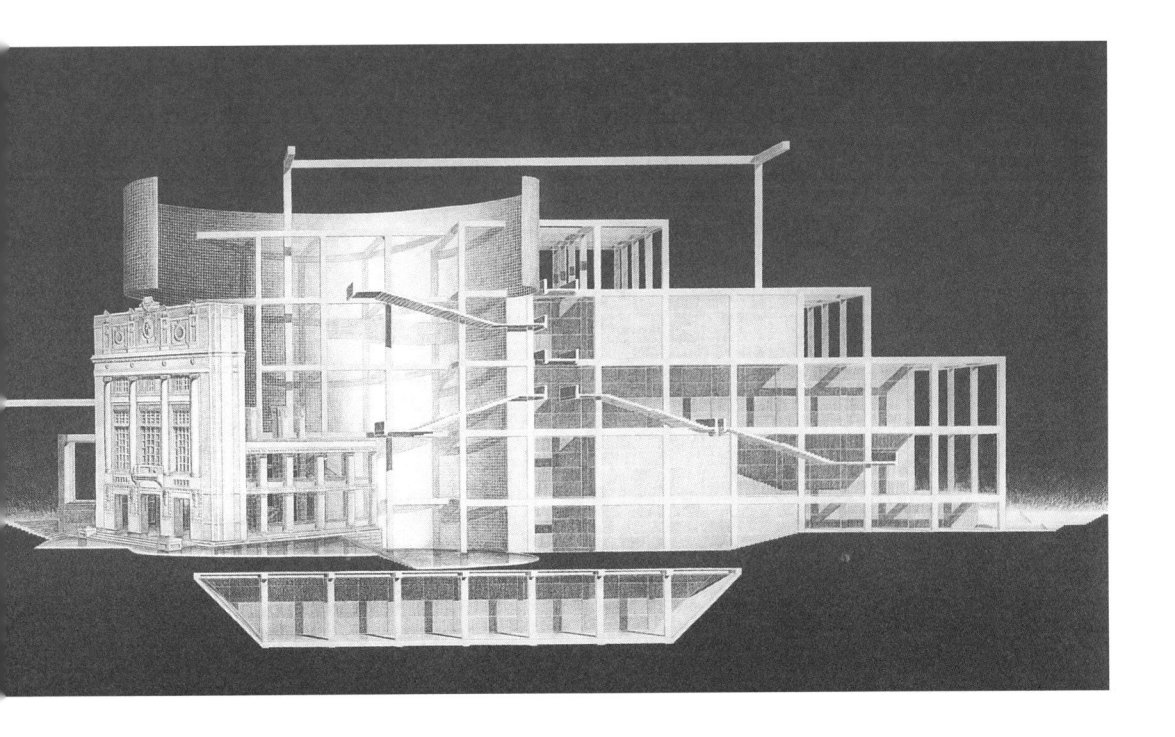

Projeto Shibuya 1985-87
Tóquio

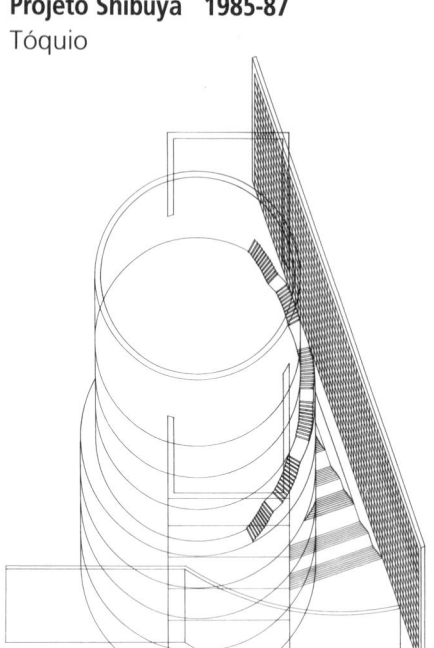

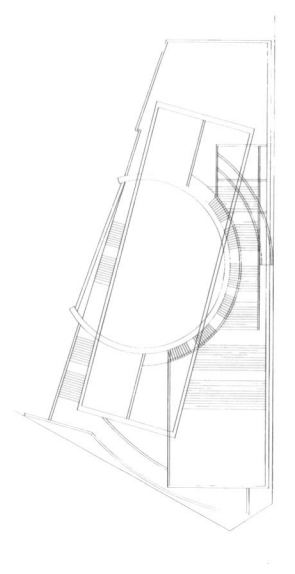

Vista axonométrica / Planta do andar térreo / Modelo: corte.

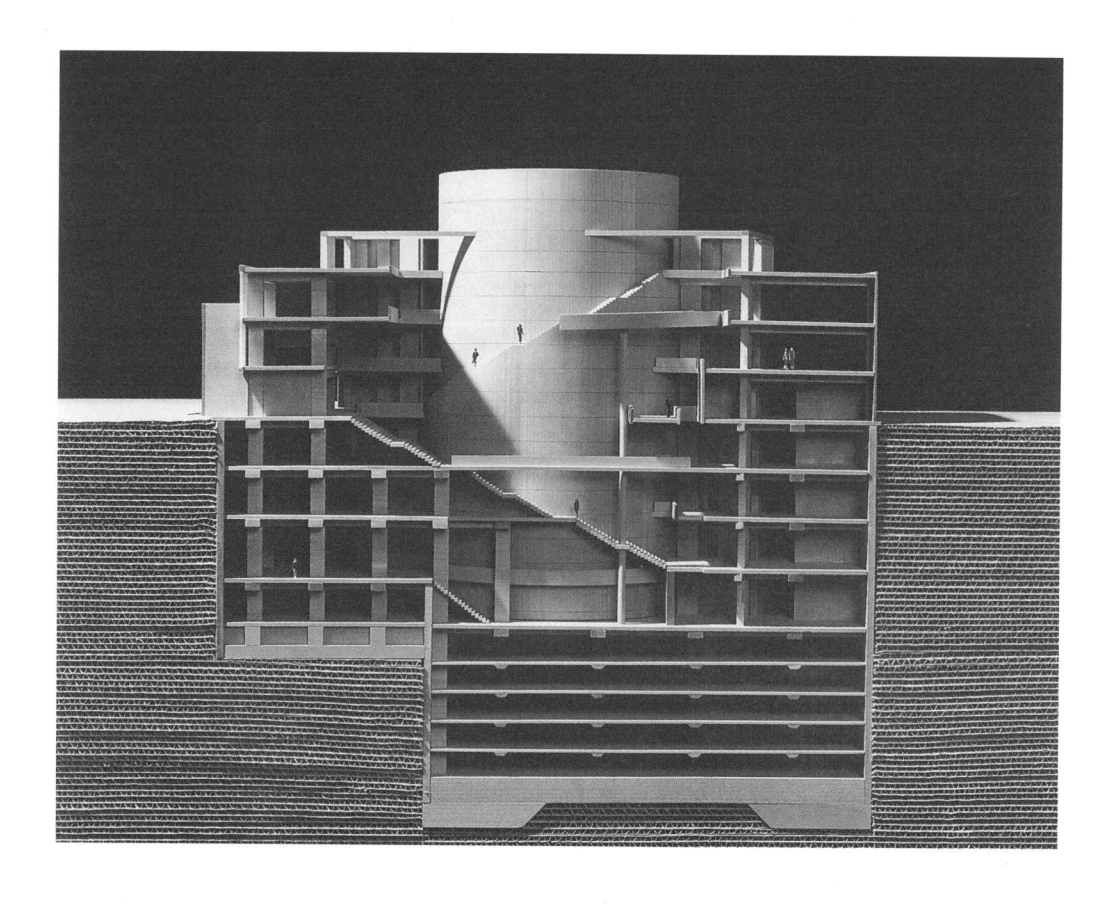

Teatro na Água   1987-
Hokkaido

Este teatro semicircular de 6.000 lugares foi proposto para um local próximo da *Igreja na Água*, com a qual tem uma relação de confronto geométrico. Foi projetado para funcionar como um teatro ao ar livre nos meses mais quentes e para sediar eventos de patinação durante o inverno. O teatro fica sobre um lago em forma de leque, alimentado por um curso de água corrente, e é intersectado por um palco de 13 m x 200 m, em forma de ponte, e por uma colunata livre. A colunata se alinha formando um ângulo de 45 graus, exatamente no sentido oeste, começando num ponto próximo de onde o riacho deságua no lago. A 72 m desse ponto, ao longo da mesma linha, fica o ponto central do arco do teatro. Uma parede livre, correndo perpendicularmente à colunata, dirige-se para o conjunto da igreja.

Vista do modelo.

Planta da locação (abaixo: Igreja na Água) / Página
da direita: desenho.

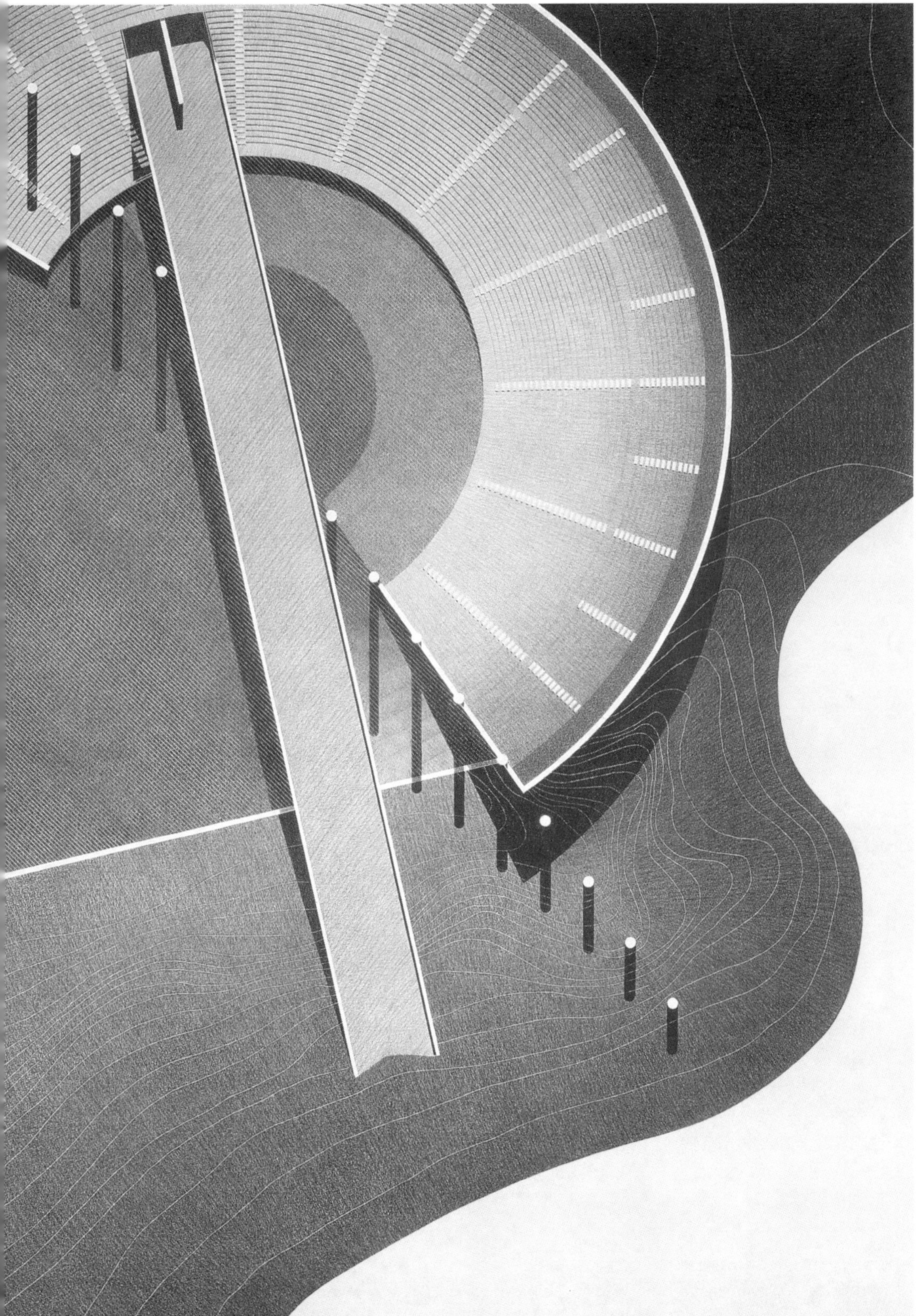

Projeto Nakanoshima II: Estratos Espaciais 1987-
Osaka

Nakanoshima é uma longa ilha, de 920 m de comprimento e 150 m de largura máxima, intersectada pelo bulevar Midosuji, o eixo financeiro de Osaka. Esta proposta para um parque urbano procura conservar o caráter histórico e a beleza natural da ilha, organizando-a em três praças distintas como um estabelecimento multifuncional – uma praça sobre a água, uma para plantações e outra subterrânea. As dependências principais, reunindo um museu de arte, um museu histórico, um salão de conferências e uma sala de concertos, abrigam-se no subsolo, deixando o andar térreo livre, como parque. Um sistema de passagens garante tranqüilidade e conforto ao espaço subterrâneo. A dimensão água é trazida à cena colocando-se um hotel e um restaurante sobre o rio.

Desenhos: corte e planta da locação / Página da direita: desenho da planta e do corte.

Projeto Nakanoshima II: Ovo Urbano   1987-
Osaka

Construído em 1918, o prédio da Assembléia Legislativa de Nakanoshima abriga três andares acima do solo e um no subsolo. Um salão da assembléia, de altura dupla, para 1.500 pessoas, localiza-se no térreo e no primeiro andar. Esta proposta sugere a instalação de uma estrutura ovóide com capacidade para 400 pessoas – chamada de "Ovo Urbano" – no prédio já existente e a utilização dos espaços ao redor para galerias. O dinamismo de uma forma ovóide – gerado por seus dois focos – sugere um diálogo entre o passado e o presente cuja resolução culminará num avanço unificado em direção ao futuro. Esse sentido de futuro inspirou a composição espacial da estrutura ovóide. O Salão da Assembléia existente e o novo Ovo Urbano – dois espaços distintos e autônomos – estabelecem uma relação de mútua diferenciação, essencialmente estimulante.

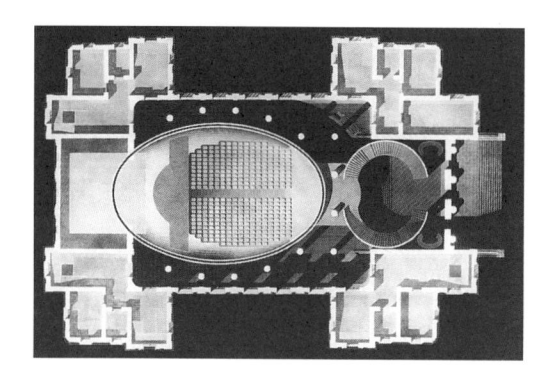

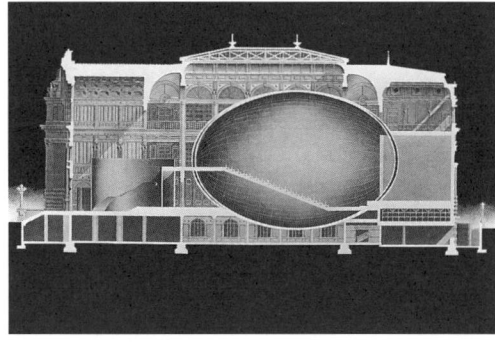

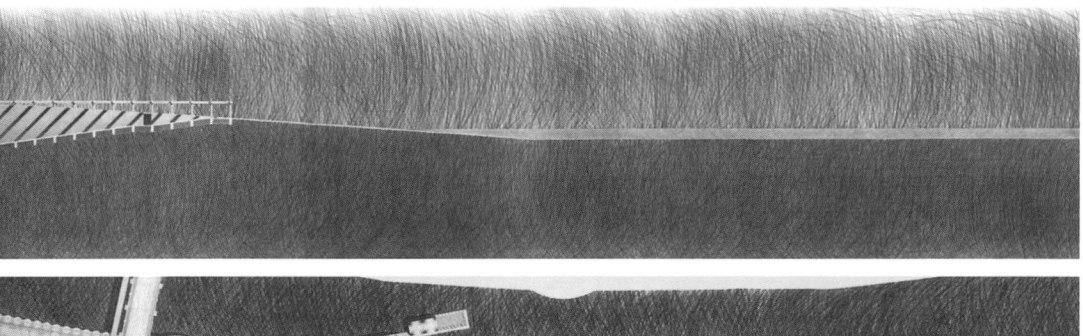

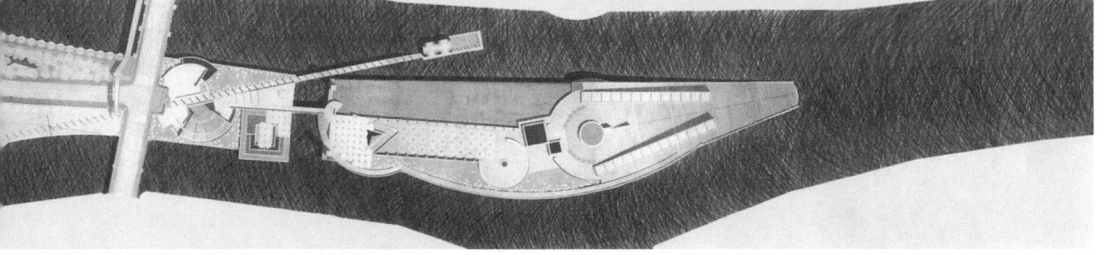

I – Projeto 1987-
Izu

Desenho: o conjunto residencial e seu ambiente natural / Corte transversal / Página da direita: modelo: vista aérea.

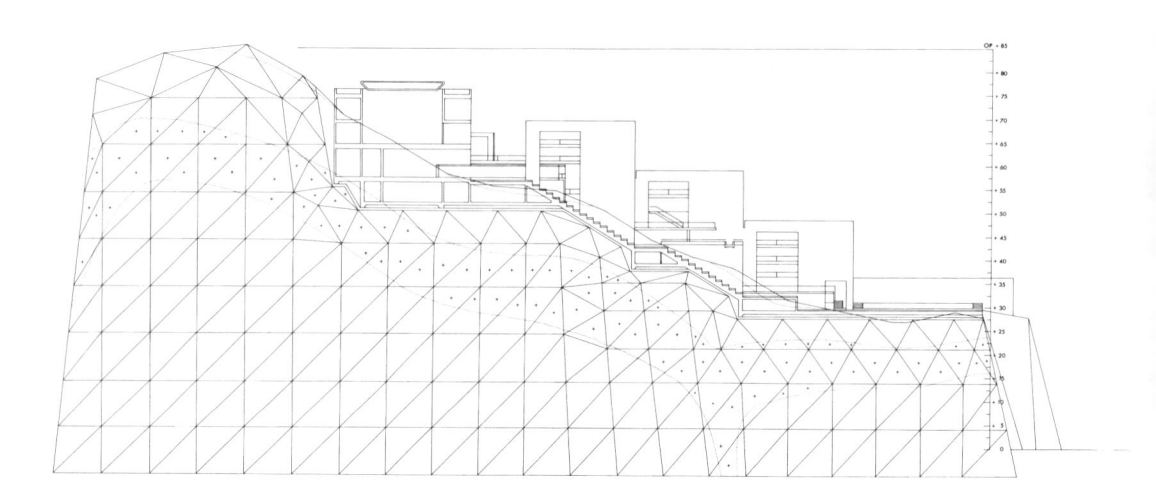

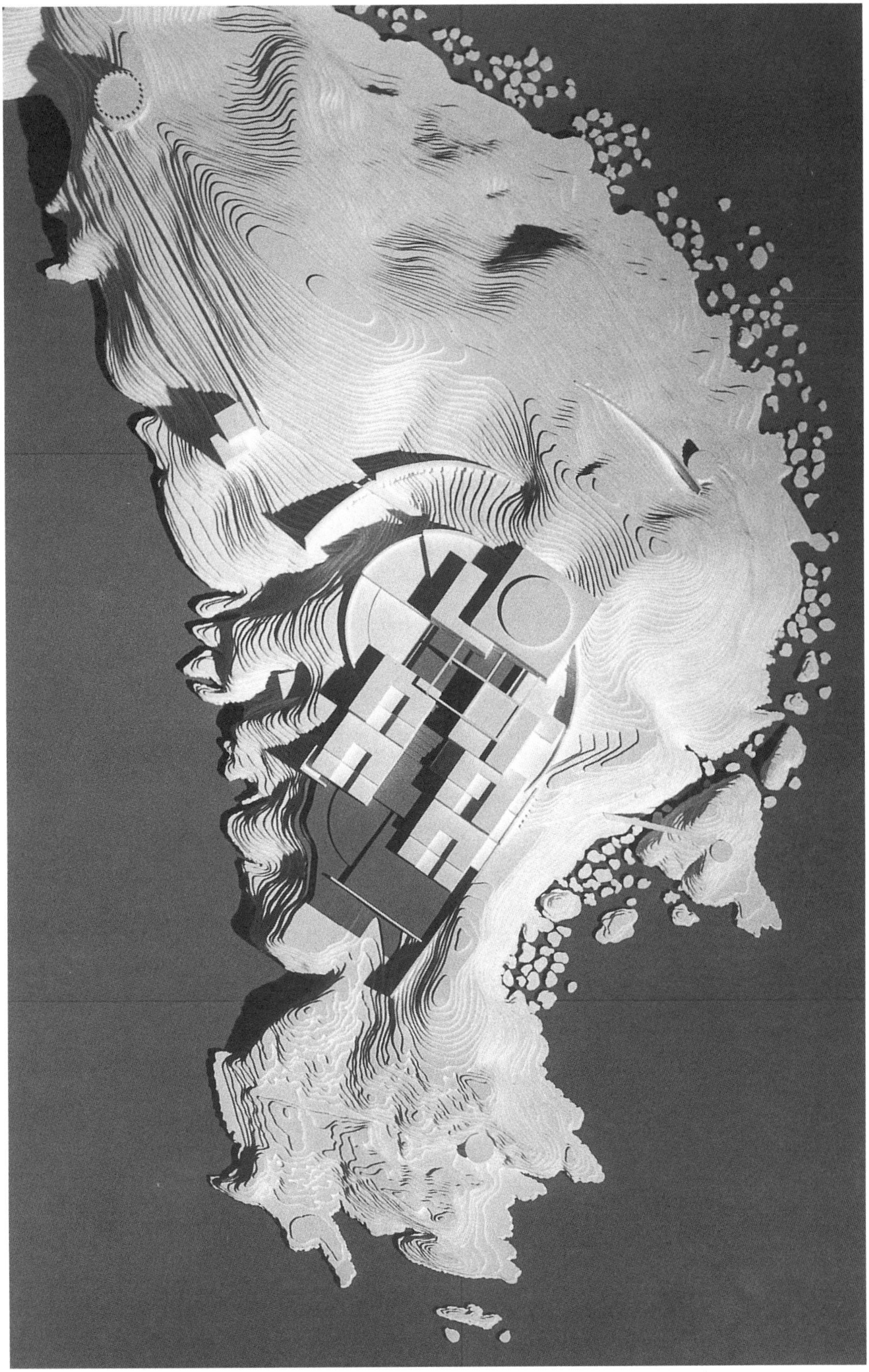

Conjunto Residencial Ito   1987-
Ito

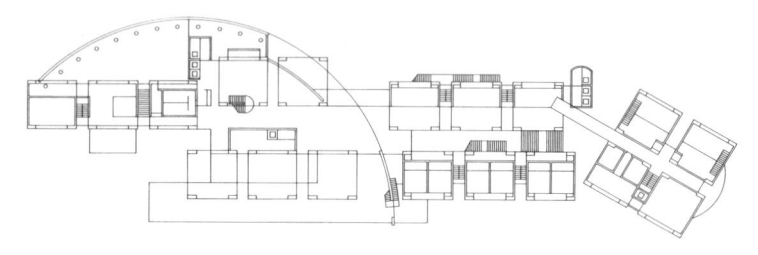

Modelo: vista aérea / Planta do terceiro andar /
Corte.

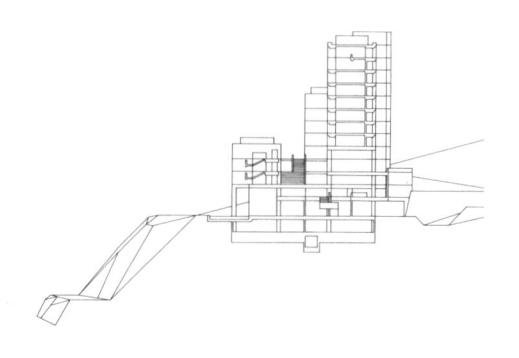

Casa de Bonecas   1982
Grã-Bretanha

Este projeto foi concebido como uma casa de bonecas. Por não serem gente e também não totalmente objetos, as bonecas distinguem-se pela liberdade absoluta quanto ao tamanho do corpo. Essa liberdade foi aplicada conceitualmente ao projeto dessa construção, por meio da geometria – começando com um quadrado simples. Um quadrado, quando multiplicado ou dividido por quatro, resulta num quadrado de outro tamanho, através de um processo de divisão do espaço interno e externo. A multiplicação ou a divisão, se repetida infinitamente, poderá expandir ou reduzir o quadrado em tamanho até uma grandeza infinita, por um lado, ou uma pequeneza infinita, por outro. A importância dessa fórmula geométrica, quando aplicada à arquitetura, é a produção de reversões figura/fundo na relação entre a construção e o terreno, e um intercâmbio entre os papéis da arquitetura e sua locação.

Desenho: vista axonométrica.

Reconstrução da Estação Ferroviária de Kyoto JR (Portões Gêmeos)   1991
Kyoto. Concurso de Projetos

A construção de uma estrada de ferro atravessando Kyoto em tempos recentes dividiu completamente os distritos norte e sul, destruindo sua ordenada paisagem urbana. Este projeto pretende voltar a ligar norte e sul e a despertar integridade da ordem da cidade. Duas estruturas paralelas semelhantes a portões – chamadas de "Portões Gêmeos" – são o eixo da composição do prédio. Abaixo dos Portões Gêmeos, um passeio semelhante a uma praça circular penetra profundamente o solo, e ao seu redor uma praça monumental, semelhante a um palco, estende-se para o norte e para o sul. As alas do prédio abrigam um volume cúbico baixo a leste e um volume retangular longo a oeste. O pátio da estação – ocupando dois andares no subsolo numa área próxima ao passeio – descarrega os passageiros dentro do espaço dinâmico do passeio. Com a imersão deste no solo, a grande extensão da praça e a amplitude dos jardins da cobertura sobre os Portões Gêmeos, toda a locação se desenvolve em três dimensões como uma área pública, e a natureza penetra intensamente em todos os aspectos do edifício. O grande vão dos Portões Gêmeos emoldura uma porção espetacular de um distante cenário montanhoso.

Modelo: vista a partir do noroeste.

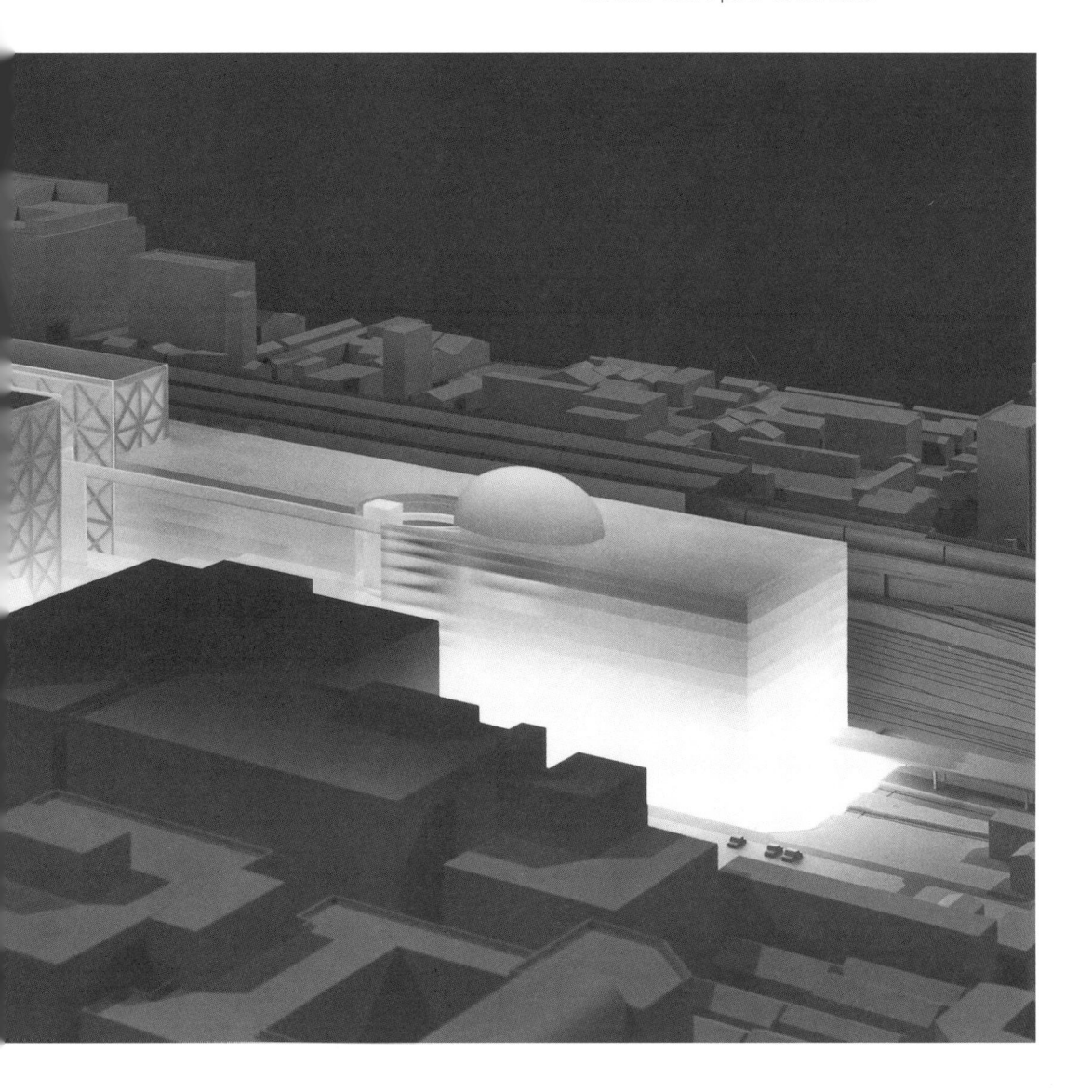

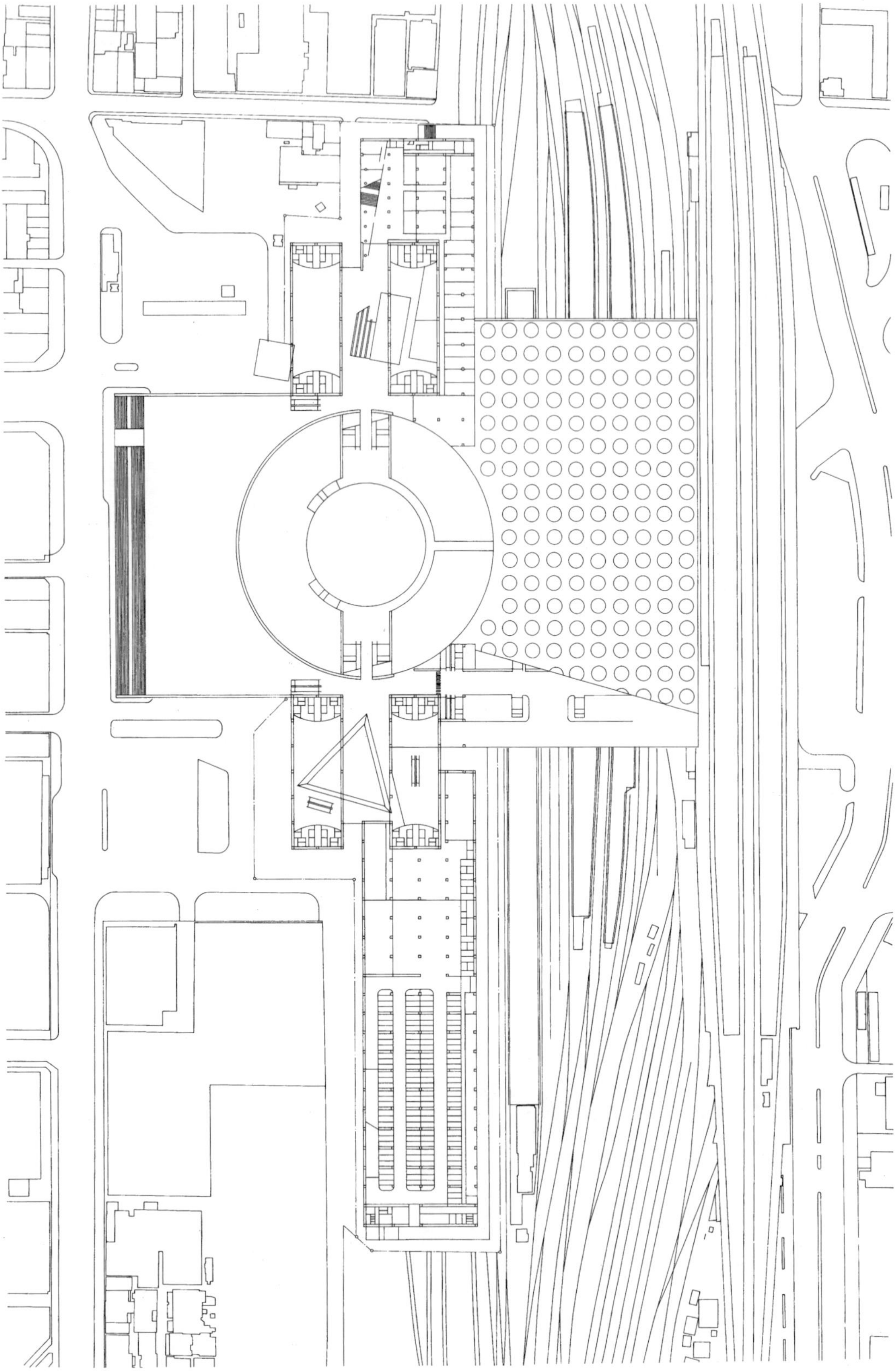

Página da esquerda: planta da locação com planta
do primeiro andar / Modelo: vista de oeste / Cortes.

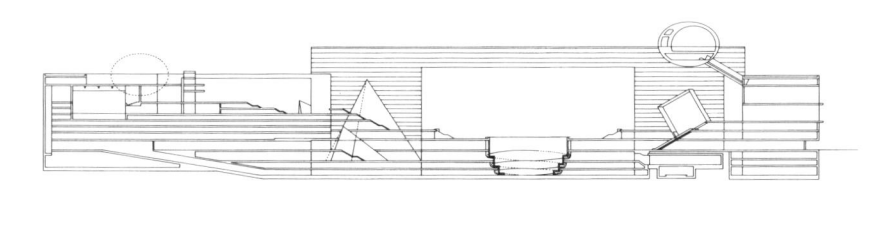

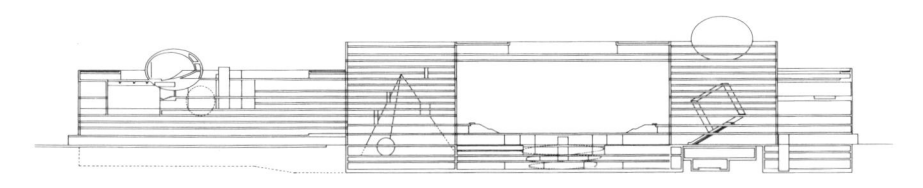

Centro de Convenções Nara   1992
Nara. Concurso Internacional de Projetos

Essencialmente uma imensa praça com degraus, esta proposta para um centro cívico consiste de monumentais escadarias, uma ascendente e outra descendente, chamadas de "Os Fóruns Gêmeos". Um "abrigo geométrico" com forma cicloidal cobre essas duas escadarias e articula seus territórios. O prédio contém três teatros: um espaço ovóide com capacidade para 2.000 pessoas; um espaço retilíneo com capacidade para 500 pessoas; e um espaço cilíndrico com capacidade para 100 pessoas. As escadarias colossais são divididas por uma fissura profunda, que sugere a antiga origem de Nara. Na extremidade superior da escadaria ascendente há um jardim de cobertura com vegetação abundante, que dá aos visitantes um contato com o céu – um elemento que as cidades contemporâneas perderam. Além disso, foi feita uma tentativa consciente para afinar a concepção do edifício com o antigo sistema de divisão de terras, remanescente em Nara das origens da cidade.

Corte / Modelo / Página da direita: planta da locação.

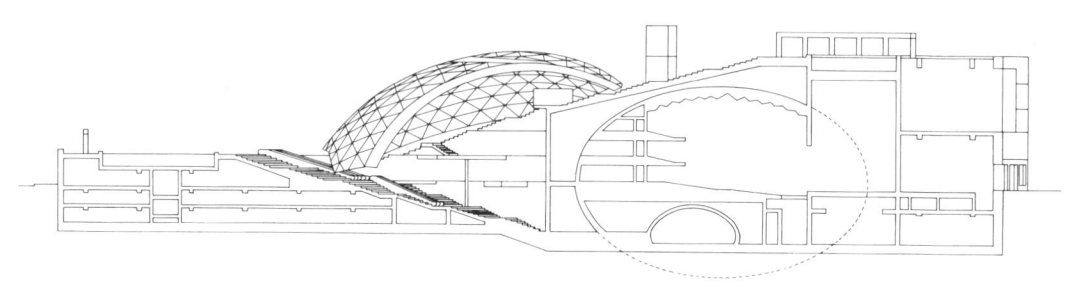

231

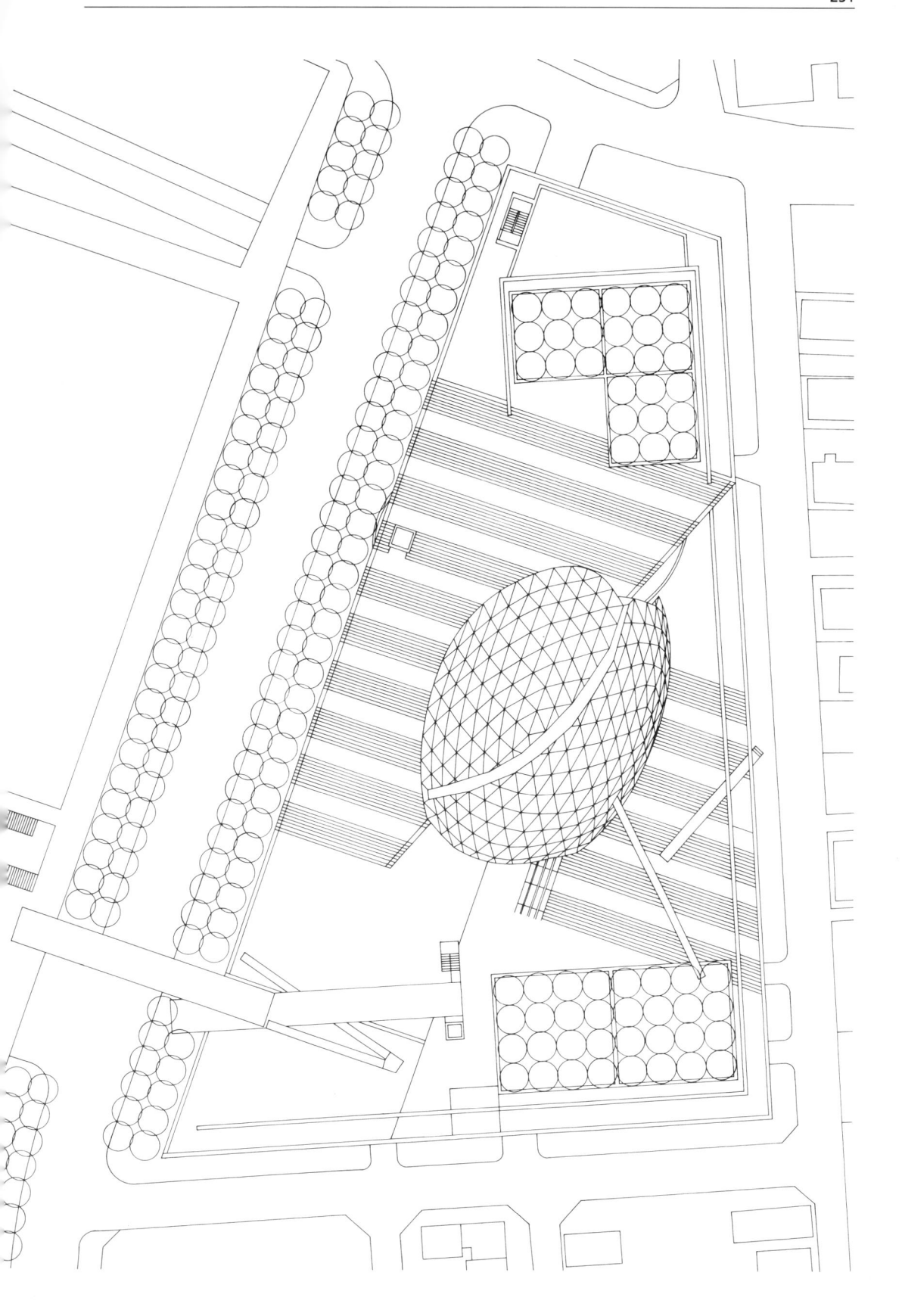

Museu de Arte Contemporânea e Museu de Arquitetura   1990
Estocolmo. Concurso de Projetos

Nesta proposta, um complexo de museus entra em diálogo com o passado relacionando-se de forma ativa com uma igreja histórica existente. O volume térreo da nova estrutura – abrigando um museu de arte contemporânea – situa-se no eixo da igreja. Desta posição o prédio estende-se adiante, num ângulo de 45 graus, na forma de praças em cascata com degraus. Um museu de arquitetura situa-se atrás das praças, perto da água. Baseado no postulado de que o conceito convencional de museu não pode acomodar adequadamente a natureza inovadora da arte contemporânea, este museu de arte foi concebido como um espaço de exposições que se integra bem com sua vizinhança. Vistas de dentro do prédio do museu principal, as praças com degraus podem ser consideradas como uma extensão da área de exposições. Pode-se então considerar que a expressão desse espaço de exibições continua no lago artificial adjacente e, mais além, no mar.

Planta da locação / Página da direita: Modelo: o projeto e seu ambiente.

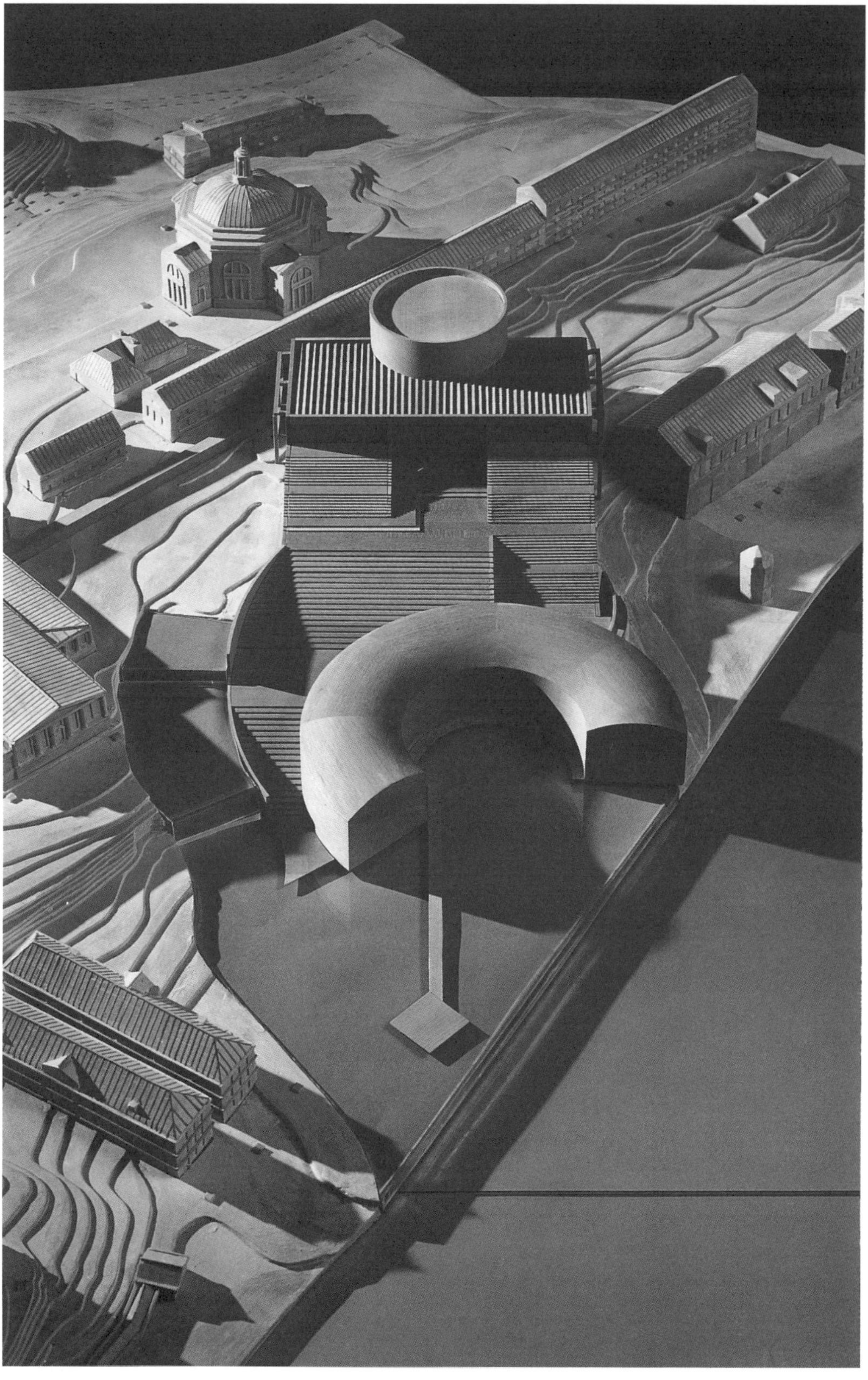

Tate Gallery – Galeria de Arte Moderna   1994/95
Londres. Concurso Internacional de Projeto.
Este projeto foi feito para um Concurso Internacional de Arquitetura. A estratégia fundamental do projeto é uma fusão arquitetônica. Uma interferência audaciosa penetra o volume existente da redundante estação de força de Bankside: duas hastes horizontais de vidro e concreto contendo espaços especiais de galeria cortam o eixo longitudinal do prédio, proporcionando uma ligação física e metafórica entre o sul e o norte da antiga estação de força, sinalizando sua transformação numa nova instituição pública de Londres. Espera-se que a Tate Gallery of Modern Art seja uma "Casa de Força" que crie uma energia dinâmica para a nova era ao organizar um choque entre o novo e o antigo.

Espaço / Modelo: fachada da margem do rio com duas hastes compridas de vidro.

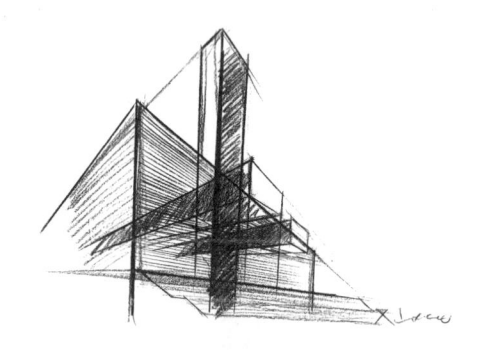

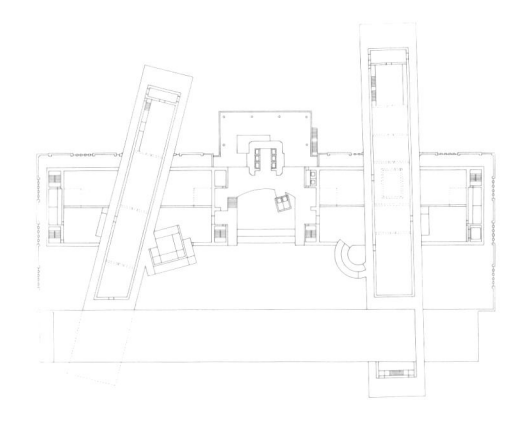

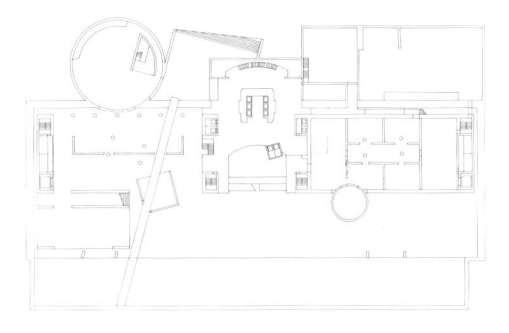

Modelo: vista geral do prédio e seus arredores urbanos / Planos: andares térreo e superior.

Biografia

1941 Tadao Ando nasce em Osaka, Japão.
1962-69 Autodidata em arquitetura. – Viaja pelos Estados Unidos, Europa e África.
1969 Estabelece-se a *Tadao Ando, Architect & Associates*, em Osaka.
1978 Exposição itinerante, *Uma Nova Tendência da Arquitetura Japonesa*, EUA.
1979 Prêmio Anual do Instituto Arquitetônico do Japão. Casa Popular, Sumiyoshi (Casa Azuma). Exposição individual e conferência em Budapeste.
1980 Exposição do *Concurso da Chicago Tribune Tower*, Chicago.
1982 Exposição individual, *Minimalisme*, Institut Français d'Architecture, Paris. – Conferência Charlottesville "P3", Universidade da Virgínia, Virgínia, EUA.
1983 Prêmio Japonês de Projeto Cultural: Conjunto Residencial Rokko. – Exposições individuais: Alvar Aalto Museo Jyväskylä, Finlândia; Japão (percorrendo 24 cidades).
1984 Conferencista visitante em Oslo (Oslo Arkitektforening, O.A.F.); Trondheim (Universidade de Trondheim), Noruega.
1985 Medalha Alvar Aalto, da Sociedade Finlandesa de Arquitetos. – Exposições individuais: Haus Wittgenstein, Viena; Urban Center, Nova York (e conferência intitulada *Interceptando a Luz*); Sofia; RMIT Gallery, Melbourne (e conferência intitulada *Interceptando a Natureza*). – Conferencista visitante, Royal Institute of British Architects, Londres. – Juiz: Concurso de Projetos Residenciais Shinkenchiku *Bulwark of Residence*, Japão.
1986 Prêmio Anual (incentivo aos novos talentos nas belas-artes), Ministério da Educação do Japão – exposição individual e conferência intitulada *Respirando a Geometria*, 9H Gallery, Londres. – Conferência sobre arquitetura, "P4", Universidade de Illinois, Chicago.
1987 Prêmio de Arte Mainichi, Japão: Capela do Monte Rokko. – Professor Visitante (Davenport Chair), Universidade de Yale, New Haven, EUA. – Exposições individuais: *Tadao Ando: Arquitetura Hoje*, Navio Museum, Osaka; Galeria GA, Tóquio.
1988 Prêmio Isoya Yoshida, Japão: Casa Kidosaki. – Professor visitante, Universidade de Colúmbia, Nova York. – Exposições individuais: Arc en rêve, Bordeaux (e conferência); Halle Sud, Genebra.
1989 Medalha de Ouro de Arquitetura, Academia Francesa de Arquitetura (Médaille d'or de l'Académie d'Architecture). – Juiz: Concurso Internacional para Estudantes RIBA, "Oásis", Londres. – Exposições individuais: *Nakanoshima 2001*, Navio Museum, Osaka; Fondazione Masieri, Veneza (e conferência intitulada *Tadao Ando: O Exercício da Influência sobre o Lugar*); Universidade Mimar Sinan, Istambul; *Relação com a Natureza*, de Singel, Antuérpia.
1990 Professor visitante, Universidade de Harvard, Boston. – Conferencista visitante, Finlandia-talo, Helsinki. – Juiz: "Maison de Culture du Japon à Paris", Concurso Internacional França-Japão, Governos Francês e Japonês. Exposições individuais: Galleria

GA, Tóquio; Universidade de Harvard G.S.D. (e conferência). – Conferencista visitante, Universidade Católica do Chile, Santiago. – Professor convidado (no Master Class Autumn '90), Instituto Berlage, Amsterdam.

1991 Prêmio de Arte de Osaka, Prefeitura de Osaka.– Membro Honorário do American Institute of Architects. – Prêmio do Arnold W. Brunner Memorial, American Academy and Institute of Arts and Letters. – Exposições individuais: Museu de Arte Moderna, Nova York; Galeria K2, Osaka. – Conferencista visitante, Museum of Modern Art, Nova York; Universidade de Colúmbia, Nova York. – Juiz: La Maison d'Échanges Culturels, Concurso Arquitetônico Port Bureau da Cidade de Osaka; "Another Glass House", Concurso Shin-kenchiku Co., Japão.

1992 Conferencista visitante, "Lubetkin Lecture", British Cement Association, Londres (seguida de conferência: New Horizons Conference); The Art Institute of Chicago. – Prêmio de Arquitetura Carlsberg de 1992, Fundação Carlsberg, Copenhague. – Exposições individuais: Museu Sezon de Arte, Tóquio; Cristal Hall, Umeda Centre Building, Osaka.

1993 Exposições individuais: Centre Georges Pompidou, Paris; Royal Institute of British Architects, Londres. – Conferencista visitante, Universidade da Basiléia; Japan Society, Nova York; Centro Georges Pompidou, Paris; Grande Cérémonie du Thé, Paris; Royal Institute of British Architects, Londres. – Prêmios da Japan Art Academy. – Título Honorário, The Royal Institute of British Architects, Londres.

1994 Exposições individuais: Ministerio de Obras Publicas, Transportes y Medio Ambiente, Madri; Centre Cultural de la Fundació "la Caixa", Barcelona; Basilica Palladiana, Vicenza. – Conferencista visitante: C.E.U., University Madrid; Centre Cultural C.E.U., University Madrid; Centre Cultural de la Fundació "la Caixa", Barcelona; Basilica Palladiana, Vicenza; La Fondation pour l'Architecture, Bruxelas. – Grande prêmio de Arte do Japão (Museu Histórico Chikatsu-Asuka, Osaka).

1995 Prêmio Asahi, Fundação Asahi Shimbun, Japão. – Prêmio de Arquitetura Pritzker, Fundação Hayatt, E.U.A. – Sétimo Prêmio Internacional de Projeto, fundação de Projeto do Japão, Japão. – Conferencista visitante, Electa, Milão.

1996 Oitavo Premium Imperiale, Associação de Arte do Japão, Japão.

Cronologia da obra

1972/73 Casa Tomishima, Osaka
1972-74 Casa Hiraoka, Hyogo
1972-74 Casa Tatsumi, Osaka
1972-74 Casa Shibata, Hyogo
1974/75 Soseikan (Casa Yamaguchi) – Acréscimo 1981/82, Hyogo
1975/76 Casa Geminada, Sumiyoshi (Casa Azuma), Osaka
1975/76 Casa Hirabayashi, Osaka
1975/76 Casa Bansho – Acréscimo 1980/81, Aichi
1975/76 Tezukayama Tower Plaza, Osaka
1975-77 Rose Garden, Kobe
1975-77 Casa Tezukayama (Casa Manabe), Osaka
1976/77 Casa de Paredes (Casa Matsumoto), Hyogo
1976-78 Koto Alley, Hyogo
1976   Conjunto Residencial Okamoto, Kobe
1976/77 Kitano Alley, Kobe
1977   Complexo Galeria de Arte, Tóquio
1977-80 STEP, Takamatsu
1977/78 Casa dos Blocos de Vidro (Casa Ishihara), Osaka
1977/78 Sunny Garden, Hyogo
1977/78 Casa Okusu, Tóquio
1977-79 Casa Horiuchi, Osaka
1978/79 Casa Katayama, Hyogo
1978-80 Casa Matsumoto, Wakayama
1978/79 Casa Onishi, Osaka
1978-80 Kitano Ivy Court, Kobe
1978/79 Casa Matsutani – Acréscimo 1989/90, Kyoto
1978/79 Casa Ueda – Acréscimo 1986/87, Okayama
1978-80 Casa Fuku, Wakayama
1978-83 Conjunto Residencial Rokko I, Kobe
1979-81 Casa Koshino – Acréscimo 1983/84, Hyogo
1979-81 Rin's Gallery, Kobe
1979-81 Fashion Live Theatre, Kobe
1980   Projeto Nakanoshima I, Osaka
1980/81 Conjunto Residencial Kojima, Okayama
1980-84 Festival, Okinawa
1980-82 Casa Ishii, Shizuoka
1980-83 Ateliê BIGI, Tóquio
1981/82 Ateliê em Oydo I – II (1981/82), III (1986), IV (1989-91), Osaka

1981/82   Casa Akabane, Tóquio
1981-83   Casa Umemiya, Kobe
1981-86   Clínica Fukuhara, Tóquio
1981/82   Casa Urbana, Kujo (Casa Izutsu) – Acréscimo 1990/91, Osaka
1982   Casa de Bonecas, Grã-Bretanha
1982-84   Casa Uejo, Osaka
1982-84   Casa Ota, Okayama
1982/83   Casa Motegi, Kobe
1982-84   Casa Iwasa – Acréscimo 1989/90, Hyogo
1982-84   MELROSE, Tóquio
1982/83   Edifício Ryuko-Tsushin, Tóquio
1982/83   Casa Kaneko, Tóquio
1982-86   Casa Kidosaki, Tóquio
1983-88   Casa Ogura, Nagoya
1983/84   Casa Minamibayashi, Nara
1983/84   TIME'S I – II 1986-91, Kyoto
1983-85   Edifício JUN Port Island, Kobe
1983-85   Ateliê Yoshie Inaba, Tóquio
1983-85   Mon-petit-chou, Kyoto
1983/84   Casa Koreyasu, Osaka
1983-85   Casa Nakayama, Nara
1983/84   Casa Hata, Hyogo
1983/84   Shinsaibashi TO, Osaka
1984-86   Portão Riran, Kobe
1984-86   Casa Okibe, Osaka
1984-86   Casa Sasaki, Tóquio
1984-86   Casa Son, Osaka
1984/85   Casa Hattori, Osaka
1984-86   Edifício da Matriz da Taiyo Cement, Osaka
1984-86   Edifício TS, Osaka
1984-86   Kitanocho TO, Kobe
1985   BIGI 1st, Osaka
1985-87   BIGI 2nd, Osaka
1985/86   Capela do Monte Rokko, Kobe
1985   Cadeira de Aço
1985/86   VELHO/NOVO Rokko, Kobe
1985-87   Ateliê Tanaka, Yamanashi
1985/86   Casa Urbana em Saikudani (Casa Noguchi), Osaka
1985   Casa de Chá em Oyodo, Osaka
1985-87   Projeto Shibuya, Tóquio
1985-87   Teatro Kara-za
1985-88   Igreja na Água, Hokkaido
1988   Cadeira de Madeira
1985-93   Conjunto Residencial Rokko II, Kobe
1985-   Museu Histórico Chikatsu-Asuka, Osaka
1985-88   GALLERIA (akka), Osaka

1985-88   Casa I, Hyogo
1985/86   OXY Kitano, Kobe
1986   BIGI 3rd, Osaka
1986-89   COLLEZIONE, Tóquio
1986-89   Morozoff, Kobe
1986/87   Pavilhão Principal para a Feira Tennoji, Osaka
1986/87   OXY Unagidani, Osaka
1986-89   Edifício da Matriz da RAIKA, Osaka
1987-   I - Projeto, Izu
1987-89   Igreja da Luz, Osaka
1987-89   Museu das Crianças, Hyogo
1987-   Conjunto Residencial Ito, Ito
1987-   Teatro na Água, Hokkaido
1987-89   Memorial Natsukawa, Shiga
1987-89   Casa Shiroo, Tóquio
1987-   Projeto Nakanoshima II (Ovo Urbano/Estratos Espaciais), Osaka
1988-90   Casa Ito, Tóquio
1988-90   Clínica Yao, Osaka
1988-90   B-LOCK Kitayama, Kyoto
1988-91   Museu de Literatura, Hyogo
1988-90   Jardim de Belas-Artes, Osaka
1988-92   Museu Naoshima de Arte Contemporânea, Okayama
1989-93   Pavilhão de Conferências VITRA, Weil Am Rhein, Alemanha
1989-91   Conjunto Residencial Sayoh, Hyogo
1989/90   Edifício S, Osaka
1989/90   Heliporto Harima, Hyogo
1989-91   Centro de Estudos Minolta, Hyogo
1989-92   Casa Miyashita, Hyogo
1989-91   Templo da Água, Ilha Awaji
1989-92   Pavilhão do Japão, Expo '92, Sevilha, Espanha
1989-92   Museu Floresta dos Túmulos, Kumamoto
1989-92   Galeria no Art Institute of Chicago, EUA.
1989-92   Centro de Artes Otemae, Hyogo
1990   Concurso de Projetos para o Museu de Arte Contemporânea e Museu de Arquitetura de Estocolmo
1990-93   College of Nursing, Science and Art, Hyogo
1990-93   Centro de Estudos YKK, Chiba
1990   Teatro Temporário para Bishin Jumonji, Tóquio
1990-92   Centro de Estudos para Crianças, Himeji
1991   Concurso de Projetos para a Reconstrução da Estação Kyoto JR, Kyoto
1991-   Museu Oyamazaki, Kyoto
1991-   Centro Estudantil da Universidade Konan, Kobe
1991-   Banco Kiyo, Escritório Sakai, Osaka
1991-   Museu do Design, Tempozan, Osaka
1992   Centro de Convenções Nara, Concurso Internacional de Projetos
1992-   FABRICA (Centro de Pesquisas Benetton), Treviso, Itália

1992   Projeto Awajishima (Ilha Awaji), Hyogo
1992-94 Museu Nariwa, Nariwa
1993-94 Casa em Nihonbashi – Casa Kanamori
1993-95 Museu de Arte Contemporânea Naoshima, Anexo
1993-96 Museu de Literatura II, Himeji
1994   Tate Gallery of Modern Art, Concurso Internacional de Projeto, Londres
1994-95 Espaço para Meditação, Unesco, Paris
1994   Conjunto Residencial Rokko III, Kobe

Bibliografia selecionada

Artigos de Tadao Ando
"A Wedge in Circumstances"; projetos: Row House in Sumiyoshi/Azuma House, Bansho House; ja nº 243 (1977).
"Conforming to the Environment"; projeto: Rose Garden; ja nº 245 (1977).
"New Relations between the Space and the Person", ja nº 247 (1977).
"Blank Space on the Site"; projeto: Kitano Alley; ja nº 253 (1978).
"The Wall as Territorial Delineation"; projeto: Wall House/Matsumoto House; ja nº 254 (1978).
"Who and How"; ja nº 254 (1978).
"Genealogy of Memories and the Revelation of Another-Space", Catalogue 10, A New Wave of Japanese Architecture, The Institute for Architecture and Urban Studies, EUA (1978).
"The Emotionally Made Architectural Space of Tadao Ando"; projetos: Matsutani House, Ueda House; ja nº 276 (1980).
"Ryoheki House"; projeto: Wall House/Matsumoto House; Parametro nº 99 (1981).
"From Self-enclosed Modern Architecture toward Universality", ja nº 301 (Tadao Ando Special feature) (1982). [Tadao Ando: Buildings, Projects, Writings, Rizzoli, Nova York, 1984].
"Mon architecture moderne: du moi à l'universel", Tadao Ando: Minimalism, Electa Moniteur, Paris, 1982.
"Space Determine by Concrete Blocks"; projeto: Umemiya House, ja nº 318 (1983).
"Town House at Kujo"; projeto: Izutsu House; ja nº 319/320 (1983).
"A Wedge in Circumstances", Tadao Ando: Buildings, Projects, Writings (1984).
"Bulwark of Residence", Shinkenchiku Residential Design Competition, 1985, juiz: Tadao Ando; ja nº 325 (1985).
"Light and Dark", "Transparent Area"; Hi-Hop Design Series α-1, Rikuyo-sha Publishing, Japão, 1985.
"Light, Shadow and Form: the Koshino House"; Via II Architecture and Shadow, The Journal of Graduate School of Fine Arts University of Pennsylvania/Rizzoli, Nova York, 1985.
"Wombless Insemination – on the Age of Mediocrity", Judge's Comment of Shinkenchiku Residential Design Competition 1985; ja nº 347 (1986).
"Chapel on Mt. Rokko", ja nº 354 (1986).
"A Concrete Teahouse and a Veneer Teahouse", ja nº 354 (1986).
"Facing up to the Crisis in Architecture", Tadao Ando: Breathing Geometry, 9H Gallery, Londres, 1986.
"Geometry and Nature"; projeto: Rokko Housing; Quaderni di Casabella, Milão, 1986.
"The Culture of Fragments – Poetic Architecture", Precis 6, The Journal of The Columbia University/Rizzoli, Nova York, 1987.

"Representation and Abstraction" (1), ja nº 372 (1988).
"Representation and Abstraction" (2), l'Architecture d'aujourd'hui 255 (1988).
"Profondeur et obscurité", Tadao Ando: Ombres Portées, Halle Sud, Genebra, 1988.
"Man and Nature", Architecture Contemporaine, Edition Anthony Krafft, Lausanne, vol. 10 (1988/89).
"Sintai and Space", Architecture and Body, The Journal of The Columbia University/Rizzoli, Nova York, 1989.
"Learning from the Modern Movement", "How to Deal with the Hopelessly Stagnant State", Tadao Ando: The Yale Studio & Current Works, Rizzoli, Nova York, 1989.
"Wall: The Time's Building, 1984", Perspecta 25, The Yale Architectural Journal/Rizzoli, Nova York, 1989.
"East and West", Orient-Occident, Beton-Verlag, Düsseldorf, 1989.
"Building Essay", The Harvard Architecture Review/Rizzoli, Nova York, 1989.
"Place-Geometry-Nature", SD-Tadao Ando II, Kajima Institute Publishing, Japão, 1989.
"Natur und Architektur/Nature and Architecture", Tadao Ando: Sketches/Zeichnungen, Birkhäuser Verlag, Basel, Boston, Berlim, 1990.
"Materials, Geometry and Nature", Architectural Monograph 14, Tadao Ando, Academy Editions/Londres, St. Martin's Press/Nova York, 1990. ["Materialien, Geometrie und Natur", Tadao Ando, Verlag für Architektur, Artemis, Zurique e Munique, 1990.]
"Spatial Composition and Nature", El Croquis 44, Tadao Ando, Madri, 1990.
"From the Periphery of Architecture", ja 1991-1.
"The Traces of Architectural Intentions", Tadao Ando, GA Details, A.D.A. Edita, Tóquio, 1991.
"Beyond Horizons in Architecture", Tadao Ando, Catalogue for the Exhibition, The Museum of Modern Art, Nova York, 1991.
"Sul Progetto di Architettura" (On Designing), domus 738 (1992).
"The Power of Unrealized Vision", Tadao Ando Unbuilt Projects, Kajima Institute Publishing, Japão, 1992.
"In Dialogue with Geometry: The Creation of 'Landscape'", GA Architect 12, Tadao Ando Volume 2, A.D.A. Edita, Tóquio, 1993.
"Thinking in Ma, Opening Ma", El Croquis 58, Tadao Ando, Madri, 1993.
"Ando by Ando", Tadao Ando, Album de l'exposition, Editions du Centre Georges Pompidou, Paris, 1993 [Mas alla de los horizontes en arquitectura, Ministerio de Obras Publicas, Madri, 1994; Mes enila dels horizons en arquitectura, Foundation "la Caixa", Foundation Mies van der Rohe, Barcelona, 1994].
"The Eternal with the Moment", Tadao Ando, Documenti di architettura, Electa, Milão, 1994 [Tadao Ando, Complete Work, Phaidon, Londres, 1995].

Monografias
Tadao Ando I, Kajima Institute Publishing, Japão (1981).
Tadao Ando: Monographie, Electa Moniteur, Paris (1982).
Tadao Ando: Buildings, Projects, Writings, Rizzoli, Nova York (1984).
Tadao Ando: Edificios, Proyectos, Escritos, Gustavo Gili, Barcelona (1985).
Tadao Ando: Rokko Housing, Quaderni di Casabella, Electa, Milão (1986).
GA Architect: Tadao Ando, A.D.A. Edita, Tóquio (1987).
Tadao Ando: The Yale Studio & Current Works, Rizzoli, Nova York (1989).

Tadao Ando II, Kajima Institute Publishing, Japão (1989).
Tadao Ando: Sketches, Birkhäuser Verlag, Basel, Boston, Berlim (1989).
Architectural Monographs 14: Tadao Ando, Academy Editions, Londres/St. Martin's Press, Nova York; Verlag für Architektur Artemis, Zurique e Munique (deutsche Übersetzung) (1990).
El Croquis 44: Tadao Ando (1983-1989), Madri (1990).
Tadao Ando et la Maison Koshino, Mardaga, Liège (1990).
The Japan Architect 1: Tadao Ando, The Japan Architect, Japão (1991).
Tadao Ando: Dormant Lines, Harvard University Graduate School of Design/Rizzoli, Nova York (1991).
Tadao Ando: Details, A.D.A. Edita Tóquio (1991).
Tadao Ando: Catalogue for Tadao Ando Exhibition, The Museum of Modern Art, Nova York (1991).
Tadao Ando – Beyond Horizons in Architecture, Catalogue for exhibition at Sezon Museum of Art, Shinkenchiku-sha, Japão (1992).
Tadao Ando – Unbuilt Projects, Kajima Institute Publishing, Japão (1992).
Tadao Ando: Album de l'exposition, Centre Georges Pompidou, Paris (1993).
El Croquis 58: Tadao Ando, Madri (1993).
ja Library 3: Rokko Housing I II III, The Japan Architect, Japão (1993).
El Croquis 44 + 58: Tadao Ando, Madri (1994).
ANY, Architecture New York nº 6, Anyone Corporation, Nova York (1994).
Tadao Ando: Le opere, gli scritti, la critica, Documenti di architettura, Electa, Milão (1994).
GA 71, A.D.A. Edita, Tóquio (1994).
GA Document Extra 01: Tadao Ando, A.D.A. Edita, Tóquio (1995).
Tadao Ando no Yume kousou, Catalogue for exhibition at Suntory Museum, Asahi News Paper, Japão (1995).
Tadao Ando, Complete Work, Phaidon, Londres (1995).

Colaboradores

Tadao Ando Architect & Associates

Tadao Ando

Masataka Yano
Takao Shima
Fumihiko Iwama
Kazuya Okano
Takaaki Mizutani
Tamao Shichiri
Hironobu Wakayama
Kei Iwata
Takashi Muto
Hidehiro Yano

Hiroshi Araki
Ryuichi Ashizawa
Saiko Kosugi
Chihiro Yabe
Manabu Ishikawa
Koji Tsutsui
Tatsuya Yamaguchi
Keisuke Toyoda
Mihoko Muramatsu
Kensuke Aisaka
Tomoko Kano

Yumiko Kato Ando

Créditos das ilustrações

Masao Arai: 65.
Thomas Cugini: 159 embaixo à esquerda.
Hiroyuki Hirai: 81.
Hiroshi Kobayashi: 56 embaixo, 73, 98.
Mitsuo Matsuoka: 31-33, 35, 37, 38, 43, 46, 47, 50-52, 55, 56 em cima, 66, 69, 77, 78 em cima, 79, 80, 82, 86 em cima, 87, 88, 95, 99, 101, 103, 105-110, 118, 119, 121, 127-132, 134, 136, 138, 139 em cima, 142, 143, 145, 153-157, 160, 169, 170, 173, 175-177, 179, 183, 188, 189, 194, 195, 201, 202, 205, 206, 208/209, 224.
Shigeo Ogawa: 160, 162, 163, 182, 183, 184, 185, 186, 190, 191, 192, 193.
Taisuke Ogawa: 59-61, 63, 64.
Tomio Ohashi: 41, 91, 140, 164, 166, 198, 214, 216, 217, 223, 226/227, 229, 230, 233, 234, 235.
Kenichi Sazuki: 210/217, 212.
Hiroshi Ueda: 84/85, 86 em cima, 123, 125, 146-149, 151, 152, 180, 181.
Chikao Todoroki: 2.

Todas as outras fotografias e plantas são da Tadao Ando Architect & Associates.

Impresso nas oficinas da
Gráfica Palas Athena